中职中专国际商务专业创新型系列教材

国际货运代理基础

于晓丽　主编

科学出版社

北　京

内 容 简 介

　　本书分为三大部分，第一章至第三章为第一部分，主要阐述国际货运代理的基础知识，是学习国际货运代理的基础和保障；第四章至第九章为第二部分，根据国际货物运输的方式不同，阐述了海运、空运、公路运输、铁路运输、集装箱运输、国际多式联运的基础知识；第十章和第十一章为第三部分，主要阐述与国际货运息息相关的仓储包装、国际货运事故处理及防范等知识。

　　本书不仅适用于国际商务专业的学生，也适用于国际货运代理、国际商务、物流、报关报检等专业的学生，同时，对于国际货运代理基础知识的自学者也有较高的参考价值和实用价值。

图书在版编目（CIP）数据

　　国际货运代理基础/于晓丽主编. —北京：科学出版社，2017
　　（中职中专国际商务专业创新型系列教材）
　　ISBN 978-7-03-051895-8

　　Ⅰ. ①国⋯　Ⅱ. ①于⋯　Ⅲ. ①国际货运－货运代理－中等专业学校－教材　Ⅳ. ① F511.41

　　中国版本图书馆 CIP 数据核字（2017）第 036800 号

责任编辑：贾家琛　李　娜 / 责任校对：刘玉靖
责任印制：吕春珉 / 封面设计：艺和天下

科 学 出 版 社 出版
北京东黄城根北街 16 号
邮政编码：100717
http://www.sciencep.com
新科印刷有限公司 印刷
科学出版社发行　各地新华书店经销
*

2017 年 3 月第　一　版　　开本：787×1092 1/16
2020 年 9 月第三次印刷　　印张：17
字数：403 000
定价：48.00 元
（如有印装质量问题，我社负责调换＜新科＞）

销售部电话 010-62136230　编辑部电话 010-62135763-2041

中职中专国际商务专业创新型系列教材

编 委 会

主 任

姚大伟（上海思博职业技术学院副校长，教授）

副主任

刘从兵（广东省对外贸易职业技术学校校长，高级讲师）

王继新（辽宁省对外贸易学校副校长，高级讲师）

徐彩红（上海工商信息学校党总支副书记，高级讲师）

周　绮（上海市南湖职业学校副校长，高级讲师）

委 员（按姓氏拼音排序）

陈树耀（汕头市外语外贸职业技术学校校长，高级讲师）

李　瑗（汕头职业技术学院，高级讲师）

楼梦红（宁波市鄞州职业教育中心学校校长，高级讲师）

马朝阳（河南省外贸学校外贸教研室主任，高级讲师）

王凯湘（上海市振华外经职业技术学校副校长，高级讲师）

王彦文（上海市现代流通学校校长助理，高级讲师）

曾　琛（佛山市南海信息技术学校，高级讲师）

朱　林（青岛旅游学校教务处主任，高级讲师）

丛 书 序

近年来，中国货物进出口总额持续增长。2014 年，全年货物进出口总额 26.43 万亿元，比上年增长 2.3%。进出口差额（出口总额减去进口总额）2.35 万亿元，比上年增加 7395 亿元。中国外贸发展带动了相关行业的大力发展。2015 年，全球经济总体复苏乏力，前景艰难曲折，国内经济下行压力较大，对外贸易发展进入新常态。出口 14.14 万亿元，下降 1.8%；进口 10.45 万亿元，下降 13.2%。

短暂性贸易低谷过后，国际贸易的前景依旧十分光明。对外贸易的快速增长必然对国际商务人才产生巨大的需求。当前，中国外贸人才的匮乏与该行业的蓬勃发展极不相称。为了适应国际商务专业的教学改革，以及以就业为导向的培养目标，我们和科学出版社合作，以教育部新版的中职国际商务专业教学标准为基准，编写了中职中专国际商务类教材系列。

总体来说，本套教材的编写特色体现在：

1. 力求把职业岗位能力要求与专业的学科要求融入教材，以能力为本，体现对学生应用能力培训的目标。

2. 注重技能的训练，在基本原理的基础上将技能实训引进来，让学生通过实训学会解决实际问题。

3. 与行业职业考试相衔接，在内容和练习等方面紧扣相关考试要求。

4. 注重对新知识的讲解，适应不断变化的国际贸易环境，以提高学生的适应力。

本套教材完全适合国际商务专业核心骨干课程的教学需要，同时兼顾了外贸行业的外销员、货代员、单证员、报关员、报检员、跟单员等行业职业考试的要求，既可以作为广大中职中专院校学生的教材，也可供外贸从业人员作为专业培训的参考用书，对参加有关职业考试的人员也不无裨益。

中职中专国际商务专业创新型系列教材编委会主任

中国国际贸易学会常务理事

姚大伟教授

2016 年 5 月于上海

前　言

"国际货运代理基础"是中等职业学校国际货运代理、国际商务、物流、报关报检等相关涉外专业的核心专业基础课。中等职业学校开设这门课程，目的是让学生掌握国际货运代理及相关的基础知识，为后续学习专业实务课程和操作课程打好基础。

本书从国际货运代理从业人员的主要工作内容出发，以介绍各个业务领域基础知识为主线，共设十一章，涵盖国际货运代理概述、国际贸易基础、报关报检基础、国际海洋货运代理基础、国际航空货运代理基础、国际公路货运代理基础、国际铁路货运代理、国际集装箱货运代理、国际多式联运代理、国际货物仓储包装基础知识、国际货运事故处理和风险防范等内容。另外，基于中职学生的特点，本书以知识目标、能力目标、职业资格考核要点三个栏目统领每一章的学习，在具体知识的学习过程中，增加了"拓展训练""知识链接"等内容，以增强学生的学习兴趣和知识运用能力，章末设置了本章小结和职业技能强化训练，帮助学生归纳总结和巩固复习。

本书由北京市对外贸易学校于晓丽任主编，具体编写分工如下：于晓丽负责编写第一章、第六章、第九章、第十章、第十一章，并负责全书框架结构的搭建和统稿；北京市对外贸易学校魏书馨负责编写第二章，北京市对外贸易学校刘颖负责编写第三章，北京市对外贸易学校殷丽玲负责编写第四章，河南省外贸学校费海波负责编写第五章，北京市对外贸易学校田思祺负责编写第七章，北京商业学校李小龙负责编写第八章。

编者在编写本书的过程中得到了学校领导和科学出版社的大力支持，获得了一线行业专家的热心帮助和支持；同时，参阅了一些现有货运代理行业的书籍、杂志和网络资源等，借鉴了不少专家学者的研究成果和数据，在此一并表示深深的感谢。

由于编者学识水平及实践经验有限，本书疏漏之处在所难免，真诚希望广大读者批评指正，以便我们不断修订完善。

编　者
2016 年 6 月

目　　录

第一章

国际货运代理概述

第一章

知识目标

1. 掌握国际货运代理的定义。
2. 掌握国际货运代理的性质和种类。
3. 了解国际货运代理的业务范围。
4. 掌握国际货运代理行业组织名称。
5. 掌握国际货运代理的责任和除外责任。

能力目标

1. 能够熟练说出国际货运代理的定义。
2. 能简要阐述国际货运代理的性质。
3. 能说出主要的国际货运代理行业组织名称。
4. 能利用所学国际货运代理的责任和除外责任分析简单案例。

职业资格考核要点

1. 国际货运代理的性质。
2. 国际货运代理的业务范围。
3. 国际货运代理的责任和除外责任。

引导案例

这学期开始，国际商务专业的二年级学生小易看到课程表中有一门课程是"国际货运代理"。"咦？国际货运代理？国际货运代理是干什么的呢？"小易的心里打满了问号，突然他想起了自己的叔叔是在首都国际机场从事国际货运代理工作的，于是小易决定回家先向叔叔好好讨教一番。

思考：用自己的语言以小易叔叔的口吻向小易解释什么是国际货运代理，并简述国际货运代理的业务范围。

第一节 国际货运代理的定义、性质和种类

一、国际货运代理的定义

国际货运代理（international freight forwarder），通常简称"货代"，是从国际贸易和国际运输这两个关系密切的行业中分离出来独立存在的行业。

国际货物买卖大都远隔重洋，所以国际货物运输是一项业务范围广、环节多且情况复杂的工作，任何一个货主或运输承运人本身都不可能亲自处理每一项具体运输业务，不少环节的工作需要委托代理人代为办理。于是，国际货运代理行业便应运而生，早在数百年前，其就被称为"国际贸易的桥梁""国际贸易运输的设计师和执行人"，其接受委托人的委托，代办各项运输业务并按提供的劳务收取一定的报酬。

关于国际货运代理定义，国际货运代理协会联合会的定义是：国际货运代理是根据客户的指示，并为客户的利益而揽取货物运输的人，其本身不是承运人。《中华人民共和国国际货物运输代理业管理规定》（以下简称《国际货物运输代理业管理规定》）对国际货物运输代理业的定义是：接受进出口收货人、发货人的委托，以委托人的名义或者自己的名义，为委托人办理国际货物运输及相关业务并收取服务费用的行业。

拓展训练

为什么随着国际贸易的发生会出现国际货运代理呢？

"货运代理"一词有两种含义，一是货运代理人，二是货运代理行业。货运代理人本质上属于货物关系人的代理人，是联系货主（shipper）和承运人（carrier）的货物运输中介，如图 1-1 所示。简单来讲，货运代理的性质就是货物运输的中间人，是连接买方和卖方的纽带。从专业角度来说，就是介于卖方和买方之间的第三方服务性企业，可以以买方、卖

方的名义，或以自己的名义帮助客户办理进出口相关业务，并收取委托人的服务报酬（即佣金）。

图 1-1　货物运输流程

二、国际货运代理的性质

（一）作为中间人行事的代理人

国际货运代理作为中间人行事的代理人，是联系发货人、收货人和承运人的货物运输中介人，也就是"货物运输中间人"。其提供的服务主要是国际货运代理企业接受进出口货物收货人、发货人或其代理人委托，以委托人的名义完成货物运输的某一个或几个环节的任务，并收取代理费或者佣金。

在内部关系上，委托人和货运代理之间是代理合同关系，货运代理享有代理人的权利，承担代理人的义务。在外部关系上，货运代理不是货主与他人所签合同的主体，不享有该合同的权利，同时也不承担该合同的义务。

（二）作为当事人行事的承运人和独立经营人

国际货运代理企业作为独立经营人从事国际货运代理业务，是指国际货运代理企业接受进出口货物收货人、发货人或其代理人的委托，签发运输单证，履行运输合同并收取运费以及服务费的行为。

一般而言，国际货运代理作为当事人时，他与客户接洽的是服务的价格，而不是收取代理手续费。国际货运代理以自己拥有的运输工具进行运输，或以自己的名义与承运人签订运输合同，租用他人的运输工具进行运输。例如，作为无船承运人或多式联运经营人的货运代理或从事综合业务的物流经营商。

随着国际物流和运输的发展，国际货运代理越来越多地承担着承运人的责任，包括签发运输单证，有的甚至开展了其他物流业务，不断谋求更广阔的业务发展前景，角色发生大的变化。

可见，国际货运代理人是"国际货运中间人"，既代表货方，保护货方的利益，又协调承运人进行承运工作。

知识链接：无船承运人

三、国际货运代理的种类

（一）按照法律特征分类

按照法律特征的不同，国际货运代理可以分为以下 3 种类型。

1. 居间人型国际货运代理

居间人型国际货运代理的特点是其经营收入来源为佣金。

2. 代理人型国际货运代理

代理人型国际货运代理的特点是其经营收入来源为代理费。

3. 当事人型国际货运代理

当事人型国际货运代理也称委托人型、独立经营人型国际货运代理,其特点是其经营收入来源为运费或仓储费差价。

在实际业务中,根据需要与可能,国际货运代理,尤其是大型国际货运代理,总是力图同时兼有居间人、代理人和当事人等多种功能,以便能向委托人提供全方位的服务,因此,现代国际货运代理大多具有多重角色。

（二）按照业务范围分类

按照业务范围的不同,国际货运代理可以分为以下5种类型。

1. 海运货运代理

海运货运代理主要从事国际集装箱货物和件杂货物的运输代理业务。

2. 空运货运代理

空运货运代理主要从事价值昂贵的货物、鲜活易腐类货物、季节性强的货物等的运输代理业务。

3. 陆运（铁路、公路）货运代理

陆运（铁路、公路）货运代理指的是接受发货人、收货人的委托,为其办理陆运（铁路或公路）货物运输及相应的服务。

4. 国际多式联运代理

国际多式联运代理是与货主签订多式联运合同的当事人,虽然没有运输工具,但还是以承运人的角色为客户提供服务,对货物运输全程负责任。

5. 船舶代理

船舶代理主要是指接受船舶所有人的委托,代办与船舶有关的一切业务,主要包括船舶进出港业务、货运业务、船舶供应业务等。根据我国相关规定,船舶代理企业必须经过中华人民共和国交通运输部批准方可经营。

（三）按照资信程度分类

按照资信程度的不同，我国的国际货运代理公司可以分为以下3个级别。

1. 一级国际货运代理

一级国际货运代理的资信程度最高，运费最低，提供的服务也最及时和到位。他们直接面向船公司或航空公司。一级国际货运代理可以直接在空运、海运或铁路公司订舱。

2. 二级国际货运代理和三级国际货运代理

二级、三级国际货运代理主要指的是报关代理企业或其他代理企业。它们的数量极其庞大，以挂靠在一级国际货运代理的形式承揽国际货运代理业务。二级国际货运代理比一级国际货运代理少一个美元账户，操作都是一样的。如果二级国际货运代理想要订舱，可以通过挂靠一级国际货运代理订舱或者通过一级国际货运代理订舱。

各级国际货运代理的对比见表1-1。

表1-1 各级国际货运代理对比

项目	一级国际货运代理	二级、三级国际货运代理
成立条件	相对高	相对低
公司账户及开发票途径	人民币账户+美元账户；可以直接开发票	人民币账户；只能到国家税务总局开发票
存在数量	较少	很多
订舱权大小	直接向承运人订舱（有订舱协议）	通过一级国际货运代理向承运人订舱

（四）按照企业的成立背景和经营特点分类

按照企业的成立背景和经营特点的不同，国际货运代理可以分为以下5种。

1. 以中外运为背景的国际货运代理企业

中外运，即中国外运，全称为"中国外运长航集团有限公司"，是目前我国最大的国际货运代理企业。我国的不少国际货运代理企业以中外运为背景发展起来，如中国外运股份有限公司。

知识链接：国际货运代理公司为外贸公司提供的服务

2. 以航运公司、航空公司、铁路部门为背景的国际货运代理企业

以航运公司、航空公司、铁路部门为背景的国际货运代理企业中具有代表性的有中远国际货运有限公司、海航物流集团有限公司、中国民航客货运输销售代理公司、中国铁路对外服务总公司、丹马士环球物流有限公司（Damco Logistics）、达飞物流（中国）有限公司等。这类企业的特点：与承运人关系密切，在运价及运输条件上具有很强优势。

3. 以外贸专业公司、工贸公司为背景的国际货运代理企业

以外贸专业公司、工贸公司为背景的国际货运代理企业如中粮、五矿、中纺、中土畜等系统所属的国际货运有限公司。这类企业的特点：在货源、审核信用证、缮制货运单证和向银行办理议付结汇等方面较其他具有明显优势；规模都较小，服务功能欠完善，缺乏网络化的经营条件。

4. 以仓储、运输、国际快递业为背景的国际货运代理企业

以仓储、运输、国际快递业为背景的国际货运代理企业如渤海石油运输有限责任公司、上海国际展览运输有限公司、华协国际珍品货运服务有限公司等。其经营特点：凭借仓储优势及这方面的丰富经验，揽取货源，深得货主信任，特别在承办特种货物方面独有专长；但规模较小、服务单一。运输企业以北京的国际货运代理企业为例，如 DHL、嘉里大通物流有限公司。

5. 外商以及个人投资类型的国际货运代理企业

外商投资的国际货运代理企业如伟士德诚运输（中国）有限公司、SDV 国际物流集团，波洛莱环非物流有限公司等。改革开放后，我国由民营或个人投资创立的规模不一的国际货运代理企业也伴随着国际贸易的蓬勃发展而迅猛发展。

第二节　国际货运代理的业务范围

一、国际货运代理业务概述

（一）国际货运代理的服务内容

国际货运代理通常是接受客户的委托完成货物运输的某一个环节或与此有关的各个环节，可直接或通过货运代理及其雇用的其他代理机构为客户服务，也可以利用其海外带来人提高服务。其主要服务内容涉及选择运输路线、运输方式和适当的承运人，订舱，接收货物，包装，储存，称重、量尺码，签发单证报关，等等。

1. 选择运输路线

国际货运代理代表发货人选择运输路线、运输方式和适当的承运人；向选定的承运人提供揽货、订舱；提供货物并签发有关单证；研究信用证条款和所有政府的规定；包装、存储、称重和量尺码、安排保险；货物抵达港口后办理报关及单证手续，并将货物交给承运人；核算外汇交易、支付运费及其他费用；收取已签发的正本提单，并交付发货人；

安排货物转运；通知收货人货物动态；记录货物灭失情况；协助收货人向有关责任方进行索赔。

2. 代表收货人报告货物动态

当国际货运代理为收货人服务时，他代表进口商报告货物动态；接收和审核所有与运输有关的单据；提货和支付运输费用；安排报关、付税及其他费用；安排运输过程中的存仓；向收货人交付已交付截关的货物；协助收货人或分拨货物。

3. 收取货物并签发多式联运提单

作为多式联运经营人，收取货物并签发多式联运提单，承担承运人的风险和责任。此时，国际货运代理要对货主提供"一揽子"运输服务。在发达国家，由于货运代理发挥运输组织者的作用巨大，故有不少货运代理主要从事国际多式联运业务；而在发展中国家，由于交通基础设施较差，有关法规不健全以及货运代理的素质普遍有待提高，国际货运代理在作为多式联运经营人方面发挥的作用比较小。

4. 其他服务

其他的国际货运代理从事的服务，如根据客户的特殊需要进行监装、监卸、货物混装和集装箱拼箱运输咨询服务，特种货物挂装运输服务及海外展览运输服务等。

（二）国际货运代理的服务对象

从国际货运代理人的基本性质来看，货运代理主要是接受委托方的委托，就有关货物运输、装运、仓储、装卸等事宜，一方面与货物托运人订立运输合同，另一方面与运输部门签订合同。对货物托运人来说，货运代理人是货物的承运人。相当一部分的货运代理人掌握各种运输工具和储存货物的库场，在经营其业务时办理包括海、陆、空在内的货物运输。

综合而言，国际货运代理的服务对象主要包括：发货人、收货人等货方，海关、检验检疫等国家管理部门，班轮公司、航空公司、汽车公司、铁路公司等实际承运人。

二、我国国际货运代理企业的业务范围

（一）我国法律法规中规定的业务范围

根据《中华人民共和国国际货物运输代理业管理规定实施细则》（以下简称《国际货物运输代理业管理规定实施细则》）的规定，我国的国际货运代理企业可以作为代理人或者当事人从事以下全部或者部分经营活动。

1）揽货、订舱（含租船、包机、包舱）、托运、仓储、包装。
2）货物的监装、监卸、集装箱拆箱、分拨、中转及相关的短途运输服务。

3）报关、报检、报验、保险。

4）缮制签发有关单证、交付运费、结算及交付杂费。

5）国际展品、私人物品及过境货物运输代理。

6）国际多式联运、集运（含集装箱拼箱）。

7）国际快递（不含私人信函）。

8）咨询及其他国际货运代理业务。

除以上各项业务外，现在的国际货运代理企业还可以从事第三方国际物流服务、无船承运业务等。

（二）国际货运代理企业实际的业务范围

每一个国际货运代理企业实际经营的国际货运代理业务范围，应当以在工商行政管理机关登记的范围为准。

经营业务具体内容如下。

1）代表发货人办理货物在出口运输中的具体事宜：安排运输、装箱、储存保管、缮制单证、一关两检、监装货物、结算费用、保险、代收提单、其他咨询和服务。

2）代表收货人办理货物在进口运输中的具体事宜：安排一关两检、提货、付费、拆箱储存、内陆运输、空箱返还、其他咨询和服务。

3）代表出口地或进口地货运代理安排货物的分拨、托运等有关事宜：在出口地接收货物、装箱、签发货运代理提单、收取运费；在进口地从承运人处按单提货、拆箱、仓储、办理货物分拨、交付。

4）以无船承运人或多式联运经营人的身份组织运输：签发自己的运输单据（提单），提供全方位服务。

5）作为承运人的销售代理：承运人的揽货代理、订舱口、签发运输单据、代收费用。

6）为海关服务：货物出口电子数据交换（electronic data interchange，EDI）数据预录入。

三、国际货运代理企业的行为规范

知识链接：我国国际货运代理的发展现状

国际货运代理企业不得将规定范围内的注册资本挪作他用，不得出借、出租或转让批准证书和国际货运代理业务单证；不得直接或变相转让国际货运代理经营权；不得允许其他单位、个人以该国际货运代理企业或其营业部名义从事国际货运代理业务；不得与不具有国际货运代理业务经营权的单位订立任何协议而使之可以单独或与之共同经营国际货运代理业务，以收取代理费、佣金或者获得其他利益；不得接受非法货运代理提供的货物，不得为非法货运代理代办订舱；不得以发布虚假广告、分享佣金、退返回扣或其他不正当竞争从事经营活动；禁止出借提单。

第三节　国际货运代理企业的设立、年审和换证

一、国际货运代理企业的设立

（一）设立新公司

1. 设立条件

1）国际货运代理业务的申请人应当是与进出口贸易或国际货物运输有关，并有稳定货源的单位。符合以上条件的投资者应当在申请项目中占大股。

2）国际货运代理企业应当依法取得中华人民共和国企业法人资格。企业组织形式为有限责任公司或股份有限公司。禁止具有行政垄断职能的单位申请投资经营国际货运代理业务。承运人以及其他可能对国际货运代理行业构成不公平竞争的企业不得申请经营国际货运代理业务。

3）国际货运代理企业的注册资本最低限额应当符合下列要求：经营海上国际货运代理业务的，注册资本最低限额为500万元人民币；经营航空国际货运代理业务的，注册资本最低限额为300万元人民币；经营陆路国际货运代理业务或者国际快递业务的，注册资本最低限额为200万元人民币。

4）国际货运代理企业营业条件包括：具有至少5名从事国际货运代理业务3年以上的业务人员，其资格由业务人员原所在企业证明，或者取得通过商务部资格考试颁发的资格证书；有固定的营业场所，自有房屋、场地须提供产权证明；租赁房屋、场地，须提供租赁契约；有必要的营业设施，包括一定数量的电话、传真、计算机、短途运输工具、装卸设备、包装设备等；有稳定的进出口货源市场，即在本地区进出口货物运量较大，货运代理行业具备进一步发展的条件和潜力，并且申报企业可以揽收到足够的货源。

2. 要求提交的书面材料

申请经营国际货运代理业务的单位应当报送下列文件。

1）申请书，包括投资者名称、申请资格说明、申请的业务项目。

2）可行性研究报告，包括基本情况、资格说明、现有条件、市场分析、业务预测、组建方案、经济预算及发展预算等。

3）投资者的企业法人营业执照（影印件）。

4）董事会、股东会或股东大会决议。

5）企业章程（或草案）。

6）主要业务人员情况（包括学历、所学专业、业务简历、资格证书）。

7）资信证明（会计师事务所出具的各投资者的验资报告或资产负债表、损益表）。

8）投资者出资协议。

9）法定代表人简历。

10）国际货运代理提单（运单）样式。

11）企业名称预先核准函（影印件，工商行政管理部门出具）。

12）国际货运代理企业申请表1。

13）交易条款。

以上文件除3）和11）外，均须提交正本，并加盖公章。

3．申请程序

（1）提出申请

拟设在各市企业，按要求填写申请表，核对无误后提交，打印申请表并签字盖章，附上述须提交的书面申请材料报所在市商务局，同时抄送省国际货运代理协会。

（2）审核上报

市商务局和省国际货运代理协会进行企业网上信息和书面材料的比对初审，同意后在网上提出意见并转报省商务厅；省商务厅根据市商务局和省国际货运代理协会的意见，按照《国际货物运输代理业管理规定》及其实施细则进行审查，符合有关规定的将上报商务部审批。

（3）批准证书的申领

经商务部批准后，由省商务厅转批各市商务局或有关企业，同时抄送省国际货运代理协会。企业持修改后的章程到中国国际货运代理协会领取《中华人民共和国国际货物运输代理企业批准证书》。

（二）部门设置

国际货运代理企业大多实行流程式管理，以减少管理层级，打破部门界限，一般设置市场部、业务部、操作部和结算部。在流程团队结构下，各个部门处于不同的工作流程的节点上，在工作中都有可能直接面对客户，要对企业总体目标负责，对整个流程和规章制度负责。

1．市场部

市场部是国际货运代理公司的采购部门，主要负责供应（采购）管理，即市场开拓和管理工作。国际货运代理公司依靠其构建较低的服务成本体系。

2．业务部

业务部负责开拓业务，按照高于成本的价格向海内外货主销售国际货运代理服务，即揽货，建立稳定的客户资源网络。

3. 操作部

操作部负责直接为客户提供各类服务，一般设有单据、航线、现场和客服等岗位，因为企业情况的不同岗位划分会有变化。各个岗位按照业务流程操办代理运输的各项工作，履行完成货运代理协议。

4. 结算部

结算部负责向货主收取相关费用，快速反馈必要的信息给客户，做好全程跟踪，实现最大客户满意度。结算部还负责支付各种应付费用，确认所代理客户的应收、应付款项，并根据客户的收付款通知，及时、准确开具银行票据以便与客户结算。

实行流程化管理的国际货运代理公司内部不同部门及岗位的职责分工并不是绝对的，只要客户有需要，就可以打破原有的职能界限，跨部门、跨岗位操作业务。例如，业务部、市场部或结算部的员工为了稳定客户，也可以承担维护客户关系和处理客户投诉等的职能。

二、国际货运代理企业年审与换证

根据《国际货物运输代理业管理规定实施细则》第四章的相关规定，商务部对国际货运代理企业实行年审、换证制度。由商务部负责国务院部门在京直属企业的年审及全国国际货运代理企业的换证工作，由地方商务主管部门负责本行政区域内国际货运代理企业（含国务院部门直属企业及异地企业设立的子公司、分支机构）的年审工作。

（一）年审

国际货运代理企业于每年3月底前向其所在地地方商务主管部门（国务院部门在京直属企业直接向商务部）报送年审登记表、验资报告及营业执照（影印件），申请办理年审。

年审工作的重点是审查企业的经营及遵守执行《国际货物运输代理业管理规定》和其他有关法律、法规、规章情况。企业年审合格后，由行业主管部门在其批准证书上加盖年审合格章。

（二）换证

国际货运代理企业的资格批准证书的有效期为3年。企业必须在批准证书有效期届满的60天前，向地方商务主管部门申请换证。企业申请换领批准证书应当报送下列文件：①申请换证登记表；②批准证书（正本）；③营业执照（影印件）。

需要注意的是，企业连续3年年审合格，地方商务主管部门应当于批准证书有效期届满的30天前报送商务部，申请换领批准证书。

另外，行业主管部门在国际货运代理企业申请换证时应当对其经营资格及经营情况进行审核，有下列情形之一的，不予换发批准证书：

1）不符合《国际货物运输代理业管理规定实施细则》第二十七条规定。

2）不按时办理换证手续。

3）私自进行股权转让。

4）擅自变更企业名称、营业场所、注册资本等主要事项而不按有关规定办理报备手续。

企业因自身原因逾期未申请换领批准证书，其从事国际货运代理业务的资格自批准证书有效期届满时自动丧失。商务部将对上述情况予以公布。工商行政管理部门对上述企业予以注销或责令其办理经营范围变更手续。丧失国际货运代理业务经营资格的企业如欲继续从事该项业务，应当依照有关规定程序重新申报。

第四节　国际货运代理行业组织

一、国际货运代理协会联合会

国际货运代理协会联合会（英文全称"International Federation of Freight Forwarders Associations"，法文简称"FIATA"）是世界运输领域最大的非政府和非营利性组织，具有广泛的国际影响。其标志如图1-2所示。

图1-2　国际货运代理协会联合会标志

FIATA于1926年5月31日在奥地利维也纳成立，总部设在瑞士苏黎世。FIATA的会员分为4类：一般会员、团体会员、联系会员和名誉会员。成员主要来自世界各国的国际货运代理协会，目前，有86个国家和地区的96个一般会员，在150多个国家和地区有2700多个联系会员，代表4万多家货运代理企业、近1000万名从业人员。FIATA的最高权力机构是会员代表大会，下设主席团。

FIATA的宗旨是保障和提高国际货运代理行业在全球的利益；工作目标是团结全世界的国际货运代理人，以顾问或专家身份参加国际性组织，处理运输业务，代表、促进和保护运输业的利益；通过发布信息、分发出版物等方式，使贸易界、工业界和公众熟悉国际货运代理提供的服务；通过制定和推广统一国际货运代理业单据、标准交易条件，改进和提高国际货运代理服务质量，协助进行货运代理职业培训，处理责任保险问题，提供电子商务工具。

二、中国国际货运代理协会

中国国际货运代理协会（China International Freight Forwarders Association，CIFA）是FIATA 的协会会员，是在民政部登记注册、由中国境内的国际货运代理企业自愿组成的、非营利性的、以民间形式代表中国国际货运代理行业参与国际经贸运输事务并开展国际商务往来的全国性行业组织，是社团法人，于 2000 年 9 月 6 日在北京成立。其标志如图 1-3 所示。

图 1-3　中国国际货运代理协会标志

目前，CIFA 拥有会员近 700 家，代表着中国整个国际货运代理行业。CIFA 与世界各国和地区的同业组织建立了广泛的联系，促进国际货运代理行业的国际合作和交流。

作为联系政府与会员之间沟通的桥梁，CIFA 的宗旨是：协助政府部门加强对我国国际货运代理物流行业的管理；维护国际货运代理物流业的经营秩序；推动会员企业间的横向交流与合作；依法维护本行业利益；保护会员企业的合法权益；促进对外贸易和国际货运代理物流行业的发展；为行业培养现代国际货运代理物流人才，提升行业人员素质，增强行业企业的国际竞争力；以民间形式代表中国国际货运代理物流行业参与国际经贸运输事务并开展国际商务往来，参加各种国际行业会议。

第五节　国际货运代理揽货

一、揽货概述

揽货（canvassion）又称揽载，顾名思义就是招揽货源的意思，是指国际货运代理企业通过各种营销手段从客户那里争取货源，承揽对货物的承运权，以期获得最好的经营效益的行为。

在货主市场条件下，货主对货运代理的选择性增强。因此，货运代理再也不能等客上门，应不断提高从业人员的素质，加强公关意识。在日常工作中首先应对货主的心态有所了解，通常货主总是想物色服务态度好、工作质量高的货运代理，因为这样的货运代理不仅能顺利完成任务，而且能为货主减少麻烦，节省费用。

因此，货主在选择货运代理时往往持慎重态度，通常要经过正面或侧面的调查了解，对基本上能符合要求的，才会与之建立委托关系。一般情况下，货主在选择货运代理时主要考虑以下 3 个方面的问题。

其一是货运代理的业务能力和工作质量。具体包括：货运代理是否精通运输方面的业务；有无高素质的专业人员，每年的业务量多少；与各有关部门的关系是否融洽；有无现代化的管理设施，如固定的营业场所、交通车、电话、电传、传真、计算机等。

其二是资信和经营作风。资信的好坏关系到货运代理能否雇用足够的得力职员，能否向银行融通资金和垫付运费，能否取得交通、商检、海关、银行等有关部门的信任。对于资金不足、人员短缺、责任心不强、掩饰错误、制造假账、多收费和挪用客户资金、声誉不佳的货运代理，货主大都敬而远之。

其三是合作态度。有的货运代理业务能力虽强，企业规模也较大，但态度恶劣，官商习气十足，这样的货运代理容易引起货主的反感，而不愿与之合作；有的货运代理虽然态度良好，待人热情，但缺乏能力，出现难题时往往不能处理，对这类货运代理，货主也不敢与之合作。货主大都选择态度诚恳、作风稳健、有问必答、能力较强的货运代理与之建立委托关系，并能保持相对稳定的关系。

二、揽货人员应该具备的专业知识

1）揽货人员应了解国际货物买卖和合同、国际贸易术语、国际货物运输保险和国际贸易货款收付业务、市场营销、地理知识、海运航线知识、航空航线知识等专业知识。

2）熟知国际地理知识、海运航线知识、航空航线知识、班期和运价，装卸港口所处的地理位置、转运地以及内陆集散地；了解船舶等的形状及特点，做到知线、知港、知船。

3）海上运输、空运、陆运、铁路运输、多式联运、仓储的一般知识。

4）了解普通杂货、集装箱货物和特种货物对运输的要求。熟知不同类型运输方式对货物的适用性。

5）了解运价市场，对不同的承运人、不同的运输方式和不同的运输路线进行比价，以减少运费支出，为货主精打细算节约运费。

6）了解本公司、码头、船公司、报检和报关业务流程，准确填制各种运输单据，正确核算成本和汇率换算，以及处理各种争议等综合业务能力。

7）具有一定的专业英语基础，能用英语阅读有关的

知识链接：在国际货运代理业务中"SOC"、"COC"的含义

运输单据，并能独立地进行有关商务活动。

8）能利用计算机和网络收发信息，处理文档和图表等。

此外，揽货人员还应该了解竞争对手的信息等，熟悉本企业的服务性质，提供本公司为货主服务的航线、船期、挂靠港口等信息；熟悉本地区并了解相关地区的港口习惯和海关程序。

三、揽货的一般程序

在国际货运代理揽货业务中，人员揽货是国际货运代理企业最常见的一种促销方式，一般程序如下。

1）寻找潜在客户。

2）接触前准备。

3）约见客户。

4）推销洽谈。

5）缔约合约。

6）售后服务。

第六节　国际货运代理法律法规

一、国际法——《FIATA 货运代理服务示范法》

国际货运代理无论在法律上还是在实践中，在不同国家均有着很大的差异。为了缩小货运代理在法律上存在的差异，FIATA 制定了《FIATA 货运代理服务示范法》（*FIATA Model Rules for Freight Forwarding Services*，简称《FIATA 示范法》）。

《FIATA 示范法》是迄今为止涉足这一领域法律问题的重大尝试。它就货运代理的权利和义务做了明确的规定。但在目前的货运实务中，这些权利还不足以充分保护货运代理。对客户而言，《FIATA 示范法》的进一步优势在于其作为统一的货运代理法律正在世界范围内赢得声誉。

二、我国国际货运代理相关法律制度体系

（一）法律

1）《中华人民共和国民法通则》（以下简称《民法通则》）。

2）《中华人民共和国合同法》（以下简称《合同法》）。

3）《中华人民共和国海商法》（以下简称《海商法》）。

4）《中华人民共和国海事诉讼特别程序法》。

国际货运代理基础

（二）行政法规和部门规章

1）《中华人民共和国国际海运条例》（以下简称《海运条例》）。
2）《中华人民共和国国际海运条例实施细则》（以下简称《国际海运条例实施细则》）。
3）《国际集装箱多式联运管理规则》。
4）《国际货物运输代理业管理规定》。
5）《国际货物运输代理业管理规定实施细则》。

三、国际货运代理的责任

各国法律对国际货运代理所下的定义及其业务范围的规定有所不同，但按其责任范围的大小，原则上可分为 3 种情况：第一，作为国际货运代理，仅对其自己的错误和疏忽负责；第二，作为国际货运代理，不仅对自己的错误和疏忽负责，还应使货物完好地抵达目的地，这就意味着应承担承运人的责任和造成第三人损失时的责任；第三，国际货运代理的责任取决于合同条款的规定和所选择的运输工具等。

1. 国际货运代理作为代理人的责任

国际货运代理作为代理人，受货主的委托，在其授权范围内，以委托人的名义从事代理行为，由此产生的法律后果由委托人承担。国际货运代理作为纯粹的代理人，通常应对其本人及其雇员的过错承担责任。

其错误和疏忽可能包括：未按指示交付货物；尽管得到指示，办理保险仍然出现疏忽；报关有误，运往错误的目的地；未能按必要的程序取得再出口（进口）货物退税；未取得收货的货款而交付货物。

同时，国际货运代理还应对其经营过程中造成的第三人财产灭失、损坏或人身伤亡承担责任。如果国际货运代理能够证明其对第三人的选择做到了合理的谨慎，那么一般不承担因第三人的行为或不行为引起的责任。

国际货运代理作为代理人，在货主和承运人之间牵线搭桥，由货主和承运人直接签订运输合同。国际货运代理公司收取的是佣金，承担的责任小。当货物发生灭失或损坏的时候，货主可以直接向承运人索赔。

案例分析

分析

某货运代理作为进口商的代理人，负责从 A 港接收一批艺术作品，在 120 海里外的 B 港交货。该批作品用于国际展览，要求货运代理在规定的日期之前于 B 港交付全部货物。货运代理在 A 港接收货物后，通过定期货运卡车将大部分货物陆运到 B 港。由于定期货运卡车出现季节性短缺，一小部分货物无法按时运抵。于是货运代理在卡车市场租了一辆货运车，要求其于指定日期之前抵达 B 港。而后，该承载货

16

物的货车连同货物一起下落不明。

问：对于货运车造成的损失，货运代理是否也要负责呢？

2. 国际货运代理作为当事人的责任

国际货运代理作为当事人在为客户提供所需的服务中，是以其本人的名义承担责任的独立合同人，应对其为履行国际货运代理合同而雇佣的承运人、分货运代理的行为或不行为负责。在此情况下，货运代理均处于承运人的地位，无论是实际承运人，还是契约承运人，都承担承运人的责任和义务。

作为当事人，国际货运代理不仅对其本身和雇员的过失负责，而且应对在履行与客户所签合同过程中提供的其他服务的过失负责。其中对客户的责任主要表现在以下 3 个方面。

1）对于大部分情况属于对货物的灭失或残损的责任。

2）对于因职业过失，尽管既非出于故意也非由于粗心，但给客户造成了经济损失。例如，不按要求运输；不按要求对货物投保；报关有误造成延误；运货至错误的目的地；未能代表客户履行对运输公司、仓储公司及其他代理人的义务；未收回提单而放货；未履行必要的退税手续再出口；未通知收货人；未收取现金费用而交货；向错误的收货人交货。

3）对于延迟交货。尽管按惯例货运代理一般不确保货物的到达日期，也不对延迟交货负责，但目前的趋势是对过分的延误要承担适当的责任，此责任限于被延误货物的运费或两倍运费。

案例分析

某土畜产进出口公司委托某外运公司办理一批服装的出口运输，从上海运至日本。外运公司租用某远洋运输公司的船舶承运，但以其自己的名义签发提单。货物运抵目的港后，发现部分服装已湿损。于是，收货人向保险会司索赔。保险公司依据保险合同赔偿收货人后，取得代位求偿权，进而对外运公司提起诉讼。

问：这样是否合理？

分析

3. 国际货运代理作为无船承运人时的责任

当国际货运代理从事无船承运人业务并签发自己的无船承运提单时，便变成了无船承运经营人，是法律上的承运人，其兼有承运人和托运人的责任。

4. 国际货运代理作为多式联运经营人时的责任

国际货运代理作为多式联运经营人（multimodal transportation operator，MTO）时，签发提单，被看作法律上的承运人。

（1）《联合国国际货物多式联运公约》规定多式联运经营人对货物的灭失或延迟交付的赔偿责任

对于货物灭失或损坏的赔偿限额最多不超过每件或每个运输单位 920SDR（special drawing right，特别提款权），或每千克不得超过 2.752SDR，以较高者为准。但是国际多式联运如果根据合同不包括海上或内河运输，则多式联运经营人的赔偿责任按灭失或损坏货物毛重每千克不得超过 8.33SDR 计算。

对于货物的延迟交付，《联合国国际货物多式联运公约》规定了 90 天的交货期限，多式联运经营人对延迟交货的赔偿限额为延迟交付货物运费的 2.5 倍，并不能超过合同的全程运费。

（2）《海商法》规定多式联运经营人对货物灭失或延迟交付的赔偿责任

对于货物灭失或损坏的赔偿限额最多不超过每件或者每个运输单位 666.67SDR，或者按照灭失或损坏的货物毛重，每千克 2SDR，以两者中较高的为标准。

对于延迟交付，《海商法》规定货物交付期限为 60 天，多式联运经营人延迟交付的赔偿限额为延迟交付货物的运费数额，但因承运人的故意或者不作为而造成的延迟交付则不受此限制。

四、国际货运代理的除外责任

除外责任，又称免责，系指根据国家法律、国际公约、运输合同的有关规定，责任人免于承担责任的事由。对于国际货运代理，其除外责任，通常规定在国际货运代理标准交易条件或与客户签订的合同中，归纳起来可包括以下 7 个方面。

1）客户的疏忽或过失所致。

2）客户或其代理人在搬运、装卸、仓储和其他处理中所致。

3）货物的自然特性或潜在缺陷所致，如由于破损、泄漏、自燃、腐烂、生锈、发酵、蒸发或由于对冷、热、潮湿的特别敏感性。

4）货物的包装不牢固、缺乏或不当包装所致。

5）货物的标志或地址错误或不清楚、不完整所致。

6）货物的内容申报不清楚或不完整所致。

7）不可抗力所致。

本章小结

本章重点介绍了国际货运代理的定义、性质、种类、行业组织、营销、法律法规等基础性知识，旨在让学生对国际货运代理有一个概括性的认识，为下面进一步的学习打好基础。

职业技能强化训练

在线同步测试及参考答案

一、单项选择题

1. 交通运输部门是货物运输工作中的（　　）。
   A. 托运人　　　　　　　　　B. 收货人
   C. 中间人　　　　　　　　　D. 承运人

2. （　　）是国际货运代理协会联合会的缩写，并被用作该组织的标志。
   A. FIATA　　　B. FIAT　　　C. FITA　　　D. FAITA

3. 中国国际货运代理协会的英文简称是（　　）。
   A. CIFF　　　B. CIFA　　　C. CFAI　　　D. CFIA

4. （　　）不属于国际货运代理的除外责任。
   A. 由于委托方的疏忽或过失
   B. 由于货物的自然特性或者潜在缺陷
   C. 由于货物的包装不牢固、标志不清
   D. 由于货运代理人过失或疏忽

5. （　　）不是按照国际货运代理业务的内容分类的。
   A. 空运代理　　　B. 海运代理　　　C. 当事人代理　　　D. 船舶代理

6. （　　）不是构成国际货运市场的主体。
   A. 货主　　　　　　　　　　B. 货运代理
   C. 船东（或其他运力）　　　D. 船代

7. 外商投资国际货运代理企业正式开业满（　　）年且注册资本全部到位后，可申请在国内其他地方设立分公司。
   A. 1　　　B. 2　　　C. 3　　　D. 4

8. 国际货运代理资格企业的批准证书的有效期为（　　）年。
   A. 2　　　B. 3　　　C. 4　　　D. 5

二、多项选择题

1. 国际货运代理按照按法律特征的不同，可以分为（　　）类型。
   A. 居间人型代理　　　　　　B. 代理人型代理
   C. 当事人型代理　　　　　　D. 船舶代理
   E. 海运货运代理

2. 按照资信程度来分，我国的国际货运代理公司分为（　　）级别。
   A. 一级国际货运代理　　　　B. 二级国际货运代理
   C. 三级国际货运代理　　　　D. 四级国际货运代理
   E. 五级国际货运代理

3. 在国际货运代理业务中，揽货一般包含（　　）程序。
    A．寻找潜在客户　　　　　　　B．接触前准备
    C．约见客户　　　　　　　　　D．推销洽谈
    E．缔约合约

4. 一般来说，国际货运代理的服务对象包括（　　）。
    A．发货人　　　B．收货人　　　C．海关
    D．班轮公司　　E．航空公司

5. 下列跟我国国际货运代理相关的法律有（　　）。
    A．民法通则　　B．合同法
    C．海商法　　　D．海运条例实施细则
    E．海运条例

三、判断题

1. 国际货运代理只能以自己的名义办理业务。　　　　　　　　（　　）
2. 国际货运代理的责任期限是从接收货物时开始至目的地将货物交给收货人为止。
　　　　　　　　　　　　　　　　　　　　　　　　　　　（　　）
3. 国际货运代理人应对自己因没有执行合同所造成的货物损失负赔偿责任。（　　）
4. 国际货运代理作为多式联运经营人时，对于货物的延迟交付，《联合国国际货物多式联运公约》规定了90天的交货期限。　　　　　　　　　　（　　）
5. 国际货运代理作为代理人，受货主的委托，在其授权范围内，以委托人的名义从事代理行为，由此产生的法律后果由国际货运代理承担。　　　　（　　）
6. 在国际货运中，由于货物的自然特性或潜在缺陷所致，如由于破损、泄漏、自燃、腐烂、生锈、发酵、蒸发或由于对冷、热、潮湿的特别敏感性，承运人是免责的。（　　）
7. 我国的国际货运代理企业中，一级国际货运代理数量比较多，二级、三级国际货运代理数量比较少。　　　　　　　　　　　　　　　　　　（　　）
8. 国际货运代理企业的资格批准证书的有效期为3年。企业必须在批准证书有效期届满的90天前，向地方商务主管部门申请换证。　　　　　　　（　　）

四、简答题

1. 什么是国际货运代理？它在国际贸易中起到什么样的作用？
2. 如何理解国际货运代理的双重身份？
3. 根据国际货运代理业务范围，可以把国际货运代理分成哪几类？
4. 列举国际货运代理的服务对象。
5. 国际货运代理协会联合会是一个什么样的组织？
6. 请谈一下你对国际货运代理行业的了解。

第二章

国际贸易、国际货物运输及国际货款收付

知识目标

1. 掌握国际货物进出口交易的基本流程。
2. 掌握国际货物买卖合同的基本内容。
3. 掌握 11 个贸易术语对买卖双方承担的风险、责任、费用的规定。
4. 掌握国际货物运输保险的险别。
5. 掌握托收、汇付、信用证 3 种国际货款收付方式的内容。

能力目标

1. 能熟练说出国际货物进出口交易的基本流程。
2. 能简要阐述国际货物买卖合同的基本内容。
3. 能说出 11 个贸易术语对买卖双方承担的风险、责任、费用的规定。
4. 能够根据实际情况安排国际货物运输保险。
5. 能利用所学知识选择合适的国际货款收付方式。

职业资格考核要点

1. 贸易术语。
2. 国际货款收付。

引导案例

自从上一次跟叔叔探讨了"国际货运代理"的基础知识后，结合学校老师讲的内容，小易对这门专业课的兴趣大增，对国际货运代理业务、设立企业等内容尤其感兴趣，他甚至开始畅想未来的工作了。这是一个周六的傍晚，小易的叔叔恰好来到了小易家，于是小易趁机向叔叔表达了自己的想法。叔叔说："想要做好国际货运代理工作可没那么容易呢，高楼大厦平地起，好好打基础吧！知道国际贸易的知识吗？这可是做国际货运代理的基础中的基础哦！"小易陷入了沉思。

思考：用自己的语言帮助小易梳理国际贸易的基础知识。

第一节　国际贸易基础知识

一、国际贸易与对外贸易的概念

（一）国际贸易

国际贸易（international trade）是人类社会发展到一定历史阶段的产物，是指世界各国（地区）之间进行的商品交换活动。它既包括有形商品（实物商品）交换，也包括无形商品（劳务、技术、教育、咨询等）交换。这种交换活动，从一个国家（地区）的角度看，称为该国（地区）的对外贸易；从世界范围看，世界各国（地区）对外贸易的总和构成了国际贸易，也称世界贸易。

国际货运代理业务是基于国际贸易合同的履行而产生的，二者关系密切。国际贸易的发展带动国际货运代理业务的发展，同时国际货运代理业务的发展也促进国际贸易的发展。国际货运代理从业人员只有在了解与国际贸易相关知识的基础上，才能提供高质量的国际货运代理服务，以满足国际贸易发展的需要。

（二）对外贸易

对外贸易（foreign trade）亦称"国外贸易"或"进出口贸易"，是指一个国家（地区）与另一个国家（地区）之间的商品和劳务的交换。这种贸易由进口和出口两部分组成。对运进商品或劳务的国家（地区）来说，就是进口；对运出商品或劳务的国家（地区）来说，就是出口。

二、国际贸易的分类

（一）按商品移动的方向分类

1）进口贸易。进口贸易是指将其他国家的商品或服务引进到该国市场销售。

2）出口贸易。出口贸易是指将该国的商品或服务输出到其他国家市场销售。

3）过境贸易。过境贸易是指 A 国（地区）的商品经过 C 国（地区）境内运至 B 国（地区）市场销售，对 C 国（地区）而言就是过境贸易。

注意：由于过境贸易对国际贸易的阻碍作用，目前，WTO 成员之间互不从事过境贸易。

（二）按商品的形态分类

1）有形贸易。有形贸易是指有实物形态的商品的进出口。例如，机器、设备等商品的进出口。

2）无形贸易。无形贸易是指没有实物形态的技术和服务的进出口。例如，专利使用权的转让、旅游、金融保险企业跨国提供服务等。

（三）按生产国和消费国在贸易中的关系分类

1）直接贸易。直接贸易是指商品生产国与商品消费国不通过第三国来进行买卖商品的行为。

2）间接贸易。间接贸易是指商品生产国与商品消费国通过第三国进行买卖商品的行为。间接贸易中的商品生产国称为间接出口国，商品消费国称为间接进口国，第三国则是转口贸易国，第三国所从事的就是转口贸易。

（四）按贸易参加国的数量分类

1）双边贸易。双边贸易是指两国之间通过协议在双边结算的基础上进行的贸易。

2）多边贸易。多边贸易又称多角贸易，是指 3 个或 3 个以上的国家通过协议在多边结算的基础上进行互有买卖的贸易。

（五）按贸易内容分类

按贸易内容，国际贸易可分为服务贸易、商品贸易、加工贸易、一般贸易。

1）一般贸易，是指我境内有进出口经营权的企业单边进口或单边出口货物。

2）补偿贸易，是指由境外厂商提供或者利用境外出口信贷进口生产技术或设备，由我方进行生产，以返销其产品方式分期偿还对方技术、设备价款或货款本息的交易形式。如经批准，也可以使用该企业（包括企业联合体）生产的其他产品返销对方，进行间接补偿。

3）加工贸易，主要包括来料加工、来件装配、进料加工、出料加工和补偿贸易。它与通常所说的三来一补（即来料加工、来件装配、来样加工和中小型补偿贸易）区别在于：来样加工属于一般出口贸易，不在加工贸易的范围内；来料加工和来件装配，统称为加工装配。在三来一补中去掉来样加工，加上进料加工和出料加工，就是加工贸易的主要内容了。

三、国际贸易的作用

（一）调节各国市场的供求关系

世界各国由于受生产水平、科学技术和生产要素分布状况等因素的影响，生产能力和市场供求状况存在着一定程度的差异，而通过国际贸易不仅可以增加国内短缺产品的市场供给量，满足消费者的需求，而且还为各国国内市场的过剩产品提供了新的出路，在一定程度上缓解了市场供求的矛盾，从而调节了各国的市场供求关系。

（二）促进生产要素的充分利用

劳动力、资本、土地、技术等生产要素在各个国家的分布往往是不平衡的，有的国家劳动力富余而资本短缺，有的国家资本丰裕而土地不足，有的国家土地广阔而耕作技术落后。通过国际贸易，将国内富余的生产要素与其他国家交换国内短缺的生产要素，从而使短缺生产要素的制约得以缓解或消除，富余生产要素得以充分利用，扩大生产规模，加速经济发展。

（三）增加财政收入，提高国民福利水平

政府可从对过往关境的货物征收关税、对进出口货物征收国内税、为过境货物提供各种服务等方面获得大量财政收入。国际贸易还可以提高国民的福利水平。它可以通过进口国内短缺而又是国内迫切需要的商品，或者进口比国内商品价格更低廉、质量更好、式样更新颖、特色更突出的商品，来使国内消费者获得更多的福利。

（四）加强各国经济联系，促进经济发展

开展国际贸易能加速资金积累，促进经济增长。一般说，国际贸易从 3 个方面促进一国的资金积累。一是出口部门往往能获得较好的经济效益，能提高积累率，从而加速发展。二是外贸的发展为引进外资提供必要的条件。一方面，一个国家的偿债能力，最终是由该国的出口能力决定的，出口越多，在国际市场上筹措资金的余地就越大。另一方面，进口往往同国家之间的借贷关系联系在一起，这又可利用外国的资金来引进技术和设备等。三是对进口竞争部门提供刺激。在封闭经济条件下，企业往往满足于现有的市场，积累扩大再生产的动力不足。进口市场竞争的出现，使企业产生了提高积累率的巨大压力。无论什么情况，积累总是扩大再生产、促进技术进步的一个重要因素。

第二节　国际贸易流程与合同

一、国际货物进出口交易的基本流程

从交易磋商、签订外销合同，到租船订舱、检验、产地证、保险、送货、报关、装船出口，直至交单、结汇、退税，是每笔进出口业务必经的过程。国际货物进出口交易的基本流程如图 2-1 所示。

（一）贸易准备

进出口商在交易前需要进行贸易准备工作，从而寻找到交易对象，增进贸易机会，建立业务关系。

（二）交易磋商

知识链接：进出口商在交易前的贸易准备

交易磋商是指买卖双方为购销某种货物就各项交易条件进行的洽商，以求达成一致协议的具体过程。

交易磋商通常通过口头或书面方式进行，买卖双方磋商的内容包括商品名称、数量、品质、规格或花色品种、包装、价格、交货、运输、付款方式、发生意外的处理方式、保险的办理、发生纠纷的处理方式等。

交易磋商一般程序概括为询盘、发盘、还盘、接受 4 个环节。其中，发盘和接受是必不可少的环节。一方的发盘经对方有效接受，合同即告成立。

（三）签订合同

买卖双方经过交易磋商后，就各项交易条件达成一致，正式签订国际货物买卖合同。在国际贸易中，国际货物买卖合同的形式有书面形式、口头形式和其他形式。

（四）履行合同（以出口为例）

我国绝大多数出口采用信用证方式，故在履行合同时以货（备货、报验）、证（催证、审证和改证）、船（租船订舱、办理货运手续）、款（制单结汇）4 个环节的工作最为重要。

（1）备货

备货工作是指卖方根据出口合同的规定，按质、按量地准备好应交的货物，并做好申

请报检和领证工作。

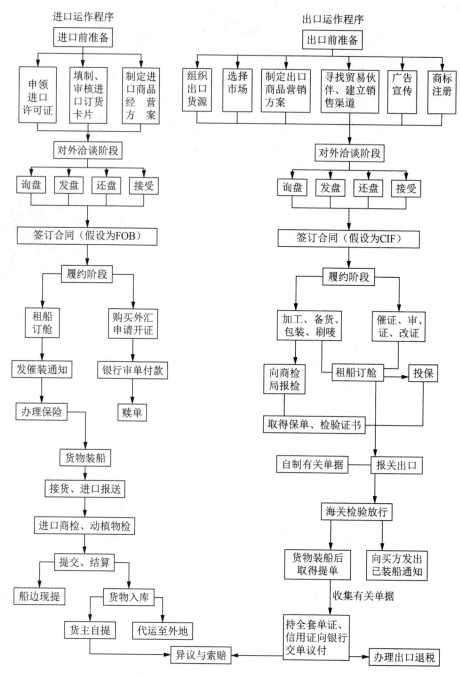

图 2-1　国际货物进出口交易的基本流程

（2）报检

凡属国家规定法检的商品，或合同规定必须经出入境检验检疫局出证的商品，在货物备齐后，应向出入境检验检疫局申请检验。只有取得出入境检验检疫局发给的合格的检验证书，海关才准放行。经检验不合格的货物，一般不得出口。

（3）催证

在实际业务中，有时国外进口商在遇到市场发生变化或资金发生短缺的情况时，往往会拖延开证。对此，我们应催促对方迅速办理开证手续。

（4）审证、改证

对国外来证的审核和修改，是保证顺利履行合同和安全迅速收汇的重要前提。出口商在收到信用证后，主要审核信用证的性质和内容与原订合同是否一致。否则，应该要求进口商修改信用证，由国外客户要求开证行修改后，收到信用证修改通知书后再对外发货。

（5）租船订舱和装运

在 CIF 或 CFR 条件下，租船订舱是卖方的责任之一。如出口货物数量较大，需要整船载运的，则要对外办理租船手续；对出口货物数量不大，不需整船装运的，则安排洽订班轮或租订部分舱位运输。为了获得及时和专业的运输服务，减少物流成本，卖方可以委托专业的货运代理公司提供运输代理服务。

（6）报关

报关是指进出口货物装船出运前向海关申报的手续。按照《海关法》规定：凡是进出国境的货物，必须经由设有海关的港口、车站、国际航空站进出，并由货物所有人向海关申报，经过海关放行后，货物才可提取或者装船出口。

（7）投保

凡是按 CIF 价格成交的出口合同，卖方在装船前，须及时向保险公司办理投保手续。在 CFR 或 FOB 术语下，卖方要及时发出装船通知，以便买方及时投保。如卖方未及时通知买方，导致买方没有及时投保，货物遭受损失应由卖方承担责任。

（8）制单结汇

在实际业务中，买卖双方多采用卖方凭单交货，买方凭单付款的方式。故出口货物装运后，出口商应该立即正确缮制各种单据，并在规定的时间送交银行办理收汇。

（9）出口退税

出口退税是指符合国家规定范围的出口货物在报关离境后，由经营出口的主体企业凭有关单证，向主管退税业务的税务机关办理出口货物在生产、加工、出口销货等环节上的增值税、消费税的免征或退还的相应手续。

二、国际货物买卖合同的基本内容

国际货物买卖合同的基本内容包括约首、本文和约尾 3 部分。

1. 约首

约首部分一般包括订约合同的名称、合同编号、缔约双方的名称及地址、签约缘由以及电报挂号、电传号码等项内容。

2. 本文

本文部分是合同的主要部分，包括主要交易条件和一般交易条件。主要交易条件包括商品名称、品质规格、数量、包装、价格、装运、保险、支付、检验等。一般交易条件有索赔、不可抗力、仲裁等内容。

3. 约尾

约尾部分一般列明合同的份数、使用的文字及其效力、订约的时间和地点、生效的时间及双方当事人签字等内容。

第三节　国际贸易术语

在国际货物买卖中，由于从事国际贸易的买卖双方一般相距较远，通常情况下，不能当面交接货物和单据，这就需要双方通过一定的方式确定交货地点以及货物交接过程中有关风险、责任和费用的划分，通常将这些称作交货条件。买卖双方在磋商和签约时往往通过使用贸易术语来确定成交条件。

一、贸易术语的含义与作用

贸易术语（trade terms）又称价格术语（price terms），其表现形式为 3 个英文字母代码，其含义是用来说明价格的构成，以及买卖双方在交接货物过程中各自承担的责任、风险、手续和费用的划分。

贸易术语的作用不仅体现在可以简化交易磋商的内容、节省交易时间和费用、便利贸易发展，而且贸易术语是买卖双方交易磋商的基础，履行合同义务及享受合同权利的依据，以及解决合同争议与纠纷的重要准则。

二、INCOTERMS 2010

为了统一各种贸易术语的解释，国际商会于 1936 年提出了一套解释贸易术语的具有国际性的统一规则，定名为《国际贸易术语解释通则》（INCOTERMS）。随着国际贸易实践的逐渐发展，国际商会先后于 1953 年、1967 年、1976 年、1980 年、1990 年、2000 年和 2010 年对 INCOTERMS 做了 7 次修订和补充。

《2010 年国际贸易术语解释通则》（INCOTERMS 2010，2010 通则）包括了 11 种贸易术语，将 11 个贸易术语按照适用范围分为两类，一类为适用于任何单一运输方式或多种运输方式的术语，另一类为适用于海运和内河水运的术语，见表 2-1。

表 2-1 INCOTERMS 2010 的 11 种贸易术语

适用范围	国际代码	中英文全称
适用于任何单一运输方式或多种运输方式的术语	EXW	ex works（insert named place of delivery） 工厂交货（插入指定交货地点）
	FCA	free carrier（insert named place of delivery ） 货交承运人（插入指定交货地点）
	CPT	carriage paid to（insert named place of destination） 运费付至（插入指定目的地）
	CIP	carriage and insurance paid to（insert named place of destination） 运费、保险费付至（插入指定目的地）
	DAT	delivered at terminal（insert named terminal at port or place of destination） 运输终端交货（插入指定港口或目的地的运输终端）
	DAP	delivered at place（insert named place of destination） 目的地交货（插入指定目的地）
	DDP	delivered duty paid（insert named place of destination） 完税后交货（插入指定目的地）
适用于海运和内河水运的术语	FAS	free alongside ship（insert named port of shipment） 装运港船边交货（插入指定装运港）
	FOB	free on board（insert named port of shipment） 装运港船上交货（插入指定装运港）
适用于海运和内河水运的术语	CFR	cost and freight（insert named port of destination） 成本加运费（插入指定目的港）
	CIF	cost，insurance and freight（insert named port of destination） 成本、保险费加运费（插入指定目的港）

（一）全能贸易术语

全能贸易术语指 INCOTERMS 2010 中适用于任何单一运输方式或多种运输方式的术语，包括 EXW、FCA、CPT、CIP、DAT、DAP、DDP。

1. EXW

EXW 全称为 ex works（insert named place of delivery），即工厂交货（插入指定交货地

点）。EXW 是买方承担责任最大的术语，买卖双方基本义务如下。

1）卖方在其所在地或其他指定地点将符合合同约定的货物交给买方处置时即完成交货；卖方必须给予买方收取货物所需的任何通知；卖方承担货物在交货地点交给买方处置之前的所有费用和风险；货物需要包装时，卖方必须自付费用包装货物，使之适合运输并适当标记；提供商

知识链接：使用 EXW 应注意的问题

业发票或相等的电子信息。

2）买方承担自交货地点收取货物之后的所有费用和风险。买方自付费用取得进出口许可或其他官方授权，办理货物进出口海关手续；买方按合同约定收取货物，提供已收取货物的相关凭证，支付价款。

2. FCA

FCA 全称为 free carrier（insert named place of delivery），即货交承运人（插入指定交货地点）。买卖双方基本义务如下。

1）卖方在其所在地或其他指定地点将符合合同约定的货物交给买方指定的承运人或其他人处置时即完成交货；卖方完成交货后必须及时通知买方；卖方承担货交承运人之前的一切风险和费用；卖方自负风险和费用取得出口所需的许可或其他官方授权，办理货物出口所需的一切海关手续；提供商业发票和通常的交货凭证或相等的电子信息，协助买方取得运输凭证。

知识链接：使用 FCA 应注意的问题

2）买方必须自付费用签订自指定交货地点起运货物的运输合同，并给予卖方充分通知；承担货交承运人之后的一切风险和费用；自负风险和费用取得进口所需的许可或其他官方授权，办理货物进口和从他国过境运输所需的海关手续；按合同约定收取货物，接受交货凭证，支付价款。

3. CPT

CPT 全称为 carriage paid to（insert named place of destination），即运费付至（插入指定目的地）。买卖双方基本义务如下。

1）卖方必须签订或取得运输合同，支付将货物运至指定目的地所需的运费；在双方约定日期或期限内，将符合合同约定的货物交给卖方指定的承运人或其他人处置时即完成交货；卖方完成交货后必须及时通知买方；承担货交承运人之前的一切风险和费用；自负风险和费用取得出口所需的许可或其他官方授权，办理货物出口和交货前从他国过境运输所需的一切海关手续；提供商业发票和运输凭

知识链接：使用 CPT 应注意的问题

证或相等的电子信息。

2）买方承担货交承运人之后的一切风险和费用；自负风险和费用取得进口所需的许可或其他官方授权，办理货物进口和从他国过境运输所需的海关手续；按合同约定收取货物，接受交货凭证，支付价款。

4. CIP

CIP 全称为 carriage and insurance paid to（insert named place of destination），即运费、保险费付至（插入指定目的地）。买卖双方基本义务如下。

1）卖方必须签订或取得运输合同，支付将货物运至指定目的地所需的运费；自付费用取得货物保险；在双方约定日期或期限内将符合合同约定的货物交给卖方指定的承运人或其他人处置时即完成交货；卖方完成交货后必须及时通知买方；承担货交承运人之前的一切风险和费用；自负风险和费用取得出口所需的许可或其他官方授权，办理货物出口和交货前从他国过境运输所需的一切海关手续；提供商业发票、运输凭证、保险单或相等的电子信息。

知识链接：使用 CIP 应注意的问题

2）买方承担货交承运人之后的一切风险和费用；自负风险和费用取得进口所需的许可证或其他官方授权，办理货物进口和从他国过境运输所需的一切海关手续；按合同约定收取货物，接受交货凭证，支付价款。

5. DAT

DAT 全称为 delivered at terminal（insert named terminal at port or place of destination），即运输终端交货（插入指定港口或目的地的运输终端）。买卖双方基本义务如下。

知识链接：使用 DAT 应注意的问题

1）卖方必须签订运输合同，支付将货物运至指定港口或目的地的运输终端所产生的运费；在指定港口或目的地的运输终端将符合合同约定的货物从抵达的运输工具上卸下交给买方处置时即完成交货；卖方必须向买方发出所需通知，以便买方采取收取货物通常所需的措施；承担在运输终端交货之前的一切风险和费用；自负风险和费用取得出口所需的许可或其他官方授权，办理货物出口和交货前从他国过境运输所需的一切海关手续；提供商业发票及买方能够收取货物的凭证或相等的电子信息。

2）买方承担在运输终端交货之后的一切风险和费用；自负风险和费用取得进口所需的许可或其他官方授权，办理货物进口所需的一切海关手续；按合同约定收取货物，接受交货凭证，支付价款。

6. DAP

DAP 全称为 delivered at place（insert named place of destination），即目的地交货（插入指定的目的地）。买卖双方基本义务如下。

知识链接：使用 DAP 应注意的问题

1）卖方必须签订运输合同，支付将货物运至指定目的地或指定目的地内的约定的点所产生的运费；在指定目的地将符合合同约定的货物放在已抵达的运输工具上交给买方处置时即完成交货；卖方必须向买方发出所需通知，以便买方采取收取货物通常所需的措施；承担在指定目的地运输工具上交货之前的一切风险和费用；自负风险和费用取得出口所需的许可或其他官方授权，办理货物出口和交货前从他国过境运输所需的一切海关手续；提供商业发票及买方能够收取货物的凭证或相等的电子信息。

2）买方承担在指定目的地运输工具上交货之后的一切风险和费用；自负风险和费用取得进口所需的许可或其他官方授权，办理货物进口所需的一切海关手续；按合同约定收取货物，接受交货凭证，支付价款。

7. DDP

DDP 全称为 delivered duty paid（insert named place of destination），即完税后交货（插入指定目的地）。DDP 是卖方承担责任最大的术语。买卖双方基本义务如下。

1）卖方必须签订运输合同，支付将货物运至指定目的地或指定目的地内的约定的点所产生的运费；在指定目的地将符合合同约定的，已完成进口清关且可供卸载的货物交给买方处置时即完成交货；卖方必须向买方发出所需通知，以便买方采取收取货物通常所需的措施；承担在指定目的地运输工具上交货之前的一切风险和费用，包括出口和进口的关税；自负风险和费用取得出口和进口所需的许可或其他官方授权，办理货物出口、从他国过境运输和进口所需的一切海关手续；提供商业发票及买方能够收取货物的凭证或相等的电子信息。

知识链接：使用 DDP 应注意的问题

2）买方承担在指定目的地运输工具上交货之后的一切风险和费用；按合同约定收取货物，接受交货凭证，支付价款。

（二）水运贸易术语

水运贸易术语指 INCOTERMS 2010 中适用于海运和内河水运的术语，包括 FAS、FOB、CFR 和 CIF。

1. FAS

FAS 全称为 free alongside ship（insert named port of shipment），即装运港船边交货（插入指定装运港）。买卖双方基本义务如下。

1）卖方在约定的日期或期限内，将符合合同规定的货物在指定装运港交到买方指定的船边即完成交货，并及时通知买方；承担货交装运港船边之前的一切风险和费用；自负风险和费用取得出口所需的许可或其他官方授权，办理货物出口所需的一切海关手续；提供商业发票和通常的证明其完成交货义务的凭证或相等的电子信息。

知识链接：使用 FAS 应注意的问题

2）买方自负费用订立从指定装运港到目的港的运输合同，并将船名、装船点和在需要时其在约定期限内选择的交货时间向卖方发出充分通知；负担货物在指定装运港交到船边之后的一切风险和费用；自付费用取得进口许可或其他官方授权，办理货物进口和从他国过境运输所需的一切海关手续；按合同约定收取货物，接受交货凭证，支付价款。

2. FOB

FOB 全称为 free on board（insert named port of shipment），即装运港船上交货（插入指定装运港）。买卖双方基本义务如下。

知识链接：使用 FOB 应注意的问题

1）卖方在指定装运港按合同规定日期或在规定期限内，将货物装到买方指定的船上或通过"取得"已交付至船上货物的方式交货，并及时通知买方；负担货物在指定装运港交到船上之前的一切风险和费用；自付费用取得出口许可或其他官方授权，办理货物出口所需的一切海关手续；提交商业发票以及证明已按本规则履行交货义务的交货凭证或相等的电子信息，协助买方取得运输凭证。

2）买方负责订立从指定装运港到目的港的运输合同并将船名、装船点和在需要时其在约定期限内选择的交货时间向卖方发出充分通知；负担货物在指定装运港交到船上之后的一切风险和费用；自付费用取得进口许可或其他官方授权，办理货物进口和从他国过境运输所需的一切海关手续；按合同约定收取货物，接受交货凭证，支付价款。

3. CFR

CFR 全称为 cost and freight（insert named port of destination），即成本加运费（插入指定目的港）。买卖双方基本义务如下。

1）卖方必须签订或取得运输合同，支付将货物运至

知识链接：使用 CFR 应注意的问题

指定目的港所需的运费；在指定装运港按合同规定日期或在规定期限内，将货物装上船或通过"取得"已交付至船上货物的方式交货，并及时通知买方；负担货物在指定装运港交到船上之前的一切风险和费用；自付费用取得出口许可或其他官方授权，办理货物出口所需的一切海关手续；提交商业发票以及证明已按本规则履行交货义务的交货凭证或相等的电子信息。

2）买方负担货物在装运港交到船上之后的一切风险和费用；自付费用取得进口许可或其他官方授权，办理货物进口和从他国过境运输所需的一切海关手续；按合同约定收取货物，接受交货凭证，支付价款。

4. CIF

CIF 全称为 cost，insurance and freight（insert named port of destination），即成本、保险费加运费（插入指定目的港）。买卖双方基本义务如下。

1）卖方必须签订或取得运输合同，支付将货物运至指定目的港所需的运费；在指定装运港按合同规定日期或在规定期限内，将货物装上船或通过"取得"已交付至船上货物的方式交货，并及时通知买方；负担货物在指定装运港交到船上之前的一切风险和费用；自付费用办理货物运输保险；自付费用取得出口许可或其他官方授权，办理货

知识链接：使用 CIF 应注意的问题

物出口所需的一切海关手续；提交商业发票、保险单以及证明已按本规则履行交货义务的交货凭证或相等的电子信息。

2）买方负担货物在装运港交到船上之后的一切风险和费用；自付费用取得进口许可或其他官方授权，办理货物进口和从他国过境运输所需的一切海关手续；按合同约定收取货物，接受交货凭证，支付价款。

FOB、CFR、CIF 与 FCA、CPT、CIP 的异同见表 2-2。

表 2-2 FOB、CFR、CIF 与 FCA、CPT、CIP 的异同

比较项目	FOB、CFR、CIF	FCA、CPT、CIP
运输方式	海运和内河运输	各种运输方式（单式和多式）
承运人	船公司	船公司、铁路局、航空公司、多式联运经营人
交货地点	装运港船上	视不同的运输方式而定
风险转移点	装运港船上	货交承运人监管后
装卸费用承担	FOB 的各种变形以明确装船费用由谁承担，CFR、CIF 的各种变形以明确卸货费用由谁承担	FCA 卖方承担装船费，CPT、CIP 卖方承担卸货费，不存在术语变形
运输单据	已装船清洁提单	提单、海运单、内河运单、铁路运单、公路运单、航空运单或多式联运单据
后注地名	FOB 后加注装运港名称，CFR、CIF 后加注目的港名称	FCA 后加注装运地名称，CPT、CIP 后加注目的地名称

第四节　国际货物运输与保险

一、国际货物运输

国际货物运输是指在国家与国家、国家与地区之间的货物运输，包括国际贸易物资运输与国际非贸易物资（如展览品、援外物资、个人行李、办公用品等）运输。国际货物运输的主要对象是贸易商品，非贸易物资的运输只是贸易商品运输的附带业务，所以，国际货物运输又称国际贸易运输。国际货物运输的方式主要有国际海洋货物运输、国际铁路货物运输、国际公路货物运输、国际航空货物运输、国际集装箱运输、国际多式联运及其他运输方式。

国际货物运输的当事人、关系方包括以下几种。

1. 承运人

承运人是指专门经营水上、铁路、公路、航空等客货运输业务的交通运输部门，如轮船公司、铁路或公路运输公司、航空公司等。它们一般都拥有大量的运输工具，为社会提供运输服务。

2. 货主

货主是指专门经营进出口商品业务的外贸部门或进出口商。它们为履行贸易合同，必须组织办理进出口商品的运输，是国际货物运输工作中的托运人（shipper）或收货人（consignee）。

3. 运输代理

运输代理有以下几种。

1）租船代理（shipping broker），又称租船经纪人，指以船舶为商业活动对象而进行船舶租赁业务的人，主要业务是在市场上为租船人寻找合适的运输船舶或为船东寻找货运对象，以中间人身份使租船人和船东双方达成租赁交易，从中赚取佣金。因此，根据它所代表的委托人身份的不同又分为租船代理人和船东代理人。

2）船务代理（shipping agent），指接受承运人的委托，代办与船舶有关的一切业务的人，主要业务有船舶进出港、货运、供应及其他服务性工作等。船方的委托和代理人的接受以每船一次为限，称为航次代理；船方和代理人之间签订有长期代理协议，称为长期代理。

3）货运代理（freight forwarder），指接受货主的委托，代表货主办理有关货物报关，交接、仓储、调拨、检验、包装、转运、订舱等业务的人，主要有订舱揽货代理、货物装卸代理、货物报关代理、转运代理、理货代理、储存代理、集装箱代理等。

4）咨询代理（consultative agent），指专门从事咨询工作，按委托人的需要，以提供有关国际贸易运输情况、情报、资料、数据和信息服务而收取一定报酬的人。

以上各类代理之间的业务往往互相交错，如不少船务代理也兼营货运代理，有些货运代理也兼营船务代理等。

二、国际货物运输保险

在国际货物运输过程中，可能遇到各种类型的风险，货主为了转嫁风险，通常需要办理货物运输保险。

国际货物运输保险是进出口商对进出口的货物按照一定的险别向保险公司投保，缴纳保险费，当货物在国际运输途中遇到风险时，由保险公司对进出口商遭受的保险事故造成的货物损失和产生的责任负责赔偿。根据运输方式的不同，国际货物运输保险分为国际海洋货物运输保险、国际陆上货物运输保险、国际航空运输保险等。

（一）国际海洋货物运输保险

为了适应国际海洋货物运输保险的需要，中国人民保险集团股份有限公司根据我国保险实际情况并参照国际保险市场的习惯做法，制定了各种保险条款，总称为"中国保险条款"（China Insurance Clauses，CIC），其中包括"海洋运输货物保险条款""海洋运输货物战争险条款"和其他各种专门条款。投保人可根据货物特点和航线与港口实际情况自行选择投保适当的险别。按中国保险条款规定，我国海洋运输货物保险的险别包括基本险、附加险和其他专门险3种类型。

1. 基本险

中国人民保险集团股份有限公司所规定的基本险别包括平安险、水渍险和一切险。

1）平安险（free from particular average，F.P.A.）。在投保平安险的情况下，保险公司主要对自然灾害造成的全部损失和对意外事故造成的全部损失及部分损失予以赔偿。此外，对于海上意外事故发生前后，由于自然灾害造成的部分损失也予以赔偿。

2）水渍险（with particular average，WPA or WA）。投保水渍险后，保险公司除担负上述平安险的各项责任外，还对被保险货物由于恶劣气候、雷电、海啸、地震、洪水等自然灾害所造成的部分损失负赔偿责任。可见水渍险的责任范围比平安险

知识链接：平安险的责任范围

大，投保水渍险时，保险公司对自然灾害和意外事故造成的全部损失或部分损失，均负责赔偿。

3）一切险（all risk，A.R.）。投保一切险后，保险公司除承担平安险和水渍险的各项赔偿责任外，还对被保险货物在运输途中由于一般外来风险造成的全部或部分损失负责赔偿。

中国海洋运输货物保险条款除规定上述基本险的责任范围外，还同时规定了下列除外责任，即对下列原因造成的损失不负赔偿责任：①被保险人的故意行为或过失所造成的损失；②属于发货人责任引起的损失；③在保险责任开始前，被保险货物已存在品质不良或数量短少造成的损失；④被保险货物的自然损耗、本质缺陷、特性以及市价跌落、运输延迟引起的损失或费用；⑤海洋运输货物战争险条款和罢工险条款规定的责任范围和除外责任。

基本险保险责任起讫是"仓至仓"（W/W）。"仓至仓"条款指保险的承保责任从被保险货物远离保险单所载明的起运地发货人仓库开始，直到该项货物被运抵保险单所载明的目的地收货人仓库为止。如未抵达上述仓库或储存所，则以被保险货物在最后卸载港全部卸离海轮后满 60 天为止。如在上述 60 天内被保险货物需转运到非保险单所载明的目的地时，则以该项货物开始转运时终止。

2. 附加险

中国人民保险集团股份有限公司规定了一般附加险、特别附加险和特殊附加险，这些险别均不能单独投保，必须依附基本险而加保。

知识链接：一般附加险、特别附加险的险别

（1）一般附加险

一般附加险是指由于一般外来原因引起的一般风险而造成的各种损失的险别。中国人民保险集团股份有限公司规定了 11 种一般附加险，它们全部包括在一切险中，或者由投保人在投保平安险或水渍险后，根据货物可能面临的风险加保其中的一种或几种险别。

（2）特别附加险

特别附加险是以导致货损的某些政府行为风险作为承保对象的，它不包括在一切险范围内，不论被保险人投任何基本险，要想获取保险人对政府行为等政治风险的保险保障，必须与保险人特别约定，经保险人特别同意。否则，保险人对此不承担保险责任。

（3）特殊附加险

1）战争险（war risk），保险人承保战争或类似战争行为导致的货物损失的特殊附加险。被保险人必须投保货运基本险之后，才能经特别约定投保战争险。战争险的责任起讫采用"水面"条款，以"水上危险"为限，是指保险人的承保责任自货物装上保险单所载明的起运港的海轮或驳船开始，到卸离保险单所载明的目的港的海轮或驳船为止。

知识链接：罢工险和战争险的关系

2）罢工险（strikes risk），保险人承保罢工者，被迫停工工人，参加工潮、暴动和民众斗争的人员采取行动所造成的承保货物的直接损失，对间接损失不负责。例如，由于劳动力短缺或无法使用劳动力，致使堆放码头的货物遭到雨淋日晒而受损、冷冻机因无燃料而中断造成的被保险货物的损失不负责赔偿。其责任起讫采取"仓至仓"条款。

3. 专门险别

在我国海洋运输货物保险中，根据被保险货物的特性，还专门制定了"海洋运输冷藏货物保险条款"和"海洋运输散装桐油保险条款"。此外，为了促进出口贸易的发展，我国保险公司还专门设立了卖方利益险。

（二）国际陆上货物运输保险

中国人民保险集团股份有限公司 1981 年 1 月 1 日修订的"陆上运输货物保险条款"规定：陆上货物运输险分为陆运险（overland transportation risks）和陆运一切险（overland transportation all risks）。

1. 陆运险的责任范围

保险公司负责赔偿被保险货物在运输途中遭受暴风、雷电、洪水、地震等自然灾害或由于运输遭受碰撞、倾覆、出轨或在驳运过程中因驳运工具遭受搁浅、触礁、沉没、碰撞，或由于遭受隧道坍塌、崖崩或失火、爆炸等意外事故所造成的全部或部分损失。由此可见，陆运险的承保责任范围与海洋运输货物保险条款中的"水渍险"相似。

2. 陆运一切险的责任范围

除上述陆运险的责任外，还包括运输途中，由外来原因造成的短少、短量、偷窃、渗漏、碰损、破碎、钩损、雨淋、生锈、受潮、受热、发霉、串味、玷污等全部或部分损失，这与海洋运输货物保险条款中的"一切险"相似。

以上陆运险和陆运一切险的责任范围均适用于火车和汽车运输。

3. 除外责任

陆运险、陆运一切险的除外责任与海洋运输货物险的除外责任相同，包括被保险人故意或过失造成的损失；发货人的责任；保险责任开始前货物存在的品质不良或数量短差；货物的自然损害、本质缺陷等。

（三）国际航空运输保险

根据我国现行的"航空运输货物保险条款"规定，航空运输货物保险的险别包括航空运输险（air transportation risks）和航空运输一切险（air transportation all risks）两种基本险条款。此外，我国还制定了"航空运输货物战争险条款"。

1. 航空运输险的责任范围

与"海洋货物运输保险条款"中的"水渍险"相似，包括被保险货物在运输中遭受雷电、火灾、爆炸或由于飞机遭受恶劣气候或其他危难事故而被抛弃，或由于飞机遭受碰撞、倾覆、坠落或失踪等自然灾害和意外事故所造成的全部或部分损失。

2. 航空运输一切险的责任范围

与"海洋货物运输保险条款"中的"一切险"相似，除包括航空运输险的各项责任外，还包括被保险货物由于一般外来原因所造成的全部或部分损失。

国际航空运输保险除外责任、被保险人义务、索赔期限等都与海运和陆运相同。责任起讫也采用"仓至仓"条款。所不同的是如果货物运达保险单所载明的目的地未运抵保险单所载明收货人仓库或储存处所，则以被保险货物在最后卸载地卸离飞机后满30天保险责任即告终止。如在上述30天内，被保险货物需转运到非保险单所载明的目的地时，保险责任以该项货物开始转运时终止。

（四）国际邮包运输保险

中国人民保险集团股份有限公司参照国际保险市场的通行做法，并结合我国邮政包裹业务的实际情况，制定了一套较为完备的"邮包运输保险条款"，其中包括"邮包险条款"和"邮包战争险条款"。"邮包险条款"包括邮包险（parcel post risks）和邮包一切险（parcel post all risks）这两种险别，都可以单独投保。

第五节　国际货款收付

一、国际货款收付工具

国际贸易货款的收付多以票据作为结算工具。国际结算票据是以支付金钱为目的的特种证券，分为汇票、本票和支票3种。在国际贸易货款的收付中，主要使用汇票，有时也使用本票和支票。

（一）汇票

汇票（bill of exchange；draft），是最重要、最常用的一种支付工具。《中华人民共和国票据法》（以下简称《票据法》）对汇票做了如下的定义："汇票是出票人签发的，委托付款人在见票时或者在指定日期无条件支付确定的金额给收款人或者持票人的票据。"

汇票有3个基本当事人，即出票人、付款人和收款人。

出票人（drawer），指写成汇票并将汇票交付给收款人的人。根据《票据法》的一般规则，在汇票上签字的人是汇票的债务人，承担付款或担保的责任。

付款人（drawee，payer），指出票人在汇票中指定的、在收到汇票提示时进行付款的当事人，也可称为受票人。

收款人（payee），是指从出票人手中获得汇票的当事人，是债权人。

1. 汇票的内容

根据《票据法》的规定，汇票应该具备一定的内容，否则不具有法律效力。具体如下。

1）标明"汇票"字样（word of exchange）。

2）无条件的支付命令（unconditional order to pay）。

3）确定的汇票金额（the sum certain in money）。

4）付款人姓名、商号及地址（drawee）。

5）收款人姓名、商号及地址（payee）。

6）出票日期（date of issue）。

7）出票人签章（signature of drawer）。

8）付款期限（tenor）。

9）出票地点（place of issue）和付款地点（place of payment）。

2. 汇票的种类

汇票从不同角度可分为以下几种。

（1）银行汇票和商业汇票

汇票按出票人的不同，分为银行汇票和商业汇票。银行汇票是由银行签发的汇票，出票人和付款人都是银行。商业汇票是由工商企业签发的汇票，付款人可以是工商企业，也可以是银行。

（2）即期汇票和远期汇票

汇票按付款期限的不同，分为即期汇票和远期汇票。汇票上规定见票后立即付款的汇票称为即期汇票。汇票上规定付款人于某个指定的日期或者将来某个可以确定的日期进行付款的汇票称为远期汇票。远期汇票的收款人一般需先行向付款人提示承兑以明确付款人的付款责任，在见票后定期付款的情况下，还需按承兑日期确定付款日期。

（3）光票汇票和跟单汇票

汇票按流通时是否附带有货运单据，分为光票汇票和跟单汇票。光票汇票是指不附带货运单据的汇票。跟单汇票是指附带提单等货运单据的汇票。国际贸易中的货款结算，绝大多数使用跟单汇票。

（4）商业承兑汇票和银行承兑汇票

汇票按远期汇票承兑人的身份不同，分为商业承兑汇票和银行承兑汇票。商业承兑汇票是指由企业或个人承兑的远期汇票，是建立在商业信用基础上的。银行承兑汇票是指由银行承兑的远期汇票，是建立在银行信用基础上的。

3. 汇票的使用

汇票的使用是通过一系列的票据行为来完成的，汇票流通过程中的每一种行为都必须符合《票据法》的相应规定。汇票的行为主要包括出票、提示、承兑、付款、背书、拒付、追索等主要行为。

（1）出票

出票（issue）是指出票人签发汇票并将其交付给收款人的票据行为，是基本票据行为，是其他一切票据行为的基础。完整的出票行为应包括两个内容：一是出票人制作汇票并签字，出票人的签字使汇票生效，否则汇票是无效票据；二是出票人将汇票交付给他人，如收款人，交付的目的在于使汇票不可撤销。

（2）提示

提示（presentation）是指持票人将汇票提交付款人，要求承兑和付款的行为。提示因而可分为承兑提示和付款提示。

付款人见到汇票称为见票，提示和见票是同一票据行为的两个方面。如果提交的是即期汇票，付款人见票后应该立即付款；如果提交的是远期汇票，付款人见票后应该办理承兑汇票的手续，等汇票到期时再进行付款。

（3）承兑

承兑（acceptance）是指付款人对远期汇票表示承担到期付款责任的行为。

承兑手续是由付款人在汇票正面写上"承兑"（accepted）字样，并注明承兑日期，由承兑人签字后交还持票人，到期付款时承兑人才收回汇票。

（4）付款

付款（payment）是汇票的承兑人或付款人向汇票的持票人支付汇票上所载金额款项的行为。汇票到期后，由付款人或承兑人向持票人支付票款，并要求持票人在汇票背面签名作为收款凭证，在汇票上注明"付讫"（paid）字样收回汇票。付款是一切票据行为的结束。

（5）背书

背书（endorsement）是指汇票的持票人（背书人，endorser）将收款的权利转让给他人的行为，汇票的受让人称为"被背书人"（endorsee）。

背书是转让汇票权利的一种手段。汇票的持票人在汇票背面或者粘单上签上自己的名字，有的还写明被背书人的名字，然后把汇票交给被背书人。完成背书手续以后，汇票的收款权利就由背书人转移给被背书人。

汇票可以多次背书转让，被背书人取得汇票权利后，还可以继续背书转让下去。对于汇票的受让人来说，在他以前的背书人以及原出票人都是他的"前手"。对于汇票的出让人来说，所有在他出让汇票以后的受让人都是他的"后手"。根据《票据法》的规定，"前手"

对"后手"都要承担汇票的付款责任。

持票人如果需要在汇票到期前取得票款，可以经过背书将汇票转让给银行或其他金融机构，银行再按票面金额扣除一定利息和手续费后将剩余的票款支付给持票人，这叫作"贴现"（discount）。银行贴现汇票后就成为汇票的正当持票人，可以继续在金融市场上转让该汇票，直到汇票到期为止。

（6）拒付

知识链接：追索权行使期限

拒付（dishonor）又称"退票"。拒付行为包括两种情况：一是持票人要求承兑时，遭到付款人拒绝承兑；二是持票人要求付款时，遭到付款人拒绝付款。

根据《票据法》的规定，拒付也可在发生下列情况时成立：付款人拒不见面、付款人死亡或已宣告破产等。汇票一经被拒付，持票人随之产生追索权，即有权向背书人和出票人等"前手"请求偿还汇票所载金额款项及费用。

（7）追索

追索（resource）是指汇票被拒付后，持票人要求其"前手"背书人、出票人、承兑人清偿汇票金额及有关费用的行为。持票人的这种权利称为"追索权"（right of resource），追索权的行使应在法定时间内进行，逾期追索无效。

（二）本票

本票（promissory note）是一个人向另一个人签发的，保证在可以确定的将来时间，对其支付一定金额款项的无条件的书面承诺。本票的基本当事人只有两个，即出票人和收款人，本票的付款人就是出票人本人。本票的出票人在任何情况下都是主债务人。

按出票人的不同，本票可分为商业本票和银行本票，根据付款时间的不同，商业本票又可分为即期本票和远期本票两种。

（三）支票

支票在国内经济交易及国际非贸易结算中的使用十分普遍，但在国际贸易结算中主要用来支付一些小额的零星费用，因此使用范围不如汇票广。

支票（check）是银行存款户签发的，要求银行见票时立即从其账户中无条件地支付一定金额给指定收款人或持票人的书面支付命令。支票可以被看作是以银行为付款人的即期汇票。支票和汇票一样，有 3 个基本当事人：出票人、付款人和收款人。支票的出票人所签发的支票金额不得超过其付款时在付款人处实有的存款金额，否则就是空头支票。

支票都是即期的。

二、常用国际货款收付方式

国际贸易结算的基本方式有汇付、托收和跟单信用证 3 种。

（一）汇付

汇付是最简单的一种国际付款方式，但近年来它的使用量有增多的趋势。

汇付（remittance）又称汇款，指订立商务合同后，进口人（汇款人）通过银行向出口人（收款人）汇寄款项的做法。

1. 汇付业务的当事人

汇付业务中有 4 个基本当事人：汇款人、汇出行、汇入行和收款人。

汇款人是向银行缴款付费，委托银行将款项汇交给国外债权人或收款人的人，在进出口贸易中，通常是进口商、被索赔的出口商或者其他需要移交款项的人。

汇出行（remitting bank）是接受汇款人的委托，转托国外分行或代理行支付一定金额给指定收款人的银行，通常是汇款人所在地的银行。

汇入行（paying bank）是接受海外分行或代理行的委托，按其指示或支付命令，解付一定金额给收款人的银行，通常是收款人所在地的银行。

收款人是汇款人指定的、收取款项的人，通常是出口商。

汇付方式下，汇款人委托汇出行办理汇款时通常先开具汇款申请书，写明收款人的名称和地址、汇款金额、汇款方式等内容。汇出行接受委托后，即有义务按照申请书的指示，通知汇入行将款项解付给收款人。

2. 汇付的种类

根据银行发送支付指令方式的不同，汇付可以分为信汇、电汇和票汇 3 种。从具体流程和应用上来看，每一种方式各有其特点。

（1）信汇

信汇（mail transfer，M/T）是汇款人向当地银行交付本币，银行开具付款委托书，用航空邮件寄交国外汇入行，指示其办理资金转移的汇付方式。

信汇的特点是费用低、时间长。

（2）电汇

电汇（telegraphic transfer，T/T）业务中，汇款人将款项和电汇申请书交汇出行，请其以电报、电传或 SWIFT 方式通知汇入行，指示其向指定收款人解付一定金额的汇付方式。汇入行收到电汇委托书并经审核无误后，据以缮制取款通知书通知收款人取款。之后，汇入行向汇出行发出付讫通知。

电汇是银行之间的直接通信，发生错误和遗失的可能性很小。银行通常会在当天处理汇款，由于不能占用资金，因此银行收取的费用很高。由于安全、高速的特点，电汇已成为目前汇付中使用最普遍的方式。

信汇和电汇的业务程序如图 2-2 所示。

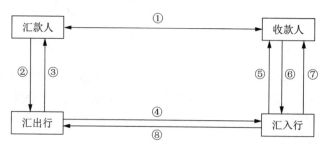

图 2-2　信汇和电汇的业务程序

注：①汇款人和收款人约定采用信汇/电汇方式汇款；②汇款人向当地银行提交信汇/电汇申请书并交款付费；③汇出行向汇款人签发回单；④汇出行向汇入行发出信汇/电汇委托书；⑤汇入行向收款人发出取款通知书；⑥收款人凭取款通知书到汇入行取款；⑦汇入行向收款人付款；⑧汇入行向汇出行发出付讫通知。

（3）票汇

票汇（demand draft，D/D）是汇出行应汇款人的申请，开立以汇入行为付款人的即期银行汇票，交给汇款人自行寄送给收款人或亲自携带出国，凭票取款的一种汇付方式。票汇多用于小额汇款及国际贸易中从属费用的结算。

票汇的业务程序如图 2-3 所示。

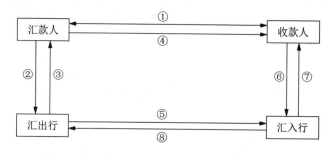

图 2-3　票汇的业务程序

注：①汇款人和收款人约定采用票汇方式汇款；②汇款人向当地银行提交票汇申请书并交款付费；③汇出行向汇款人签发银行汇票；④汇款人将银行汇票转交收款人；⑤汇出行向汇入行签发票汇通知书；⑥收款人凭银行汇票到汇入行取款；⑦汇入行核对无误向收款人付款；⑧汇入行向汇出行发出付讫通知。

无论采用电汇、信汇还是票汇，所使用的结算工具（汇款委托书或票汇通知书）的传送方式与资金的流动方向相同，均属于顺汇。但在付款速度上，电汇最快，最受收款人欢迎；在操作手续上，票汇相对简单，最受银行欢迎；信汇因速度较慢，操作手续多，目前已极少使用。

汇付与托收、跟单信用证相比，具有以下特点：①商业信用。银行仅凭汇款人的指示转移相关款项，不负责传递单据，更不承担任何付款或担保责任。预付货款项下，出口人是否及时交货、所交货物是否符合合同的约定，进口人是否全额、及时付款，全凭买卖双方的商业信用，因此存在商业信用风险。如采用该付款方式，应事先调查对方资信。②资金负担不平衡。预付货款项下，卖方可利用预付款备货、装货，减轻自行垫付资金的负担。货到付款项下，进口人可收货后甚至可在出售货物后支付货款。③手续简便、费用低廉。

（二）托收

托收（collection）是债权人（出口商）开立汇票连同相关的货运单据交给所在地银行，委托其通过国外的分支机构或代理行向债务人（进口商）收取款项的一种结算方式。

在目前的国际贸易中，以托收为代表的非信用证结算方式所占的比例越来越大，托收已成为一种非常重要的国际贸易结算方式。

1. 托收业务的当事人

在托收业务中有 4 个基本当事人：委托人、托收行、代收行和付款人。

委托人（principal）是开立汇票连同货运单据委托银行向国外进口商（买方）收取款项的人，是债权人，一般为出口商（卖方）。

托收行（remitting bank）是接受债权人的委托向国外的债务人收取款项的银行，一般为出口地的银行。

代收行（collecting bank）是接受托收行的委托向债务人收取款项的进口地银行。代收行大都是托收行的国外分支机构或代理行。

付款人是向代收行支付款项的人，是债务人，一般为进口商（买方）。

2. 托收的业务流程

托收的业务流程因托收的种类的不同而有所差异，如图 2-4 所示。

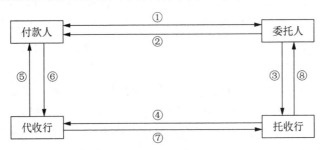

图 2-4　托收的业务流程

注：①付款人和委托人订立国际货物买卖合同，约定以托收方式结算；②委托人发货、制单；③委托人填写托收申请书，向托收行提出托收申请，托收行审查托收申请书及托收单据；④托收行选定代收行后，填写托收委托书，委托代收行代为收款；⑤代收行审查托收委托书及有关单据，决定是否接受委托，接受委托后通知付款人并向其提示有关单据；⑥付款人验单、付款/承兑和领取单据；⑦代收行通知托收行款已收妥，并将款项划拨托收行账户；⑧托收行将款项交给委托人。

3. 托收的结算方式

根据涉及的单据性质，托收的结算方式分为光票托收和跟单托收两种。

（1）光票托收

光票托收（clean collection）是卖方仅凭开立汇票而不附带任何货运单据，委托银行收取款项。光票托收，一般金额不会太大，通常用于收取货款尾数、佣金、代垫费用、进口小额赔款和样品费等从属费用，大多是即期付款，远期付款的比较少。

（2）跟单托收

跟单托收（documentary collection）是由卖方开立汇票连同整套货运单据一起交给国内托收行，委托其代收货款。

根据交单条件的不同，跟单托收又可分为付款交单托收和承兑交单托收。

1）付款交单托收（documents against payment，D/P）是指代收行以进口商付款为条件向其交付货运单据的托收方式。根据付款时间的不同付款交单托收又可分为即期付款交单托收和远期付款交单托收两种。但不论是即期还是远期，进口商都必须在付清货款后方能取得货运单据，即所谓的"付款赎单"。

① 即期付款交单托收（D/P at sight），指出口商发运货物后，开立即期汇票连同全套货运单据交银行托收。当代收行向进口商提示汇票和单据时，进口商应立即付款，代收行在收到货款后将单据交付进口商。

② 远期付款交单托收（D/P at…days after sight），指出口商发运货物后，开具远期汇票连同全套货运单据交银行托收，代收行收到单据后，立即向进口商提示远期汇票和单据，进口商予以签字承兑，代收行收回汇票及单据，待汇票到期时再次向进口商提示要求付款，在收到货款后将单据交付进口商。

2）承兑交单托收（documents against acceptance，D/A）是指出口商发运货物后，开立远期汇票连同全套货运单据交银行托收，当代收行向进口商提示汇票和单据时，进口商对远期汇票进行合格承兑，代收行将全套货运单据交付进口商，待承兑汇票到期时银行再向进口商提示要求付款的托收方式。

承兑交单中货运单据一经进口商承兑汇票后就交付给进口商，是出口商对进口商的资金融通。进口商无须付款即可得到物权，汇票到期时，如果进口商违约拒付，或者发生破产、倒闭等事件而无力偿付货款，出口商就会陷于既得不到货款又收不回货物的境地，因此承兑交单的方式风险很大，在我国对外贸易实务中很少使用。

4. 托收的特点

1）结算手续相对简单，费用较低。托收方式还可以提供融资的便利，如押汇、信托收据、保付代理等。因此在比较熟悉和可靠的贸易伙伴之间，托收是一种较好的结算方式。

2）资金负担不够平衡。这主要是指出口商的负担较重。除了出口商预收订金的情况以外，出口商必须动用自有资金来备货、组织出运，而结汇又必须等到进口商付款之后，因此资金占用多、回收慢。相反，进口商只需在代收行交付货运单据时才付款，甚至只需要承兑远期汇票就可以获得单据，有较长的时间处理货物，及时回笼货款，因此占用资金少、时间短。

3）风险较大。托收是商业信用，对出口商来说，托收方式风险较大。因为在承兑交单托收方式下，如果进口商商业信用差，违约拒付，或因破产、倒闭而无力支付货款，出口商就既得不到货款也收不回货物，损失会很大；另外，在付款交单托收方式下，如果进口商故意刁难，不愿意付款赎单借以趁机压价的情况也是很常见的。

从总体上看，在托收业务中，进口商比出口商更有主动性，出口商承担的风险比进口商更多、更大，因此托收方式是一种倾向于对进口商有利的结算方式。

（三）跟单信用证

跟单信用证是国际贸易中重要的结算方式之一。

信用证（letter of credit，L/C）是银行（开证行）根据客户（开证申请人）的要求和指示，开立给第三者（受益人）的保证文件，保证当受益人在信用证规定的时间内交来符合信用证要求的全套单据时，由开证行或其指定的银行对受益人支付信用证规定的金额款项，或对受益人签发的符合信用证要求的汇票进行承兑及付款。

简而言之，信用证是银行对受益人做出的有条件的付款约定或承诺。

1. 跟单信用证的当事人

信用证方式下的当事人有以下几种。

1）开证申请人（applicant），又称开证人（opener），是指向银行申请开立信用证的人，一般为进口商。

2）开证行（opening bank；issuing bank），是指接受开证申请人委托开立信用证的银行，一般为进口地的银行。

3）受益人（beneficiary），是指信用证中所指定的有权使用信用证、提供符合信用证要求的单据、向开证行或付款行要求支付货款的人，一般为出口商。

4）通知行（advising bank；notifying bank），是指受开证行委托，将信用证的内容转达给受益人的银行。通常是出口地的银行，通知行只证明信用证的表面真实性，不承担其他义务。

5）议付行（negotiating bank），是指买入受益人按信用证规定提交的单据、贴现汇票的银行。在信用证业务中，议付行通常以汇票持票人的身份出现，因此，当付款人拒付时，议付行对汇票出票人（出口商）享有追索权。议付行一般是出口商所在地的银行。

除以上基本当事人以外，根据实际需要，信用证业务还可能涉及的当事人有保兑行、付款行、偿付行、承兑行和转让行等。

2. 跟单信用证的业务流程

跟单信用证的业务流程因信用证的类型不同而异，但基本环节大体相同。即期跟单议付信用证的业务流程如图2-5所示。

3. 信用证方式的特点

（1）信用证是一种银行信用，开证行负第一性付款责任

信用证是开证行对受益人做出的有条件的付款保证，在任何情况下，银行一旦开出信用证，就表明它以自己的银行信用做了付款保证，并因此处于第一性付款人的地位。

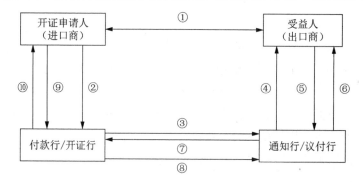

图2-5　即期跟单议付信用证的业务流程

注：①买卖双方签订买卖合同，规定采用即期跟单议付信用证方式支付货款；②进口人向当地银行（开证行）提出开证申请书，并交纳押金或其他担保，要求开证行向受益人开出信用证；③开证行开具信用证并以电信或航邮方式传递给出口人所在地银行（通知行）；④通知行核对印押无误后，将信用证通知受益人；⑤受益人审证并认可后，即按规定条件交货，之后制作信用证规定的单据，并在规定的有效期和交单期内送议付行；⑥议付行按信用证条款审单无误后，进行议付；⑦议付行将汇票和单据寄开证行或付款行索偿；⑧开证行或付款行审单无误后，偿付货款给议付行；⑨付款行通知进口人付款赎单，进口人验单无误后付款；⑩付款行将单据交给进口人，进口人凭以提货。

（2）信用证是一种独立的文件，它不依附于贸易合同

信用证的开立是以贸易合同为基础的，但一经开出后，信用证便成为独立于贸易合同以外的独立契约，不受贸易合同的约束，不是贸易合同的附属合同。贸易合同的修改、变更、失效都不影响信用证的效力。

（3）信用证业务只处理单据，不涉及具体的商品或劳务

银行承担的信用证项下付款责任的唯一的先决条件是受益人提供符合信用证要求的全套合格单据。虽然这一条件的目的是督促出口商合格地交货并取得相应的合格单据，但银

行对于出口商的实际交货状况是无法控制的，而且银行也不愿意卷入进出口双方关于贸易合同的争议或纠纷中，因此银行决不过问商品或劳务的实际情况，包括质量、数量、包装、价值等。

本章小结

本章重点介绍了国际贸易的概念、国际货物进出口交易的基本流程、国际货物买卖合同、贸易术语、国际货物运输与保险、国际货款收付等内容，旨在让学生掌握国际贸易实务的基础知识，为下面进一步的学习打好基础。

职业技能强化训练

在线同步测试及参考答案

一、单项选择题

1. 在信用证的支付方式下，由（　　）来承担第一付款责任。
   A. 买方　　　　　B. 卖方　　　　　C. 银行　　　　　D. 承运人
2. 仓至仓（W/W）条款是（　　）。
   A. 承运人负责的运输责任起讫的条款
   B. 保险公司承保的保险责任起讫的条款
   C. 出口人承担的货物品质担保责任起讫的条款
   D. 进口人承担的接受货物责任起讫的条款
3. FOB 贸易术语的交货地点是（　　）。
   A. 装运港船上　　　　　　　　　B. 目的港船上
   C. 货交装运地承运人　　　　　　D. 货交目的地承运人
4. 即期付款交单的英文是（　　）。
   A. D/P at…days after sight　　　B. D/P at sight
   C. D/A　　　　　　　　　　　　D. L/C
5. CPT 贸易术语规定由（　　）办理运输。
   A. 卖方　　　　　B. 承运人　　　　　C. 买方　　　　　D. 货运代理
6. CIF landed 的风险转移界限是（　　）。
   A. 装运港船舷　　　　　　　　　B. 目的港岸上
   C. 货交买方处置之后　　　　　　D. 目的港船舷
7. 就卖方承担的风险而言，（　　）。
   A. CIF 比 CFR 大　　　　　　　B. CIF 与 CFR 相同

C．CFR 比 CIF 大　　　　　　　D．有时 CIF 大，有时 CFR 大

8．按 CIF 价格术语成交的合同一般应由（　　）办理保险。

A．卖方　　　　　B．买方　　　　　C．承运人　　　　　D．保险人

9．下列（　　）是特别附加险。

A．串味险　　　　　　　　　　　B．偷窃提货不着险

C．交货不到险　　　　　　　　　D．淡水雨淋险

10．下列（　　）不是国际贸易的基本结算方式。

A．托收　　　　　B．汇付　　　　　C．汇票　　　　　D．信用证

二、多项选择题

1．汇票按出票人的不同，分为（　　）。

A．即期汇票　　B．商业汇票　　C．银行汇票　　D．远期汇票

2．国际货物买卖合同的基本内容包括（　　）。

A．约首　　　　B．本文　　　　C．约尾　　　　D．单据条款

3．交易磋商一般程序包括（　　）。

A．询盘　　　　B．发盘　　　　C．还盘　　　　D．接受

4．仅适用于水上运输的贸易术语是（　　）。

A．FCA　　　　B．DAT　　　　C．CFR　　　　D．FAS

5．信用证的特点有（　　）。

A．信用证是一种银行信用，开证行负第一性付款责任

B．信用证是一种独立的文件，它不依附于贸易合同

C．信用证业务只处理具体的商品或劳务，不涉及单据

D．信用证业务只处理单据，不涉及具体的商品或劳务

6．在装运港完成交货的贸易术语有（　　）。

A．FOB　　　　B．DAF　　　　C．FAS　　　　D．CFR

7．下列属于 CIF 术语特点的有（　　）。

A．装运合同　　　　　　　　　　B．象征性交货

C．适用于任何运输方式　　　　　D．风险划分界限为装运港装上船

8．CIF 与 CIP 贸易术语的主要区别是（　　）。

A．买卖双方风险划分点不同

B．装卸费用负担不同

C．适用的运输方式不同

D．需要提交的运输单据不同

9．我方按 CIF 条件成交一批罐头食品，卖方投保时，按下列（　　）投保是错误的。

A．平安险+水渍险　　　　　　　B．一切险+偷窃提货不着险

C．水渍险+偷窃提货不着险　　　　D．平安险+一切险
　　10．出口茶叶，为防止运输途中串味，办理保险时，应投保（　　）。
　　A．串味险　　　　　　　　　　　B．一切险+串味险
　　C．水渍险+串味险　　　　　　　D．一切险

三、判断题

　　1．CIF 术语的常用变形主要解决使用程租船运输时装货费的负担问题。　　（　　）
　　2．品质条款的基本内容是采用适当的方法对商品的品质加以描述，在实际业务中，品名条款和品质条款经常综合在一起，在合同中称为货描。　　（　　）
　　3．一切险的责任范围是除平安险责任范围以内的全部责任外，还包括由于暴风、巨浪等自然灾害引起的部分损失。　　（　　）
　　4．汇付属于顺汇。　　（　　）
　　5．国际货物运输与国际贸易是相互依存又互相促进的关系。　　（　　）
　　6．买卖双方按 CIF liner terms 成交，卖方发运的货物必须用班轮装运。　　（　　）
　　7．交易磋商的程序必须包括询盘、发盘、还盘、接受 4 个环节。　　（　　）
　　8．一般附加险不可以单独投保。　　（　　）
　　9．对于 FOB 或 CFR 价格条件的进口合同，保险由买方办理。　　（　　）
　　10．根据我国的保险条款规定，战争险和罢工险可以单独投保。　　（　　）

四、案例分析题

　　1．某合同出售一级大米 300 吨，按 FOB 条件成交，装船时货物经公证人检验，符合合同规定的品质条件，卖方在装船后已经及时发出装船通知。但是航行途中由于海浪过大，大米被海水浸泡，品质受到影响。当货物到达目的港后，只能按三级大米的价格出售，因而买方要求卖方赔偿差价损失。
　　试问：
　　（1）卖方对该项损失是否负责？为什么？
　　（2）对于这项损失，买方应该如何处理？
　　2．某外贸公司以 CIF 术语出口一批货物，装运前已向保险公司按发票总值 110%投保平安险，船舶在海上运输时遭到海啸，致使一部分货物受到水渍损失，价值 2000 美元。数日后，该轮又突然触礁，致使该货物又遭到部分损失，价值 10 000 美元。
　　试问：保险公司对该批货物的损失是否赔偿？为什么？
　　3．我方出口公司凭信用证支付方式向某外商出售货物一批，我方出口公司向银行递交了符合信用证的全部单据。之后外商由于经营不慎倒闭。
　　请问：我方公司能否收到货款？为什么？

五、简答题

    1．请简述信用证方式下的当事人。

    2．请简述国际货物运输的特点。

    3．请简述国际货物买卖合同的基本内容。

第三章

国际货运代理与报检报关基础知识

知识目标

1. 了解出入境检验检疫的概念和出入境检验检疫工作的重要意义。
2. 掌握报检的含义和报检单位的相关规定。
3. 掌握出入境报检的一般要求。
4. 了解海关的性质和任务。
5. 掌握报关的定义、分类、报关对象和报关内容的规定。
6. 掌握报关单位和报关人员的相关规定。
7. 掌握一般进出口货物报关的基本要求。

能力目标

1. 能根据实际情况识别报检、报关单位类型。
2. 能进行一般进出口货物出入境报检操作。
3. 能进行一般进出口货物出入境报关操作。

职业资格考核要点

1. 出入境报检的分类和一般要求。
2. 一般进出口货物进出境报关的基本要求。

国际货运代理基础

 引导案例

小易无意中听到爸爸和叔叔聊天，爸爸说到他一个朋友上周有批货因为没有做相关的检验检疫，手续不齐全，现在在海关那里还没有通关。小易心想，检验检疫？海关？通关？国际货运代理里边的门道还真是不少呢。这激起了小易强烈的好奇心，他决定一探究竟。

思考： 请用自己的语言向小易介绍检验检疫和报关的相关知识。

第一节　出入境检验检疫

一、出入境检验检疫的概念

出入境检验检疫是指国家质量监督检验检疫总局（以下简称"国家质检总局"）作为政府的一个执行部门，以保护国家整体利益和社会效益为衡量标准，以法律、行政法规、国际惯例或进口国的法规要求为准则，对出入境货物、交通运输工具、人员及事项等进行检验检疫、管理及认证，并提供官方检验检疫证明、居间公证和鉴定证明的全部活动。

出入境商品检验检疫从狭义上是指国家质检总局和下属机构对出入境货物进行检验检疫、管理认证、公证、鉴定证明的全部活动。

二、出入境检验检疫工作的重要意义

出入境检验检疫在维护国家根本经济权益与安全，保证中国对外贸易顺利进行和持续发展等方面有着极其重要的意义，具体表现在以下几个方面。

1）出口商品的检验检疫和监督认证是为了满足进口国的各种规定要求。

2）加强对重要出口商品质量的强制性检验，促进了中国产品质量的提高，增强了其在国际市场上的竞争能力，以利于扩大出口。

3）加强对进口商品的检验是为了保障国内生产安全与人民健康，维护国家对外贸易的合法权益。

4）出入境检验检疫通过合理利用国际通行的非关税技术壁垒手段，保证了中国对外贸易顺利进行和持续发展。

5）在国际贸易中，对外贸易、运输、保险双方往往要求由官方或权威的非当事人，对进出口商品的质量、重量、包装、装运技术条件提供检验合格证明，作为出口商品交货、结算、计费、计税和进口商品处理质量与残短索赔的有效凭证。中国检验检疫机构对进出口商品实施检验、提供各种检验鉴定证明，就是为对外贸易有关方履行贸易、运输、保险

契约和处理索赔争议，提供具有公正权威的必要证件。

因此，出入境检验检疫对保证国民经济的发展，消除国际贸易中的技术壁垒，维护国家权益和消费者的利益等，都有非常重要的作用。

随着对外贸易的不断发展，出入中国国境的人流、物流、货流范围之广、规模之大、数量之多是前所未有的，中国出入境检验检疫作为"国门卫士"，将会继续发挥其不可替代、日益重要的作用。

三、我国现行出入境检验检疫管理体制机制

我国的出入境检验检疫主管机构是国家质检总局。国家质检总局是国务院主管全国质量、计量、出入境商品检验、出入境卫生检疫、出入境动植物检疫、进出口食品安全和认证认可、标准化等工作，并行使行政执法职能的直属机构。

根据中央机构编制委员会办公室的批准，国家质检总局机关内设 17 个司（厅、局），与检验检疫密切相关的有法规司、通关业务司、卫生检疫监管司、动植物检疫监管司、检验监管司、进出口食品安全局、国际合作司（港澳台办公室）、科技司。

国家质检总局垂直管理出入境检验检疫机构，领导全国质量技术监督业务工作。因此，国家质检总局对全国的出入境检验检疫管理机构是垂直管理的，包括业务、人、财、物等各方面。这种管理体制源于国务院对口岸的管理，检验检疫机构属于口岸检查检验部门（以下简称"口岸查验部门"），由国家垂直管理。对于口岸查验部门，有的地方政府沿用过去的称呼"口岸联检部门"。

为了履行国务院赋予的检验检疫职能，除了在 31 个省（自治区、直辖市）均设有直属检验检疫局外，在深圳、珠海、宁波、厦门 4 个开放城市也设有直属检验检疫局，因此，全国直属检验检疫局的数量为 35 个。海陆空口岸和出入境货物集散地设有近 300 个分支局和 200 多个办事处，共有检验检疫人员 3 万余人。

第二节 国际货运代理报检

一、报检的含义

报检是指有关当事人根据法律、行政法规的规定，以及对外贸易合同的约定或证明履约的需要，向检验检疫机构申请检验、检疫、鉴定，以获准出入境或取得销售使用的合法凭证及某种公证证明所必须履行的法定程序和手续。

我国自 2000 年 1 月 1 日起，实施"先报检、后报关"的检验检疫货物通关制度，对列入《出入境检验检疫机构实施检验检疫的进出境商品目录》范围内的出入境货物（包括转

关运输货物），海关一律凭货物报关地检验检疫机构签发的《入境货物通关单》或《出境货物通关单》验放。

二、报检单位

报检工作是由报检单位的报检员来负责的，报检单位是发生报检行为的主体，按其登记的性质，可分为自理报检单位和代理报检单位两种类型。国家质检总局负责全国统一管理工作，各地直属检验检疫局负责所辖地区的组织实施工作。报检单位必须遵守出入境检验检疫有关报检规定，并接受检验机构监督管理。

（一）自理报检单位

自理报检是指办理本单位检验检疫事项的行为。从事自理报检业务的单位称为自理报检单位。自理报检单位获取了各地检验检疫机构颁发的《自理报检单位备案登记证明书》后，可以从事自理报检工作。自理报检单位包括有进出口经营权的国内企业、进口货物的收货人、出口货物的生产企业等。

根据《出入境检验检疫报检规定》的有关规定，国家对自理报检单位实行备案登记管理制度，凡纳入自理报检单位范围的单位，首次报检之前都应办理备案登记手续，取得登记代码，方可办理自理报检业务。

（二）代理报检单位

知识链接：企业信用管理

代理报检单位是指取得检验检疫机构注册登记后，接受进出境收发货人委托，为委托人办理报检的从事代理报检业务的境内企业。代理报检单位包括各类国际货运代理公司、报关行及国际快件运营机构等。

各级检验检疫机构按照法律法规、国家质检总局规章等规定加强对代理报检企业的日常监督管理，维护正常的外贸秩序和检验检疫工作秩序；重点加强对代理报检企业的检验检疫信用管理，对违反法律法规和规章的，按规定进行处罚。

三、出入境货物报检的一般规定

报检环节是检验检疫工作的重要组成部分，在这个环节获得的信息资源将在整个检验检疫过程中发挥重要作用，检疫部门受理报检质量的高低直接关系到检验检疫工作能否顺利进行。

（一）入境货物报检

入境货物的检验检疫工作程序是先放行通关后进行检验检疫，即法定检验检疫入境货物的货主或代理人首先向卸货口岸或到达站的出入境检验检疫机构报检，检验检疫机构受理报检，转施检部门签署意见，计收费，货物通关后，入境货物的货主或代理人需在检验检疫机构规定的时间和地点联系对货物的检验检疫。

1. 入境报检的时限和地点

（1）时限

为了维护对外贸易关系人的合法权益，有力防止疫情疫病传入和传出，顺利完成检验检疫任务，检验检疫机构对报检的时间有明确的规定。

1）输入微生物、人体组织、生物制品、血液及其制品、种畜种禽及其精液、胚胎、受精卵，应在入境前 30 天报检。

2）输入其他的动物，应在入境前 15 天报检。

3）输入植物、种子、种苗及其他繁殖材料的，应在入境前 7 天报检。

4）入境货物需对外索赔出证的，应在索赔有效期前不少于 20 天内向到货口岸或到达地检验机构报检。

（2）地点

国家对检验检疫报检的地点是有明确规定的，检验检疫机构能否正确行使国家赋予的职权，与报检的地点有很大的关系，一般情况下，动物、大宗散装货物、容易腐烂变质的、废旧的货物、在卸货时发现破损或残缺的货物，以及其他需要卸货口岸检验检疫的货物，应由口岸检验检疫机构受理报检，其他货物按规定由收、用货地的检验检疫机构受理报检。

进口商品需在入境口岸报检，获取《入境货物通关单》，如图 3-1 所示，凭此向海关报关；实施直通放行的商品，如其进出口经营企业获得国家质检总局的直通放行资格的，直接向进口商品的目的地或使用地检验检疫机构报检，凭其签发的《入境货物通关单》向海关报关。所以，有的进出口商品需进行两次报检，有的只需要进行一次。

2. 报检应提供的单证

入境时应按照规定提供《入境货物报检单》、外贸合同、商业发票、提（运）单、装箱单等，并按检验检疫的要求提供特殊单证。

下列情况报检时应按要求提供相关文件。

1）凡报检安全质量许可、卫生注册或其他需要审批审核的货物，应提供相关证明。

2）凡报检品质检验的应提供国外品质证书或品质保证书、产品说明书、有关技术资料、有关标准资料；凭样品成交的，须附加成交样品。

3）报检入境废物时，还要提供国家环保部门签发的进口废物批准证书和经认可的检验检疫机构签发的装运前检验合格证书等。

4）申请重量、数量鉴定的还应提供重量明细单、理货清单等。

5）申请残损鉴定的还应提供货物残损单、铁路商务记录单、空运事故记录单、海运海

国际货运代理基础

事报告单等证明情况的法定单证。

6）报检入境运输工具、集装箱时，应提交检疫证明，并申报有关人员情况。

7）入境特殊物品的，应提供有关的批件或规定的文件。

8）因科研等特殊需要，输入禁止入境物品，必须提供国家检验检疫局签发的特许审批证明。

9）入境的动植物及其产品，在提供贸易合同、发票、产地证书的同时，还须提供输出国家或地区官方的检疫证书，需办理入境检疫审批手续的，还应提供入境动植物检疫许可证。

10）过境动植物及其产品报检时，应持货运单和输出国家或地区官方的检疫证书，运输动物过境时，还应提交过境检验检疫局签发的动植物过境许可证。

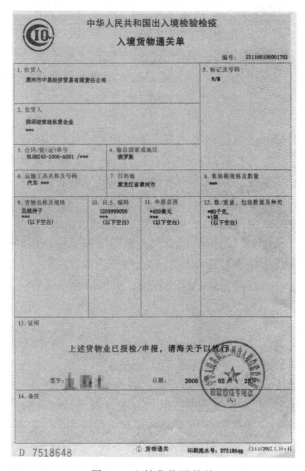

图 3-1　入境货物通关单

（二）出境货物报检

出境货物是先检验，后放行通关。检验合格的出具《出境货物通关单》，不合格的出具

《出境货物不合格通知单》。

1. 出境货物报检分类

（1）出境一般报检

出境一般报检指的是法定检验检疫出境货物的货主或其代理人，持有关单证向产地检验检疫机构申请检验检疫取得出境放行证明及其他单证的报检。对出境的一般报检的货物，检验检疫合格后，在当地海关报关的，由报关地检验检疫机构签发《出境货物通关单》，如图 3-2 所示，由货主或其代理人持此单向当地海关报关；在异地海关报关的，由产地检验检疫机构签发《出境货物通关单》或"换证凭条"，由货主或其代理人持《出境货物通关单》或凭"换证凭条"向报关地的检验检疫机构申请换发《出境货物通关单》。

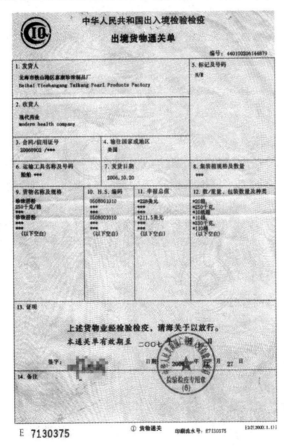

图 3-2　出境货物通关单

（2）出境换证报检

出境换证报检是指由产地检验检疫机构检验检疫合格的法定检验检疫出境货物的货主

或其代理人，持产地检验检疫机构签发的《出境货物换证凭条》（图3-3）或"换证凭条"，向报关地的检验检疫机构申请换发《出境货物通关单》的报检。对于出境换证报检的货物，报关地的检验检疫机构按照国家质检总局规定的抽查比例进行查验。

出境货物换证凭条

转 单 号	420000211013044T 8 5		报 检 号	4200002110 036
报检单位	广州××贸易有限公司			
品 名	节日用品(孔明灯)			
合 同 号	GZ11-1G 19201		H.S.编码	9505900000
数(重)量	5320千克	包装件数	280纸箱	金 额	19908美元

评定意见：

　　贵单位报检的该批货物，经我局检验检疫，已合格。请执此单到宁波局本部办理出境验证业务。本单有效期截止于2011年12月24日。

广东局本部2011年10月25日

图3-3　出境货物换证凭条

（3）出境货物预检报检

出境货物预检报检是指出境货物的货主或其代理人持有关单证向产地检验检疫机构申请对暂时不能出口的货物预先实施检验检疫的报检。预检报检的货物经检验检疫合格的，检验检疫机构签发《出境货物换证凭条》；正式出口时，货主或其代理人可在检验检疫有效期内持此单向检验检疫机构申请办理放行手续。申请预检报检的货物必须是经常出口的，非易腐烂变质、非易燃易爆的商品。

2．出境报检的时限和地点

（1）时限

出境货物最迟应在出口报关或装运前7天报检；对于个别检验检疫周期较长的货物，应留有相应的检验检疫时间。

需隔离检疫的出境动物在出境前60天预报，隔离前7天报检。

（2）地点

法定检验检疫货物，除活动物在口岸检验检疫外，原则上实施产地检验检疫。

3．出境报检应提供的单证

1）一般情况下，应提供《出境货物报检单》、外贸合同、销售确认书或订单；信用证或有关函电；生产单位的厂检结果单原件；检验检疫机构签发的《出境货物运输包装性能检验结果单》正本。

2）凭样品成交的，须提供样品。

3）产地与报关地不一致的出境货物，在向报关地检验检疫机构申请《出境货物通关单》时，应递交产地检验检疫机构签发的《出境货物换证凭单》（正本）或"换证凭条"。

4）经预检的货物，在向检验检疫机构办理换证放行手续时，应提供该检验检疫机构签发的《出境货物换证凭单》（正本）。

5）出运危险货物时，必须提供《出境货物运输包装性能检验结果单》正本联和《出境危险货物运输包装使用鉴定结果单》正本联。

6）预检报检时，还应提供货物生产企业与出口企业签订的贸易合同。尚无合同的，需在报检单上注明检验检疫的项目和要求。

7）其他特殊单证。

（三）复验

根据国家质检总局发布的第 77 号令《进出口商品复验办法》的相关规定：报检人对检验检疫机构做出的检验结果有异议的，可以向做出检验结果的检验检疫机构或者其上级检验检疫机构申请复验，也可以向国家质检总局申请复验。受理复验的检验检疫机构或者国家质检总局负责组织实施复验。

检验检疫机构或者国家质检总局对同一检验结果只进行一次复验。

复验申请人对复验结论不服的，可以依法申请行政复议或者依法向人民法院提起行政诉讼。

四、《出境货物报检单》

（一）《出境货物报检单》样例

《出境货物报检单》样例如图 3-4 所示。

（二）报检单填制基础知识

1）编号：由检验检疫机构受理人指定，前 6 位为检验检疫机构代码，第 7 位为报检类代码，第 8 位、第 9 位为年份代码，第 10 位至第 15 位为流水号。

2）报检单位：填写报检单位全称及其代码（10 位报检单位登记号）并加盖报检单位公章或报检专用章。联系人、电话和报检日期等项目必须填写完整。报检日期是指检验机构接受报检当天的日期，统一用阿拉伯数字表示。

3）发货人：填写合同、信用证中所列卖方名称或商业发票上的出票人。本栏分别用中文、英文填报发货人名称。

4）收货人：按合同、信用证中所列买方名称填写。本栏分别用中文、英文填报收货人名称。

中华人民共和国出入境检验检疫
出境货物报检单

报检单位(加盖公章):众诚国际贸易有限公司　　　　　　　编号:　320100206144879

报检单位登记号:1462845217　　联系人:张敏　　电话:67678333　　报检日期:2015 年 04 月 10 日

发货人	(中文)众诚国际贸易有限公司					
	(外文)ZHONGCHENG INTERNATIONAL TRADE CO., LTD.					
收货人	(中文)--------------------------------------					
	(外文)GREEN TRADE CO.					

货物名称(中/外文)	H.S.编码	产地	数/重量	货物总值		包装种类及数量
HAND TOOLS 手工工具 ART NO.1018 ART NO.1019	8204.1100	中国南京	10 000 套	USD 35 000.00		1125 纸箱

运输工具名称号码	SPRING V.011	贸易方式	一般贸易	货物存放地点	

合同号	05SUG0012	信用证号		用途	

发货日期		输往国家(地区)*	挪威	许可证/审批号	
起运地	南京	到达口岸*	奥斯陆	生产单位注册号	1234566778

集装箱规格、数量及号码*　　3, APLU 1234501, 1234502,1234503

合同、信用证订立的检验检疫条款或特殊要求	标记及号码	随附单据(划"√"或补填)	
	GREEN 05SUG0012 CTN.1/1125	☑ 合同 □ 信用证 ☑ 发票 □ 换证凭单 ☑ 装箱单 □ 厂检单	□ 包装性能结果单 □ 许可/审批文件 □ □ □ □

需要证单名称(划"√"或补填)				检验检疫费	
□ 品质证书　正　副	☑ 植物检疫证书　正　副			总金额 (元人民币)	
□ 质量证书　正　副	□ 熏蒸/消毒证书　正　副				
□ 数量证书　正　副	☑ 出境货物换证凭单			计费人	
□ 兽医卫生证书　正　副					
□ 健康证书　正　副　□				收费人	
□ 卫生证书　正　副　□					
□ 动物卫生证书　正　副　□					

报检人郑重声明:	领取证单	
1. 本人被授权报检。	日期	
2. 上列填写内容正确属实,货物无伪造或冒用他人的厂名、标志、认证标志,并承担货物质量责任。 签名:_____	签名	

注:有"*"栏由出入境检验检疫机关填写

图 3-4　报检单样例

5）货物名称：填写出境货物名称、规格、型号、成分及英文对照。如果是废旧物品，在此栏内要注明。例如，电动缝纫机（旧）。

6）H.S.编码：按《商品名称及编码协调制度》填写。

7）产地：填写本批货物生产、加工的国家或地区。

8）数/重量：报检数量为实际商品数量、重量。重量还要列明是毛重、净重还是皮重。

9）货物总值：按发票或合同、报关单金额填写，必须填明币种。

10）包装种类及数量：填写使用的包装物的名称及包装物的数量。

11）运输工具名称号码：填写运输工具的名称和运输工具编号，如飞机、轮船等。

12）贸易方式：按贸易方式分类填写。

13）货物存放地点：填写货物出运前停放的地点名称、工厂联系人、电话、预约检验时间。

14）合同号：填写所签订合同的编号，一般填写我方编号。

15）信用证号：填写报检时随附作为本批货物对外结汇的信用证编号。非信用证结汇，此栏填写结汇方式（如 T/T、D/P 等）。

16）用途：填写出境货物应用的方面或范围。

17）发货日期：填写货物出境的日期，以年、月、日顺序填报。

18）输往国家（地区）*：填写货物最终销售国家或地区的名称。

19）许可证/审批号：填写出口许可证或其他文件的编号。

20）生产单位注册号：生产单位的卫生注册证书编号或加工仓库的注册编号。

21）起运地：填写出境货物起运的口岸（城市）名称，如上海。

22）到达口岸*：填写入境的国家和口岸名称，如日本东京。

23）集装箱规格、数量及号码*：填写集装箱尺寸、集装箱数目、集装箱号码全称。如1×20'TGHU 8491952。

24）合同、信用证订立的检验检疫条款或特殊要求：如合同、信用证有特殊条款需说明或对检验检疫证书的内容有特殊要求时可在此栏注明。

25）标记及号码：根据有关合同、发票、装箱单等列明的标记号码准确填写。没有唛头的在该栏填写"N/M"。

26）随附单据：应按有关规定提供附件，报检人提供的单据都应在栏中相应单据前的空格内打"√"，若栏中无该单据的，可在空栏中补填并打"√"。

27）需要证单名称：在所需证单前的空格内打"√"，并填写所需的份数，所需证单未列明的可加填。

28）签名：由持有《报检员证》的报检人员手签。

第三节　国际货运与海关监管

一、海关的性质和任务

（一）海关的性质

海关是国家行政机关、国务院直属机构，对内对外代表国家行使行政管理权。

海关是国家进出境监督管理机关，监管对象是所有进出关境的运输工具、货物和物品。

海关实施监督管理的范围是进出关境及与之有关的活动。

海关的监督管理是国家行政执法活动。海关执法依据《中华人民共和国海关法》（以下简称《海关法》）和其他法律、法规，地方法规、规章不是海关执法的依据。

知识链接：关境的定义

（二）海关的任务

海关有 4 项基本任务，即监管、征税、查缉走私和编制海关统计，除此之外，海关的任务还包括知识产权海关保护和反倾销、反补贴调查等。

1. 监管

海关监管是海关最基本的任务，海关监管不是海关监督管理的简称，海关监管是一项国家职能，其目的在于保证一切进出境活动符合国家政策和法律的规范，维护国家主权和利益。海关监督管理是海关全部行政执法活动的统称。

根据监管对象的不同，海关监管分为货物监管、物品监管和运输工具监管三大体系。

2. 征税

代表国家征收关税和其他税、费是海关的另一项重要任务。关税是指由海关代表国家，根据《海关法》和进出口税则，对准许进出口的货物、进出境物品征收的一种税。其他税、费是指海关在货物出口环节，按照关税征收程序征收的有关国内税、费，目前主要有增值税、消费税等。关税是国家财政收入的重要来源，也是国家宏观经济调控的重要工具。关税的征收主体是国家，《海关法》明确将征收关税的权力授予海关，由海关代表国家行使征收关税职能。

3. 查缉走私

查缉走私是海关为保证顺利完成监管和征税等任务而采取的保障措施，是指海关按照法律赋予的权力，在海关监管场所和海关附近的沿海沿边规定地区，为发现、制止、打击、综合治理走私活动而进行的一种调查和惩处活动。

4．编制海关统计

海关统计是以实际进出口货物作为统计和分析的对象，通过搜集、整理、加工处理进出口货物报关单或经海关核准的其他申报单证，对进出口货物的品种、数（重）量、价格、国别（地区）、经营单位、境内目的地、境内货源地、贸易方式、运输方式等项目分别进行统计和综合分析。海关统计能全面准确地反映对外贸易的运行态势，及时提供统计信息和咨询。

二、海关的机构设置

海关机构是国务院根据经济发展战略的需要，依照海关法律而设立的。

（一）海关的领导机制

海关总署作为国务院的直属机构，其集中统一的垂直领导体制既适应了国家改革开放、社会主义现代化建设的需要，也适应了海关自身建设与发展的需要，有力地保证了海关各项监督管理职能的实施。

（二）海关的组织机构

海关机构的设置为海关总署、直属海关和隶属海关 3 级，此外还设有海关缉私警察机构。隶属海关由直属海关领导，向直属海关负责；直属海关由海关总署领导，向海关总署负责。

第四节　国际货运代理报关

一、报关的含义

《海关法》规定："进出境运输工具、货物、物品，必须通过设立海关的地点进境或者出境。"

国际贸易、国际交流和国际交往活动一般是通过运输工具、货物、物品和人员的进出境来实现的。因此，在设关地进出境并按规定办理相关的海关手续是运输工具、货物、物品进出境的基本规则，也是进出境运输工具负责人、进出口货物收发货人、进出境物品的所有人应履行的一项基本义务。

报关是指进出口货物收发货人、进出境运输工具负责人、进出境物品的所有人或者他们的代理人向海关办理有关货物、运输工具、物品进出境手续及相关海关事务的全过程。其中进出口货物收发货人、进出境运输工具负责人、进出境物品的所有人或者他们的代理人是报关行为的承担者，是报关的主体，也就是报关人。而进出口货物、进出境运输工具、进出境物品是报关的对象，也就是报关的客体。

二、报关的分类

1. 按照报关的对象分类

按照报关的对象不同，报关可以分为运输工具报关、货物报关和物品报关。

（1）运输工具报关

进出境运输工具作为货物、人员及其携带物品的进出境载体，其报关主要是向海关直接交验随附的、符合国际商业运输惯例、能反映运输工具进出境合法性及其所承运货物、物品情况的合法证件、清单和其他运输单证，其报关手续比较简单。

（2）货物报关

进出境货物的报关由于涉及种类繁多，且海关监管要求各异，报关手续较为复杂。

（3）物品报关

进出境物品属于非贸易性质，且一般限于自用、合理数量，其报关手续也很简单。

2. 按照报关的目的分类

按照报关的目的不同，报关可分为进境报关和出境报关。

鉴于海关对报关对象进境和出境的不同管理要求，运输工具、货物、物品根据进境或出境的目的分别形成了一套进境报关和出境报关手续。另外，由于运输或其他方面的需要，有些海关监管货物需要办理从一个设关地点运至另一个设关地点的海关手续，在实践中产生了转关的需要，转关货物也需要办理相关的海关手续。

3. 按照报关活动的实施者分类

按照报关活动的实施者不同，报关可分为自理报关和代理报关。

（1）自理报关

进出口货物收发货人自行办理报关业务称为自理报关。根据我国海关目前的规定，自理报关单位必须具有对外贸易经营权，拥有一定数量的合格报关员，依法向海关办理注册登记后方能办理报关业务。

（2）代理报关

代理报关是指接受进出口收发货人的委托代理其办理报关业务的行为。我国海关法律把有权接受他人委托办理报关业务的企业称为报关企业。报关企业必须依法取得报关企业注册登记许可并向海关注册登记后方能从事代理报关业务。根据代理报关法律行为的责任承担不同，代理报关又分为直接代理报关和间接代理报关。

直接代理报关即以委托人名义报关，委托人承担完全法律责任。

间接代理报关即以报关企业自身的名义报关，报关企业承担进出口货物收发货人自理报关时等同的法律责任。

三、报关单位

（一）报关单位的类型

《海关法》将报关单位划分为进出口货物收发货人和报关企业，均必须是国内企业。

1. 进出口货物收发货人

进出口货物收发货人具有外贸经营权和报关权，属于自理报关，只能为本企业货物报关，包括外贸公司、外向型生产工厂等。

外贸经营权的取得是通过进出口收发货人到外贸主管部门备案登记实现的，报关权是在海关备案实现的。

未取得备案登记但需从事非贸易性进出口活动的单位，在进出口货物时也视其为收发货人，可在海关临时注册登记，获得临时注册登记证明，可进行自理报关。

2. 报关企业

接受进出口企业的委托，实施直接或间接代理报关的境内企业，称为报关企业。

我国的报关企业大致可以分为两种类型：一种是经营国际货物运输代理、国际运输工具代理等业务，兼营进出口货物的报关纳税等事宜的企业，如对外贸易运输公司和外轮代理公司等；另一种是专门接受委托、代为办理进出口货物和进出境运输工具报关纳税等事宜的企业，包括名为报关行、报关公司、报关服务中心、报关服务咨询中心等的专业报关企业。

拓展训练

某报关公司是一家专业报关企业，在接受当地一家纺织品加工厂出口委托报关业务时没有察觉到该企业有瞒报情况，海关发现后追究报关公司的经济责任，报关公司以不知情为由拒绝接受处罚。你认为报关公司的做法对吗？

（二）报关单位的权利和义务

1）报关单位有权向海关查询其办理的报关业务情况。

2）报关单位应当妥善保管海关核发的注册登记证书等相关证明文件。发生遗失的，报关单位应当及时书面向海关报告并说明情况。

3）报关单位向海关提交的纸质进出口货物报关单应当加盖本单位的报关专用章。报关专用章应当按照海关总署统一规定的要求刻制。

4）报关单位在办理注册登记业务时，应当对所提交的申请材料及所填报信息内容的真实性负责并且承担法律责任。

5）海关依法对报关单位从事报关活动及其经营场所进行监督和实地检查，依法查阅或者要求报关单位报送有关材料。报关单位应当积极配合，如实提供有关情况和材料。

6）海关对报关单位办理海关业务中出现的报关差错予以记录，并且公布记录情况的查询方式。报关单位对报关差错记录有异议的，可以自报关差错记录之日起 15 日内向记录海关以书面方式申请复核。海关应当自收到书面申请之日起 15 日内进行复核，对记录错误的予以更正。

四、报关人员

2013 年 10 月起，海关总署发布公告，取消报关员资格核准审批，对报关人员从业不再设置门槛和准入条件，海关总署不再组织报关员资格全国统一考试。2014 年，《中华人民共和国海关报关单位注册登记管理规定》（以下简称《海关报关单位注册登记管理规定》）中将报关人员的概念界定为：报关人员，是指经报关单位向海关备案，专门负责办理所在单位报关业务的人员。

报关单位所属人员从事报关业务到海关备案的，海关收取《报关单位情况登记表》（所属报关人员），并验核拟备案报关人员有效身份证件原件后，核发《报关人员备案证明》，如图 3-5 所示。

报关人员备案证明

_____（报关单位名称）：

你单位（海关注册编码：_____）所属报关人员_____（（身份证件类型：_____）号码：_____）已完成海关备案，备案编号：_____，备案日期：_____。

海关
（注册登记印章）
年 月 日

图 3-5　报关人员备案证明

修订后的《报关单位注册登记管理规定》对报关人员备案的规定如下。

1）明确由报关单位为所属报关员办理海关相关手续。

2）简化报关员备案的条件和材料，报关单位只需凭备案表和报关员身份证即可办理报关员备案。

3）取消报关员证，改为核发报关员卡，使用报关员卡办理报关业务。

4）增加报关单位对报关员的法律责任，报关单位应对所属报关员的违法、违规行为承担责任，从而督促报关单位加强对报关员的管理。

五、一般进出口货物的报关程序

一般进出口货物是指在进出境环节缴纳了应征的进出口税费并办结了所有必要的海关手续，海关放行后不再进行监管，可以直接进入生产和消费领域流通的进出口货物。一般进出口货物通关的基本手续，通常是由在进出境环节向海关申报、配合海关查验、缴纳进出口税费和提取或装运货物4个基本环节组成。

（一）申报

1. 申报地点

出口货物应当由发货人或其代理人在货物的出境地海关申报。经发货人申请，海关同意，出口货物的发货人或其代理人也可以在设有海关的货物起运地海关申报。

进口货物应当由收货人或其代理人在货物的进境地海关申报。经收货人申请，海关同意，进口货物的收货人或其代理人也可以在设有海关的货物指运地海关申报。

以保税、特定减免税和暂准进出口申报进境的货物，因故改变使用目的从而改变货物性质为一般进口时，进口货物的收货人或其代理人应当向货物所在地的主管海关申报。

2. 申报时限

出口货物的申报期限为货物运抵海关监管区后、装货的24小时之前。

进口货物的申报期限为装载货物的运输工具申报入境之日起14日内，从第15日起每天按照货物完税价格的0.5‰征收滞报金，超过3个月仍未向海关申报的，货物由海关依法提取变卖处理。对于不宜长期保存的货物，海关可以根据实际情况提前处理。

经海关批准准予集中申报的进口货物，自装载货物的运输工具申报进境之日起一个月内办理申报手续。

经电缆、管道或其他特殊方式进出境的货物，收发货人或其代理人应当按照海关的规定定期申报。

拓展训练

　某公司进口一批汽车零件，价格为 CIF 上海 USD10 000（1 美元=6.35 元人民币），装载货物的船舶于 2015 年 3 月 4 日（星期三）进境，3 月 23 日该公司来向海关申报，是否需要征收滞报金？如果征收，应该征收多少？

3. 申报步骤

（1）准备申报单证

准备申报单证是报关人员开始进行申报工作的第一步，是整个报关工作能否顺利进行的关键一步。申报单证可以分为主要单证和随附单证两大类。

主要单证就是报关单。报关单是报关人员按照海关规定格式填制的申报单。

随附单证包括基本单证、特殊单证和预备单证。基本单证是指进出口货物的货运单据和商业单据，是每票货物必不可少的单证，主要包括商业发票、装箱单、出口装货单据或进口提货单据等。特殊单证是根据每票货物的情况需要提供的单据，主要包括进出口许可证件、加工贸易登记手册、减免税证明、原产地证明等。预备单证是在申报时需要准备好供海关检查的单据，包括企业工商营业执照、贸易合同等。

进口货物报关单示例如图 3-6 所示。

中华人民共和国海关进口货物报关单

预录入编号：　　　　　　　　　　　　　　　　　海关编号：

进口口岸	备案号		进口日期	申报日期
经营单位	运输方式	运输工具名称		提运单号
收货单位	贸易方式		征免性质	征税比例
许可证号	起运国（地区）	装货港		境内目的地
批准文号	成交方式	运费	保费	杂费
合同协议号	件数	包装种类	毛重（公斤）	净重（公斤）
集装箱号	随附单据			用途

标记唛码及备注

项号	商品编号	商品名称、规格型号	数量及单位	原产国（地区）	单价	总价	币制	征免

税费征收情况

录入员　录入单位	兹声明以上申报无讹并承担法律责任	海关审单批注及放行日期（签章）	
		审单	审价
报关员		征税	统计
申报单位（签章）			
单位地址：		查验	放行
邮编：　电话：　填制日期：			

图 3-6　进口货物报关单示例

（2）申报前看货取样

进口货物的收货人，在向海关申报前，为了确定货物的品名、规格、型号等，可以向海关提出查看货物或者提取货样的书面申请，海关审核同意的，派员到场监督。提取货样后，到场监管的海关人员与进口货物的收货人在海关开具的取样记录和取样清单上签字确认。

（3）进行申报

第一步，电子数据申报。进出口货物收发货人或其代理人可以选择终端申报方式、委托 EDI 方式、自行 EDI 方式、网上申报方式 4 种电子申报方式中适用的一种，将报关单内容录入海关电子计算机系统，生成电子数据报关单，待收到海关发送的"接受申报"报文和"现场交单"通知，即表示电子申报成功，如果收到"不接受申报"报文，则需要根据报文提示修改报关单内容后重新申报。

第二步，提交纸质报关单及随附单证。海关审结电子数据报关单后，进出口货物收发货人或其代理人应当自接到海关"现场交单"或"放行交单"通知之日起 10 日内，持打印的纸质报关单及规定的随附单据，到货物所在地海关交单办理相关手续。

海关接受申报后，电子数据和纸质报关单不得修改和撤销，确有正当理由的，经海关审核批准，可以修改或撤销。

（二）配合查验

对进出境货物进行查验是《海关法》赋予海关的基本权力之一，是海关为确定进出境货物收发货人向海关申报的内容是否与进出口货物的真实情况相符，或者为确定商品的归类、价格、原产地等，依法对进出口货物进行实际核查的执法行为。

海关通过查验，检查报关单位是否伪报、瞒报、申报不实，同时也为海关的征税、统计、后续管理提供可靠的资料。

（三）缴纳税费

1. 税费征收时间

按照相关规定，关税、增值税、消费税的纳税义务人或其代理人应当自海关填发税款缴款书之日起 15 日内向指定银行缴纳税款。如果逾期未缴纳的，海关依法征收滞纳金。

2. 税费征收的程序

进出口货物的收发货人或其代理人将报关单及随附单证提交给海关，海关对报关单进行审核，对需要查验的货物实施查验，然后核对计算机计算的税费，开具税款缴款书和收费票据。进出口货物的收发货人或其代理人在规定时间内，向指定银行办理税费交付手续；在实行中国电子口岸网上缴税和付费的海关，进出口货物的收发货人或其代理人可以通过电子口岸接收海关发出的税款缴款书和收费票据，在网上向指定银行进行税费电子支付。

国际货运代理基础

一旦收到银行缴款成功的信息，即可报请海关办理货物放行手续。

（四）提取或装运货物

1. 进出境现场放行和货物结关

现场放行是指海关接受进出口货物的申报、审核报关单及随附单据、查验货物、征免税费以后，对货物做出结束海关进出境现场监管决定，允许进口货物离开海关监管现场的工作环节。

结关是进出境货物办结海关手续的简称。进出境货物由收发货人或其代理人向海关办理完所有的海关手续，履行了法律规定的一切义务，就办结了海关手续，海关不再进行监管。

2. 办理提货或装货

进口货物收货人或其代理人凭海关加盖放行章戳记的进口提货凭证到货物进境地的港区、机场、车站、邮局等地的海关监管仓库办理提货手续。

出口货物发货人或其代理人凭海关加盖放行章戳记的出口装货凭证到货物出境地的港区、机场、车站、邮局等地的海关监管仓库办理将货物装上运输工具后离境的手续。

3. 申请签发报关单证明联

进出口货物的收发货人或其代理人办理完提货或装货手续后，如需海关签发货物证明联，可向海关提出申请。常见的证明联有以下两种。

（1）《进口货物证明书》

对进口汽车、摩托车等，报关人员应当向海关申请签发《进口货物证明书》，进口货物收发货人凭以向国家交通管理部门办理汽车、摩托车的牌照申领手续。

（2）出口退税证明

对需要在国家税务机构办理出口退税的出口货物，报关员应当向海关申请签发《出口货物报关单》退税证明联。海关经审核，对符合条件的予以签发并在证明联上签名、加盖海关验讫章，交给报关人员。

九、报关单

（一）报关单的含义和类别

1. 含义

报关单是由海关总署规定统一格式和填制规范，由报关人员填制并由报关人员代表报关企业向海关提交办理进出口货物申报手续的法律文书，是海关依法监管货物进出口、征收关税及其他税费、编制海关统计及其他事务的重要凭证，分为纸质报关单和电子数据报关单。

2. 类别

1）按进出口状态分类：进口货物报关单、出口货物报关单。

2）按用途分类：报关单录入凭单、预录入报关单、电子数据报关单、报关单证明联。

3）按使用性质分类，可以分为一般贸易进（出）口货物报关单、进料加工进（出）口货物报关单和来料加工及补偿贸易进（出）口货物报关单，见表3-1。

表3-1　报关单按贸易方式分类

贸易方式	报关单类别
一般贸易	（白色）报关单
进料加工	（粉红）报关单+手册
来料加工及补偿贸易	（浅绿）报关单+手册

（二）进出口货物报关单各联的用途

1. 海关作业联和留存联

进出口货物报关单海关作业联和留存联是报关人员配合海关审核、海关查验、缴纳税费、提货和装货的重要单据。

2. 企业单位留存联

报关企业留存进出口货物报关单，作为合法出境货物的依据，是在海关放行货物和结关以后，向海关申领进出口货物付汇、收汇证明联和出口货物退税证明联的文件。

3. 海关核销证明联

报关单海关核销证明联是指口岸海关对申报进出口货物所签发的证明文件，是海关办理加工贸易合同核销、结案手续的重要凭证之一。加工贸易收发货人在货物进出口后申领报关单海关核销证明联，凭以向主管海关办理加工贸易登记手续、核销手续。

4. 付、收汇证明联

进出口付、收汇证明联是海关对于实际申报进出口货物所签发的证明文件，是银行和国家外汇管理部门办理售汇、付汇、收汇及核销手续的重要凭证之一。对于需要出口收汇核销的货物，发货人向海关申领收汇证明联。对需要进口付汇核销的货物，收货人申领付汇证明联。

5. 出口退税证明联

出口退税证明联是海关对已申报出口并装运出境的货物所签发的证明联，是国税部门办理出口货物退税手续的凭证之一。对于可退税货物，出口发货人或其代理人在货物出运后，向海关申领出口退税证明联，海关核准后签发。不属于退税范围的，海关不予签发。

（三）填制进出口货物报关单的一般要求

进出口货物报关单由海关统一印制，内容共有 47 个栏目，除"税费征收情况"及"海关审单批注及放行日期签字"两项栏目外，其余均由收发货人或其代理人填写。

1）申报人必须按照《海关法》《中华人民共和国海关进出口货物申报管理规定》和《中华人民共和国海关进出口货物报关单填制规范》的有关规定，向海关如实申报，不可以伪报、瞒报、虚报和迟报。

2）填制内容必须真实，做到"单证相符"和"单货相符"，即所填报关单各栏目必须与商业发票、装箱单、批准文件和随附单据相符；必须与实际进出口货物情况相符。

3）报关单的填报要准确、齐全、完整、字迹清楚，不得用铅笔或红色复写纸填写；若有更正，须在更正项目上加盖"校对章"。报关单一般用计算机打印或打字机打印。

4）不同批文、不同合同、同一批货物中不同贸易方式、同一批货物不同运输方式、同一批货物相同运输方式但航次不同的货物，均应分单填报。

5）一份原产地证书只能对应一份报关单。同一份报关单上的同一种商品不能同时享受协定税率和减免税。

6）一份报关单最多填报 20 项商品。超过 20 项商品时，必须分单填报。一张纸质报关单上最多打印 5 项商品。

7）分栏填报。反映进出口商品本身情况的项目中，须以相同的项号进行分栏填报。

8）分行填报。反映不同的项号、商品名称、规格型号、数量及单位和不同的单价等均要分行填报。

9）对已向海关申报的进出口货物报关单，如原填报内容与实际进出口货物不一致而有正当理由的，申报人应向海关递交书面更正申请，海关核准后，对原报关单进行更改或撤销。

10）使用电子数据报关的填写一份报关单作为录入原始单据即可。

11）不同的贸易方式和不同性质的报关人员，使用不同颜色的报关单。

（四）报关单的具体填制

以出口货物报关单的填写为例来讲述报关单的填制。

1. 出口货物报关单填制的内容和要求

（1）出口口岸

根据货物实际出境的口岸，结合《海关口岸代码表》填报相应的口岸海关名称及代码。例如，从天津出口货物，填报"新港海关（0202）"。出口转关运输货物应填报货物出境地海关名称及代码。例如，杭州转关到上海浦东机场的空运出口货物，出口货物报关单上填报"浦东机场（2233）"。

（2）备案号

填报出口企业在海关办理加工贸易合同备案或征、减（免）税审批备案等手续时，海关给予的有关备案审批文件的编号（12 位数，其中第一位是标记代码）。一般贸易时可不填此栏。

（3）出口日期

出口日期指运载所申报货物的运输工具办妥出境手续的日期，即承运船舶开航日期。本栏目为 8 位数，年 4 位，月、日各两位。例如，20060808。出口日期仅供海关打印证明联用，预录入报关单和 EDI 报关单均不用填报。

（4）申报日期

填报申请办理报关手续的日期，该日期不得晚于出口日期。填报方法同出口日期。

（5）经营单位

经营单位指对外签订并执行进出口贸易合同的中国境内企业或单位，一般为出口人。本栏目应填报经营单位名称及经营单位编码（10 位数）。

（6）运输方式

填报载运货物出关境的最后运输方式，需结合海关规定的《运输方式代码表》选择填报。例如，江海运输（2）。

（7）运输工具名称

填报载运所申报出口货物的运输工具的名称或运输工具编号。如属海运，应填报船名及航次（根据配舱回单填写）。一份报关单只允许填报一个运输工具名称。

例如 Vessel：EAST EXPRESS，Voyage：801E，则"运输工具名称"栏填"EAST EXPRESS/801E"。

（8）提运单号

填报出口货物提单或运单的编号。

（9）发货单位

发货单位指境内生产或销售单位，即国内生产商（自营出口），也可以填报出口商。填报中文名称或海关注册编码。

（10）贸易方式

根据实际情况，结合海关规定的《贸易方式代码表》，填报贸易方式的简称或代码。例如，一般贸易（0110）。一份报关单只允许填报一种贸易方式。

（11）征免性质

根据实际情况按海关规定的《征免性质代码表》填写征免性质简称或代码。一份报关单只允许填报一种征免性质。例如，一般征税（101）。

（12）结汇方式

根据实际情况，结合《结汇方式代码表》填报相应的结汇方式名称或代码。可填写《结汇方式代码表》中的代码或结汇方式名称或英文缩写。例如，信用证或 L/C。

（13）许可证号

凡应申领出口许可证的货物必须根据许可证如实填报，若无可不填。一份报关单只允许填报一个许可证号。

（14）运抵国（地区）

运抵国（地区）指出口货物直接运抵的国家或地区，一般为进口国。本栏目应按《国别（地区）代码表》填报相应的国别（地区）的中文名称或代码。例如，墨西哥（429）。

（15）指运港

指运港指出口货物运往境外的最终目的港。本栏目应根据实际情况按海关规定的《港口航线代码表》选择填报相应的港口中文名称或代码。此栏应尽申报人所知填报。例如，洛杉矶（3154）。

（16）境内货源地

按《国内地区代码表》填报出口货物生产厂家或发货单位所属地区的名称或代码。例如，西安（61019）。

（17）批准文号

填报《出口收汇核销单》编号。

（18）成交方式

根据实际成交贸易条件按《成交方式代码表》填报相应的成交方式名称或代码。例如，CIF/1。无实际出口的，填报 FOB 价。

（19）运费

填报该份报关单所含全部货物的国际运输费用。可按运费单价、总价或运费率三种方式之一填报，同时注明运费标记："1"表示运费率、"2"表示每吨货物的运费单价、"3"表示运费总价，并注明相应的货币代码。例如，7%的运费率填报"7/1"；30 美元的运费单价填报"502/30/2"；9000 美元的运费总价填报"502/9000/3"。运费率标记 1 可以省略。

（20）保费

填报该份报关单所含全部货物国际运输的保险费用。可按保险费总价或保险费率两种方式之一填报，同时注明保险费标记："1"表示保险费率、"3"表示保险费总价，并注明币种代码。例如，3‰的保险费率填报"0.3/1"；2000 美元保险费总价填报"502/2000/3"。保险费率标记 1 可以省略。

（21）杂费

填报成交价格以外的、应计入完税价格或应从完税价格中扣除的费用，如手续费、佣金、折扣、回扣等。

（22）合同协议号

填写本批出口货物的贸易合同（协议）的编号。

（23）件数

填报所申报出口货物实际外包装的总件数。裸装货和散装货填报"1"。

（24）包装种类

按实际情况填写货物的外包装的种类。例如，布包、麻袋、纸箱、铁桶、散装等。

（25）毛重（千克）

按实际情况填写出口货物的总毛重。不足1千克的填报"1"。

（26）净重（千克）

按实际情况填写出口货物的总净重。不足1千克的填报"1"。

（27）集装箱号

填写装运货物的集装箱编号及数量。

例如，在原始单据上找到集装箱号 Container No. 所对应的号是"1×20′ TEXU360523120"，集装箱的重量一般是在中文的补充说明中来找，假如自重是 2376，应填报"TEXU3605231/20/2376"。

两个以上集装箱的，其他的集装箱号填制在备注栏。

（28）随附单据

1）随附单据指随《出口货物报关单》一并向海关递交的单证或文件。

2）要填报监管证件的代码+"："+监管证件的编号。

例如，随附的单据是《入境货物通关单》，通关单的编号是442100104064457，那么在填制报关单的时候，填报"A：442100104064457"。

3）要注意的是合同、发票、装箱单等必备的随附单据不在本栏目填报。

（29）生产厂家

填报国内生产该出口货物企业名称，如无法确定可不填。

（30）标记唛码及备注

填报出口货物外包装上的标记唛码及其他说明事项。

（31）项号

1）贸易方式为一般贸易，备案号为空时，项号填报报关单中的商品序号。

2）有征免税证明或登记手册的商品（备案号不为空时）本栏目要分两行填报。

第一行填写报关单中的商品排列序号（01、02、03）。

第二行填写征免税上一致的商品的项号（备案号为 Z 开头的货物）；加工贸易货物第二行填报该项货物在登记手册中的项号（该项货物在登记手册或征免税证明中的项号会在给出的资料中作为已知条件给出来）。

（32）商品编号

填报该商品的 H.S. 编码。

（33）商品名称、规格型号

填报实际出口货物的名称及规格的主要项目。第一行为货物规范的中文名称，第二行为规格型号，必要时可加注原文。

（34）数量及单位

填报该货物实际出口的数量及其海关统计的法定计量单位和实际使用的计量单位。分三行填报：第一行填报海关第一法定计量单位，第二行填报海关第二法定计量单位（无则第二行留空），第三行填报成交计量单位，成交计量单位与海关法定计量单位一致时，第三行留空。

（35）最终目的国（地区）

填报申报人所知的出口货物的最终实际消费、使用或进一步加工制造的所有国家或地区的名称或代码。

（36）单价

按合同规定填写实际成交单价。

（37）总价

按合同规定填写实际成交总价。

（38）币制

根据实际成交情况按《币制代码表》选择填报相应的货币名称或代码。例如，美元（502）。

（39）征免

按《征减免税方式代码表》中相应的确定的征减免税方式填报。主要征免方式有照章征税、折半征税、全免、特案减免、保证金和保证函等。

2. 出口货物报关单填制样例

根据以下资料进行出口货物报关单的填报。样例如图3-7所示。

（1）合同、商业发票、装箱单内容

Seller: Shanghai Xianfeng Electronics Co. Ltd、（3114920058）.

Buyer: EFG Trading INC.

Descriptions: Speaker DV30-002XA/XCN.

Terms of Payment: T/T.

Quantity:171 000PCS.

Unit Price: FOB Shanghai USD0.641/PCS.

Amount: FOB Shanghai USD109 611.00.

POL/POD: Shanghai, China/Los Angeles, USA.

Packages:57 Cartons.

GW/NW:725/684kgs.

中华人民共和国海关出口货物报关单

预录入编号：834764312　　　　　　　　　　　　　　　　　海关编号：834764312

出口口岸 浦东机场（2233）	备案号 C22173000004	出口日期	申报日期 20140937
经营单位 上海先锋电子器材有限公司	运输方式 航空运输	运输工具名称 MH6161	提运单号 13137134473
发货单位 上海先锋电子器材有限公司	贸易方式 进料对口（0615）	征免性质 进料加工（503）	结汇方式 电汇
许可证号	运抵国（地区） 美国（502）	指运港 洛杉矶（3154）	境内货源地 嘉定（31149）
批准文号 013777754	成交方式 FOB	运费	保费	杂费
合同协议号	件数 57	包装种类 纸箱	毛重（千克） 1519	净重（千克） 684
集装箱号		随附单据 出境货物通关单	生产厂家 05	

标记唛码及备注

项号	商品编号	商品名称、规格型号	数量及单位	最终目的国（地区）	单价	总价	币制	征免
1	185182900	扬声器 DV30-000XA/XCN	717000.00 个	美国	0.6410	109611.00（502）	美元	全免

税费征收情况

录入员　　录入单位	兹声明以下申报无讹并承担法律责任	海关审单批注及放行日期（签章）	
报关员	申报单位	审单	审价
单位地址		征税	统计
邮编　　　电话	填制日期	查验	放行

图 3-7　出口货物报关单填制样例

2. 补充资料

1）以进料对口贸易方式出口。

2）《出口收汇核销单》编号：013777754。

3）商品编号：18518 2900。

4）该货于 2014 年 9 月 27 日出口，委托上海 XYZ 货运公司于 2014 年 9 月 27 日向浦东机场海关申报。

5）载货飞机 MH6161/27 SEPT。提运单号：13137134473。

6）进料加工手册编号：C22173000004。

本章小结

本章重点介绍了货物进出境环节的重要步骤，即报关和报检的定义、性质、分类、对象及一般进出境的基本要求等知识和技能，旨在让学生了解海关和出入境检验检疫部门对进出境货物的一般监管要求。学生通过学习，应该能够了解监管要求并能够进行简单的操作，这也是一个货代从业人员必备的知识和技能。

职业技能强化训练

在线同步测试及参考答案

一、单项选择题

1. 下列企业、单位中不属于报关单位的是（　　　）。

　　A. 经海关批准在海关临时注册登记的境内某大学

　　B. 在海关注册登记的经营进出境快件业务的某快递公司

　　C. 在海关注册登记的某外商投资企业

　　D. 在海关注册登记的经营转关货物运输业务的某承运人

2. 下列说法不正确的是（　　　）。

　　A. 专业报关企业是具有境内法人地位的经济实体

　　B. 专业报关企业属于有限责任公司

　　C. 专业报关企业有进出口经营权

　　D. 专业报关企业具有报关权

3. 根据《海关法》规定，进口货物的收货人向海关申报的时限是（　　　）。

　　A. 自运输工具申报进境之日起 7 日内

　　B. 自运输工具申报进境之日起 10 日内

　　C. 自运输工具申报进境之日起 14 日内

D．自运输工具申报进境之日起 15 日内

4．海关进出境现场放行即结关的情形是（　　）。

    A．一般进出口货物   B．特定减免税货物

    C．暂准进出口货物   D．保税加工货物

5．入境货物不是由口岸检验检疫机构受理报检的类型是（　　）。

    A．动物   B．大宗散装货物

    C．容易腐烂变质的货物   D．大型设备

6．属于自理报检单位的是（　　）。

    A．有进出口经营权的国内企业   B．国际货运代理公司

    C．报关行   D．国际快件运营机构

7．下列不属于出口国检验检疫机构出具的检验证书为（　　）。

    A．原产地证明书   B．船舱检验证书

    C．熏蒸检验证书   D．客检证

8．一般出口商品报检最迟应于报关或装运出口前（　　）天向商检机构提出申请。

    A．6   B．10   C．7   D．20

9．按使用性质分，进（出）口报关单有 3 种类别：进料加工进（出）口货物报关单、来料加工及补偿贸易进（出）口货物报关单和一般贸易进出口货物报关单。按海关新规定，3 种报关单的颜色依次为（　　）。

    A．浅绿色、粉红色、白色   B．粉红色、白色、浅绿色

    C．粉红色、浅绿色、白色   D．浅绿色、粉红色、白色

10．下列货物中不能向海关申请放弃的是（　　）。

    A．暂准进境货物   B．保税货物

    C．捐赠进口的医疗废物   D．在海关监管期内的特定减免税货物

二、多项选择题

1．报关按照对象可分为（　　）。

    A．进出境运输工具的报关   B．进出境货物的报关

    C．进出境物品的报关   D．代理报关

2．下列表述中属于报关单位共有特征的是（　　）。

    A．具有对外贸易经营权

    B．经海关注册登记，取得报关资格

    C．能独立承担相应的经济和法律责任

    D．是境内法人或其他组织

3．关税的减免分为（　　）。

    A．法定减免   B．特定减免   C．特殊减免   D．临时减免

4．下列属于报关基本单证的是（　　）。

    A．报关单　　　　　B．商业发票　　　C．装箱单　　　　D．原产地证书

5．下列属于海关基本任务的是（　　）。

    A．监管　　　　　　B．征税　　　　　C．查验　　　　　D．查缉走私

6．出境货物报检的时限要求是（　　）。

    A．出境货物最迟应在出口报关或装运前 7 天报检

    B．对于个别检验检疫周期较长的货物，应留有相应的检验检疫时间

    C．出境货物最迟应在出口报关或装运前 14 天报检

    D．需隔离检疫的出境动物在出境前 60 天预报，隔离前 7 天报检

7．入境货物报检包括（　　）。

    A．进境一般报检　　　　　　　　　B．进境流向报检

    C．异地施检报检　　　　　　　　　D．进境特别检验

8．我国海关现行组织机构的设置为 3 级，即（　　）。

    A．海关总署　　　B．地方海关　　　C．直属海关　　　D．隶属海关

三、判断题

1．所有进出境运输工具自进入我国关境之日起至驶离我国关境之日止，均应接受海关监管。（　　）

2．所有进出我国关境的运输工具必须经由设有海关的地点进出境，运输工具负责人或代理人应如实向海关申报、提交相关证明文件，并接受海关检查。（　　）

3．对于经电缆、管道等方式输送进出口的货物，如水、原油、电力、天然气等，应该由经营人按主管海关的要求，定期向海关申报。（　　）

4．在海关查验进出口货物时，报关人员应按时到场，负责搬移货物，开拆重封货物的包装。（　　）

5．一般进出口货物是一般贸易方式进出口货物。（　　）

6．某企业向当地海关申报进口一批烤面包机，货物已运抵海关监管区内的仓库。海关根据情况，在没有通知该企业的情况下，由仓库人员陪同对这批货物进行查验，发现该批货物是高档音响器材。该企业以海关查验时保管员不在场为由，拒绝承认查验结果，因此，当地海关不得以此对其进行处罚。（　　）

7．报检人对检验检疫机构做出的检验结果有异议的，只能向做出检验结果的检验检疫机构或者其上级检验检疫机构申请复验。（　　）

8．出境货物采用先检验，后放行通关的做法。（　　）

9．填写报关单更正单，对原来填报项目的内容进行更改，若更改的内容涉及货物件数的变化，只需更改货物的件数，与件数有关的项目无须更改（　　）

10．一般进出口货物也称为一般贸易货物，是指在进出境环节缴纳了应征的进出口税费并办结了所有必要的海关手续，海关放行后不再进行监管，可以直接进入生产和流通领域的进出口货物。　　　　　　　　　　　　　　　　　　　　（　　）

四、计算题

某公司进口一批仪器配件，价格为 CIF 上海 USD25 000（1 美元=6.35 人民币），装载货物的船舶于 2015 年 11 月 16 日（星期一）进境，12 月 2 日该公司来向海关申报，是否需要征收滞报金？如果征收，应该征收多少？

五、简答题

1．简述报关单位的权利和义务。
2．说明申报前应准备的单证类型，每类至少举出两种单证。

六、案例分析题

某公司进口一批货物，4 月 1 日到港，4 月 20 日报关人员小李准备了合同、发票、信用证，填写了报关单去报关，海关要求查验货物，小李没有到场。

请说明上述情景中存在的错误，并改正。

第四章

国际海洋货物运输代理

知识目标

1. 了解国际海洋运输的特点。
2. 了解著名的海峡、运河、航线及港口。
3. 掌握班轮运输运费的计算方法。
4. 理解海运提单的作用。

能力目标

1. 能够根据实际情况，正确选择合适的航线。
2. 能够正确计算班轮运输的运费。
3. 能够正确阐述租船运输的流程。

职业资格考核要点

1. 班轮运输运费的计算。
2. 提单的作用与流转。

引导案例

小易清晰地记得在"进出口贸易实务"课堂上老师曾说过,目前我国 75%左右的进出口贸易都走海运。那么海洋货物运输代理有哪些需要掌握的要点呢?小易又找到了一个新的突破点。

思考:请用自己的语言向小易介绍海洋货运代理的基础知识。

第一节　国际海洋运输概述

国际海洋运输是以船舶为工具,通过海上航道在不同国家和地区之间运送货物和旅客的运输方式。以货物为运输对象的海洋运输,称为国际海洋货物运输。

一、国际海洋运输的主要特点

1)载运量大:相比于汽车、飞机,船舶的载运量巨大。目前已知的世界上最大的船"诺克·耐维斯"号,其船长超过 420 米,比横躺下来的埃菲尔铁塔还长。其改装后的总最大承载重量为 525 614 吨。

2)运力强:海洋运输以海洋为天然通道,不受道路限制,遇特殊情况,如政治经济军事等条件的变化,还可改道航行。故海洋运输能够提供强大的运力保障。

3)单位运费低廉:海洋运输载运量大,具有规模优势。单位货物分摊的运输成本少,运价低廉。海洋运输的费率大约为铁路运费的 1/5,公路运费的 1/10,航空运费的 1/30。

4)对货物适应性强:船舶本身大型化发展的趋势,使得海洋运输对货物的适应性很强,如石油钻井平台、炼油设备等超重大货物,其他运输方式是无法装载,但船舶一般都可以装运。

5)运输速度慢:由于船体较大,水的阻力大,海洋运输相对速度较慢。目前集装箱船的航行速度一般为 20 节左右(1 节≈1.852 千米/时),普通散杂货船的速度一般为 13~15 节。

6)风险较大:海洋运输受自然环境的影响大,如遇到暴风、巨浪、雷击、迷雾等天气容易发生事故。同时,因船舶个体大,操作协调要求高,一旦不慎将会导致搁浅、触礁、沉没、碰撞、火灾、爆炸等,这给海洋货物运输带来了不确定性风险。

7)运输的不完整性:海洋运输只是整个运输过程的一个环节。它在两端的港口必须依赖其他运输方式的衔接和配合,难以实现"门到门"的运输。

二、常用海洋运输工具及分类

海洋运输以船舶为载体，船舶根据不同的标准可以区分为不同的类型。

1）按照航行区域分类：远洋船、近海船、沿海船、内河船。

2）按照用途分类：运输船（客船、货船、渡船、驳船）、工程船、工作船和其他船、渔业船，如图4-1所示。

（a）货船

（b）驳船

（c）工程船

（d）工作船

图4-1　各种用途的船舶

3）按照船舶总吨位及主推动力装置功率分类：一等船舶、二等船舶、三等船舶、四等船舶、五等船舶。

三、运输对象的分类

船舶的运输对象可以分为人和货两种。其中货又可以细分为干散货、液体货、件杂货、集装箱等。

知识链接：我国船舶等级划分

1）干散货：各种初级产品、原材料。根据运输批量的大小，干散货通常又分为大宗散货和小宗批量散货两类：大宗散货主要有煤炭、金属矿石、粮食等；小宗批量散货包括钢铁、木材、化肥、水泥等。

2）液体货：石油、成品油、液化燃气、液态化学品、其他液体货物。

3）件杂货：主要包括机电设备、化工、轻工医药及其他工业制成品、农牧渔业产品等。

4）集装箱：装载于集装箱内进行运输的货物。

知识链接：海洋运输的参与方

第二节　海峡、运河、海运航线及港口

一、海峡

海峡是指两块陆地之间连接两个海或洋的较狭窄的水道。它一般宽度窄、深度大、水流急。很多重要的海峡不仅是交通要道，而且是航运枢纽。据统计，全世界共有海峡 1000 多个，其中适宜航行的海峡有 130 多个，交通繁忙或较繁忙的只有 40 多个。本节将介绍部分重要的海峡。

1. 马六甲海峡

马六甲海峡是位于马来半岛与苏门答腊岛之间的海峡，呈东南—西北走向，如图 4-2 所示。它的西北端通印度洋的安达曼海，东南端连接南中国海。海峡全长约 1080 千米，西北部最宽达 370 千米，东南部最窄处只有 37 千米，是连通太平洋与印度洋的国际水道。

图 4-2　马六甲海峡

马六甲海峡作为沟通太平洋和印度洋、连接亚非欧的咽喉要道，是世界上最繁忙的海峡之一。近年来，过往马六甲海峡的船只每年达 8 万多艘，平均每天过往 230 多艘，占世界货物运输总量的近 1/3。

2. 霍尔木兹海峡

霍尔木兹海峡位于波斯湾和阿曼湾之间，如图 4-3 所示。霍尔木兹在波斯语中的意思是"光明之神"。其北临伊朗，南接阿曼，东界在伊朗的库赫角与阿曼的伊马角之间，西界在伊朗的格什姆岛西缘与阿曼的沙姆之间。海峡呈"人"字形，东西长约 150 千米，南北宽 64～97 千米。海峡最深处为 219 米，平均水深为 70 米。

霍尔木兹海峡是从波斯湾通往印度洋的必经之地，被称为海运通道的"咽喉"、世界石油供应的"颈动脉"、油库的"阀门"。霍尔木兹海峡承担着全球近 40%石油的出口供应。平均每 5 分钟就有一艘油轮进出海峡。

3. 英吉利海峡

英吉利海峡，东北与北海相通，西南与大西洋相连，如图 4-4 所示。呈东北—西南走向，形如喇叭。海峡长 560 千米，最宽处 240 千米，最狭窄处又称多佛尔海峡，仅宽 34 千米。该海峡潮汐落差大，有着丰富的潮汐动力资源。

图 4-3　霍尔木兹海峡　　　　　　　　　图 4-4　英吉利海峡

英吉利海峡国际航运量很大，目前每年通过该海峡的船舶达 20 万艘之多，居世界各海峡之冠，人们把这个海峡称为"银色的航道"。

4. 直布罗陀海峡

直布罗陀海峡位于西班牙与摩洛哥之间，系分隔大西洋与地中海的海峡，如图 4-5 所示。海峡最窄处在西班牙的马罗基角和摩洛哥的西雷斯角之间，宽仅 13 千米。海峡是北非阿特拉斯山与西班牙高原之间所形成的弧状构造带的一个缺口。直布罗陀海峡是沟通地中海和大西洋的唯一通道，被誉为西方的"生命线"。由于直布罗陀海峡表层海水的流向永远从西向东流，所以轮船从大西洋驶往地中海，经过直布罗陀海峡时，永远是顺水航行。

由于直布罗陀海峡具有重大的战略和经济价值，早期为大西洋航海家所利用，现今仍是经大西洋通往南欧、北非和西亚的重要航路。现在，每天有千百艘船通过该海峡，每年可达十万艘，是国际航运中最繁忙的通道之一。

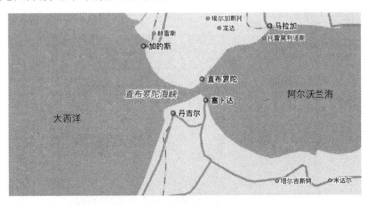

图 4-5　直布罗陀海峡

5. 莫桑比克海峡

莫桑比克海峡是世界上最长的海峡，东为马达加斯加岛，西为莫桑比克，如图 4-6 所示。莫桑比克海峡全长 1670 千米。海峡两端宽中间窄，平均宽度为 450 千米，最宽处达到 960 千米，最窄处为 386 千米。峡内大部分水深在 2000 米以上，最大深度超过 3500 米，深度仅次于德雷克海峡和巴士海峡。它是东非重要航道，两岸的著名港口有马哈赞加、图莱亚尔、马普托、莫桑比克和贝拉等。

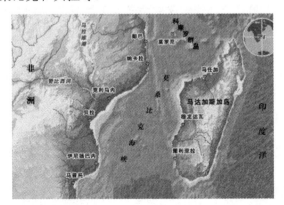

图 4-6　莫桑比克海峡

6. 曼德海峡

曼德海峡是连接红海和亚丁湾的海峡，如图 4-7 所示。苏伊士运河开通后，曼德海峡成为从大西洋进入地中海，穿过苏伊士运河、红海通往印度洋的海上交通必经之地，西方有人称它是"世界战略心脏"。它是世界上最重要和最繁忙的海峡之一，每年都有 2 万多艘船只通过。

除此之外，世界上比较著名的海峡还有麦哲伦海峡、巴士海峡、望加锡海峡、卡特加特海峡、佛罗里达海峡等。

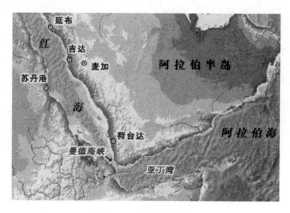

图 4-7　曼德海峡

二、运河

1. 巴拿马运河

巴拿马运河位于拉丁美洲的巴拿马共和国中部，是沟通太平洋和大西洋的航运要道。总长 82 千米，可以通航 76 000 吨级的轮船。

巴拿马运河是世界上最具有战略意义的两条人工水道之一（另一条为苏伊士运河）。行驶于美国东西海岸之间的船只，原先不得不绕道南美洲的合恩角，使用巴拿马运河后可缩短航程约 15 000 千米（约 8000 海里）。由北美洲的一侧海岸至另一侧的南美洲港口也可节省航程多达 6500 千米（约 3500 海里）。航行于欧洲与东亚或澳大利亚之间的船只经由该运河也可减少航程 3700 千米（约 2000 海里）。

2. 苏伊士运河

苏伊士运河处于埃及西奈半岛西侧，处于地中海侧的塞德港和红海苏伊士湾侧的苏伊士两座城市之间，全长约 173 千米。船舶最大通行吨位为 21 万吨。

这条运河允许欧洲与亚洲之间的船舶南北双向航行，而不必绕航非洲南端的好望角，大大节省了航程。从英国的伦敦港到印度的孟买港作一次航行，经苏伊士运河比绕好望角可缩短全航程的 43%。

3. 基尔运河

基尔运河位于德国北部，西南起于易北河口的布伦斯比特尔科克港，东北至于基尔湾的霍尔特瑙港，横贯日德兰半岛，全长 98.7 千米（53.3 海里），是连接北海和波罗的海的重要航道，故又名"北海—波罗的海运河"。

基尔运河的开通极大地缩短了北海与波罗的海之间的航程，比绕道厄勒海峡—卡特加特海峡—斯卡格拉克海峡减少了 685.24 千米（370 海里）。

基尔运河地理位置优越，处于经济、商贸异常发达的欧洲地区，相对于苏伊士运河与巴拿马运河来说，它仍是世界上最繁忙的运河，同时也是通过船只最多的国际运河，运输货物以煤、石油、矿石、钢铁等大宗货物为主。这条运河是波罗的海航运的重要通道。

三、海运航线

所谓海运航线是船舶在系统中运行或行进所循的轨迹，是连接各要素的纽带，在海运空间系统中起着承上启下的作用。

（一）航线的分类

1. 根据船舶营运方式分类

根据船舶营运方式的不同，航线可以分为定期航线和不定期航线。

定期航线又称班轮航线，是指使用固定的船舶，按固定的船期和港口航行，并以相对固定的运价经营客货运输业务的航线。

不定期航线是指临时根据货运的需要而选择的，船舶、船期、挂靠港口均不固定，以经营大宗、低价货物运输业务为主的航线。

2. 根据航程远近分类

根据航程的远近，航线可以分为远洋航线、近洋航线和沿海航线。

远洋航线指航程距离较远，船舶航行跨越大洋的运输航线，如远东至欧洲和美洲的航线。我国习惯上以亚丁港为界，把去往亚丁港以西，包括红海两岸和欧洲以及南北美洲广大地区的航线划为远洋航线。

近洋航线指本国各港口至邻近国家港口间的海上运输航线的统称。我国习惯上把航线在亚丁港以东地区的亚洲和大洋洲的航线称为近洋航线。

沿海航线指本国沿海各港之间的海上运输航线。

（二）主要航线介绍

1. 太平洋航线

（1）远东—北美西海岸航线

远东—北美西海岸航线主要由远东—加利福尼亚航线和远东—西雅图、温哥华航线组成。它涉及的港口主要包括东亚的高雄、釜山、上海、中国香港、东京、神户、横滨等和北美西海岸的长滩、洛杉矶、西雅图、塔科马、奥克兰和温哥华等。涉及的国家和地区包括亚洲的中国、韩国、日本和中国的香港、台湾地区，以及北美洲的美国和加拿大西部地区。

这两个区域经济总量巨大，人口特别稠密，相互贸易量很大。近年来，随着中国经济总量的稳定增长，在这条航线上的集装箱运量越来越大。目前，仅上海港在这条航线上往来于美国西海岸的班轮航线就达 40 多条。

（2）远东—加勒比、北美东海岸航线

远东—加勒比、北美东海岸航线主要由远东—纽约航线等组成，涉及北美东海岸地区的纽约—新泽西港、查尔斯顿港和新奥尔良港等。这条航线将海湾等地区也串了起来。

在这条航线上，有的船公司开展的是"钟摆式"航运，即不断往返于远东与北美东海岸之间；有的则经营全球航线，即从东亚出发，东行线为太平洋—巴拿马运河—大西洋—地中海—苏伊士运河—印度洋—太平洋；西行线则反向而行，航次时间为 80 天。

远东—加勒比、北美东海岸航线不仅要横渡北太平洋，还越过巴拿马运河，因此一般偏南，横渡大洋的距离也较长，夏威夷群岛的火奴鲁鲁是其航站，船舶在此添加燃料和补给品等，本航线也是太平洋货运量最大的航线之一。

（3）远东—东南亚航线

远东—东南亚航线是中国、朝鲜、日本货船去往东南亚各港，以及经马六甲海峡去往印度洋、大西洋沿岸各港的主要航线。东海、台湾海峡、巴士海峡、南海是该航线船只的必经之路，航线繁忙。

因其特殊的地理位置，该航线拥有包括新加坡、中国香港在内的国际航运业高度发达、货物吞吐量位居全球前列的最为著名的国际港口。

除以上介绍的航线外，太平洋还有其他航线，如远东—南美西海岸航线，远东—澳大利亚、新西兰航线，以及澳大利亚、新西兰—北美东西海岸航线等。

2. 大西洋航线

（1）西北欧—北美东海岸航线

西北欧—北美东海岸航线是西欧、北美两个世界工业最发达地区之间的原燃料和产品交换的运输线，两岸拥有世界上最为重要的五大港口，运输极为繁忙，船舶大多走偏北大圆航线。该航区冬季风浪大，有浓雾、冰山，对航行安全构成威胁。

（2）西北欧、北美东海岸—地中海—苏伊士运河—亚太航线

西北欧、北美东海岸—地中海—苏伊士运河—亚太航线属世界最繁忙的航段，它是北美、西北欧与亚太海湾地区间贸易往来的捷径。该航线一般途经亚速尔群岛、马德拉群岛上的航站。

（3）南美东海岸—好望角—远东航线

南美东海岸—好望角—远东航线是一条以石油、矿石为主的运输线。该航线处在西风

漂流海域，风浪较大，一般西航偏北行，东航偏南行。

除以上介绍的航线外，大西洋还有其他航线，如西北欧、北美东海岸—加勒比航线，西北欧、地中海—南美东海岸航线，以及西北欧、北美东海岸—好望角、远东航线等。

3. 印度洋航线

（1）波斯湾—好望角—西欧、北美航线

波斯湾—好望角—西欧、北美航线主要由超级油轮经营，它从波斯湾出发，向西经阿拉伯海，沿非洲东海岸，穿过莫桑比克海峡，绕过好望角，再沿非洲西海岸，直达西欧地区与美国。目前，此航线约承担着输往西欧石油的 70%和输往美国石油的 45%的繁重任务。它是世界最主要的海上石油运输线。

（2）波斯湾—东南亚—日本航线

波斯湾—东南亚—日本航线由波斯湾出发，向东经印度洋和太平洋，抵达日本国。从印度洋至太平洋的船只大多穿越马六甲海峡和新加坡海峡，因为这是此两大洋间的捷径。1971 年，海峡沿岸的马来西亚、新加坡和印度尼西亚 3 个主权国提出确保无害的通航原则以后，部分大型油轮已改道龙目海峡和望加锡海峡航行。多年来，日本进口石油的 80%以上，都是经由这条航线运输的。它是世界上第二大海上石油运输线。

（3）波斯湾—苏伊士运河—地中海—西欧、北美航线

波斯湾—苏伊士运河—地中海—西欧、北美航线目前可通行载重 30 万吨级的超级油轮。1967 年 6 月以前，中东地区出口的石油大约有 50%是通过苏伊士运河，再经地中海，尔后输往西欧、北美的。但是，自运河封闭以后，情况骤然大变，绝大部分的中东石油已由大型油轮运载，绕道非洲南端的好望角，继而输往西欧与北美。自苏伊士运河 1980 年完成扩建加深以来，目前可通行载重 30 万吨级的超级油轮。

知识链接：在各条航线上有经营优势的船公司

除了以上 3 条油运线之外，印度洋其他航线还有远东—东南亚—东非航线，远东—东南亚、地中海—西北欧航线，远东—东南亚—好望角—西非、南美航线，澳大利亚、新西兰—地中海—西北欧航线，印度洋北部地区—欧洲航线。

世界主要海港和航线示意图如图 4-8 所示。

拓展训练

上海某货运代理公司小王从某外贸公司揽到一批出口服装，货交上海港，计划运往法国的马赛港，该选择哪条航线？途中经过哪些海峡、运河？

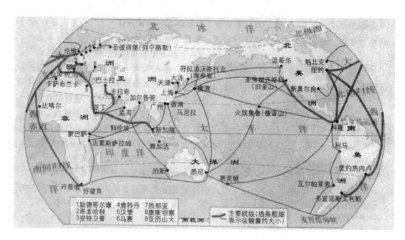

图 4-8　世界主要海港和航线示意图

（资料来源：http://baike.cfnet.org.cn/index.php?doc-view-30912）

四、港口

港口是具有水陆联运设备和条件，供船舶安全进出和停泊的运输枢纽，是水陆交通的集结点和枢纽，工农业产品和外贸进出口物资的集散地，船舶停泊、装卸货物、上下旅客、补充给养的场所。通常人们根据一个港口的吞吐量来评判一个港口的大小。随着全球经济一体化的发展，港口扮演着越来越重要的角色。目前世界上比较著名的港口主要有以下几个。

1．上海港

上海港位于长江三角洲前缘，居我国大陆海岸线的中部、扼长江入海口，地处长江东西运输通道与海上南北运输通道的交汇点，是我国沿海的主要枢纽港，也是世界著名的港口。2010 年上海港货物、集装箱吞吐量均位居世界第一，荣获世界吉尼斯纪录协会认定的世界货物吞吐量最大港口世界纪录。上海港港区拥有各类码头泊位 1140 个，其中万吨级以上泊位 171 个，码头线总长 91.6 千米。

2014 年上海港货物吞吐量达到 75 528.89 万吨；集装箱吞吐量 3528.53 万 TEU。上海港集装箱吞吐量连续 5 年位居世界第一。

2014 年 12 月 23 日，洋山四期自动化码头建设正式开工，年设计能力为 630 万 TEU，将建成国际一流的自动化码头。

2014 年 12 月 28 日，世界上最大的 1.9 万 TEU 集装箱船"中海环球"轮首靠洋山深水港。

2．新加坡港

新加坡港位于马来半岛南端，新加坡岛的南岸，马六甲海峡的东端，是亚太地区最大的转口港，岸线长约 10.3 千米，港口有 6 个港区，60 多个泊位，最大水深 15 米。由于地处赤道，终年畅通无阻，新加坡港是一个难得的天然良港。

从新加坡港起航，有 200 多条航线通往世界各主要港口。新加坡港每年进出船只约 4 万艘，货物吞吐量 1.88 亿吨，是目前世界上集装箱业务量第二的港口。

3. 香港港

香港港是著名的国际贸易港口，远东的航运中心，世界三大天然深水良港之一，位于珠江口外东侧、香港岛和九龙半岛之间。香港地处我国与邻近亚洲国家的要冲，既在珠江三角洲入口，又位于经济增长骄人的亚洲太平洋周边的中心，可谓是占尽地利。香港港是全球最繁忙和最高效率的国际集装箱港口之一，也是全球供应链上的主要枢纽港。目前有 80 多条国际班轮每周提供约 500 班集装箱班轮服务，连接香港港至世界各地 500 多个目的地。

4. 鹿特丹港

鹿特丹港是曾经的世界最大港口，位于北海沿岸，莱茵河与新马斯河汇合口。鹿特丹港现有 7 个港区，40 多个港池，港区面积达 100 多平方千米，码头岸线总长 37 千米，共有 650 多个泊位，同时可供 600 多艘轮船作业。港区水域深广，内河航船可通行无阻，外港深水码头可停泊巨型货轮和超级油轮。现每 16 分钟就有一艘远洋船进港或出港，是世界上最繁忙的港口之一，年吞吐量为 3 亿吨。

5. 马赛港

马赛港位于法国南部的地中海岸边，是法国最大的港口，其吞吐能力居欧洲第二位，是西欧地中海沿岸的重要贸易门户，也是当前世界上具有代表性的综合性工业海港。该港背山面海，没有强劲的潮汐和洋流，航道安全、昼夜通航，是一个天然良港。

马赛港不仅为法国，而且也为欧洲经济发展服务，其航运路网不断扩展。由于马赛港作为石油和天然气转运基地的作用日趋重要，许多管线从港区向外呈扇形伸展。马赛港把法国和欧洲紧密地联系起来了。

6. 安特卫普港

安特卫普港是比利时最大的海港、欧洲第三大港，地处斯海尔德河下游，距河口 68～89 千米。港区总面积达 10 633 万平方米，其中水域占 1315 万平方米，港区岸线总长 99 千米，货物吞吐量近亿吨，是排名鹿特丹港和马赛港之后的欧洲大港，也是世界著名的亿吨大港之一。港口每年进出口船舶 1.7 万余艘次，码头最大可靠泊 13 万载重吨的船舶。

7. 纽约港

纽约港是北美洲最繁忙的港口之一，亦是世界天然深水港之一。由于纽约所处的大西洋东北岸为全美人口最密集、工商业最发达的区域，又邻近全球最繁忙的大西洋航线，在位置上与欧洲接近；再加上港口条件优越，以伊利运河连接五大湖区，使得纽约港成为美国最重要的产品集散地，也因此奠定了其作为全球重要航运交通枢纽及欧美交通中心的地位。

纽约港有两条主要航道：一条是哈德逊河口外南面的恩布娄斯航道，由南方或东方进港的船舶经这条航道进入纽约湾驶往各个港区；另一条是长岛海峡和东河，由北方进港的船舶经过这条航道。港口不易淤积。纽约港腹地广大，公路网、铁路网、内河航道网和航空运输网均四通八达。纽约地区的 14 条铁路线，其中 8 条可通往美国各地及加拿大和墨西哥等国家和地区。

8. 温哥华港

温哥华港位于加拿大西南部不列颠哥伦比亚省南端的弗雷泽河口，在巴拉德（Burrard）湾内，濒临乔治亚海峡的东南侧，是加拿大最大的港口，也是世界主要小麦出口港之一。该港是亚洲到北美洲各航线中最短的航线，公路与加拿大、美国各地相通，铁路可达美洲大陆各地。港口距国际机场约半小时的车程，有定期航班飞往世界各地。

温哥华港货物年吞吐量 5000 万吨，其中 80% 以上是散货，比较典型的如煤炭、硫黄、钾碱、粮食、石油化工产品和木屑，每年通过温哥华港的 17 个散货码头装运进出口。专用杂货码头有 3 座，主要装卸森林产品，如锯木、胶合板、新闻卷纸、纸浆等，占温哥华港杂货总运量的 95%，但仅占温哥华港货运总量的 5%。

知识链接：世界主要船公司的基础知识

9. 悉尼港

悉尼港东临太平洋，西面 20 千米为巴拉玛特河，南北两面是悉尼最繁华的中心地带。悉尼港的环形码头是渡船和游船的离岸中心地。悉尼港是澳大利亚进口物资的主要集散地。港湾总面积为 55 平方千米，口小湾大，是世界上著名的天然良港。横卧港底的海底隧道长 2.3 千米，1992 年建成后使港湾两岸的运输能力提高了 50%。

10. 开普敦港

开普敦港位于好望角半岛北端的狭长地带，西部濒临大西洋特布尔湾，南部插入印度洋，距好望角 52 千米。该港地理位置重要，是欧洲沿非洲西海岸通往印度洋及太平洋的必经之路。该港交通运输发达，有铁路可直达行政首都比勒陀利亚，公路与国内各地相通接。港口距机场约 20 千米。港口主要出口货物为羊毛、皮张、酒、干鲜果、饲料、蛋品、玉米、鱼油及矿砂等，进口货物主要有木材、机械、小麦、汽车、纺织品、原油及杂货等。

第三节　班 轮 运 输

一、班轮运输的定义

班轮运输（liner shipping）是指轮船公司将船舶按事先制定的船期表（sailing schedule），

在特定海上航线的若干个固定挂靠的港口之间，定期为非特定的众多货主提供货物运输服务，并按事先公布的费率或协议费率收取运费的一种船舶经营方式。

20 世纪 60 年代后半期，随着集装箱运输的发展，班轮运输又进一步分化为传统杂货船班轮运输和集装箱班轮运输。由于集装箱运输具有快速、装卸方便、装卸效率高、货运质量好、便于开展多式联运等特点，集装箱班轮运输扮演着越来越重要的角色。

二、班轮运输的特点

班轮运输的特点，可以归纳为"四固定一负责"。

1）"四固定"，即固定航线、固定港口、固定船期和相对固定的费率。这是班轮运输的最基本特征。

2）"一负责"即班轮运输内包括装卸费用，即货物由承运人负责配载装卸，承托双方不计滞期费和速遣费。

3）承运人对货物负责的时段是从货物装上船起，到货物卸下船止，即"船舷至船舷"（rail to rail）或"钩至钩"（tackle to tackle）。

4）承运双方的权利义务和责任豁免以签发的提单为依据，并受统一的国际公约的制约。

三、班轮运输的运费计算

班轮公司运输货物所收取的运输费用，是按照班轮运价表的规定计收的。目前，我国海洋班轮运输公司使用的"等级运价表"，即将承运的货物分成若干等级，每个等级的货物有一个基本费率，称为"等级费率表"。

班轮运费由基本运费和附加费两部分组成。

1. 基本运费

基本运费是指货物从装运港到卸货港所应收取的基本运费，它是构成全程运费的主要部分。

在班轮运价表中，根据不同的商品，班轮运费的计算标准通常采用下列几种。

1）按货物毛重（重量吨）计收，运价表中用"W"表示。按此计算的基本运费等于计重货物的运费吨乘以运费率。

2）按货物的体积（尺码吨）计收，运价表中用"M"表示。按此法计算的基本运费等于容积货物的运费吨乘以运费率。

3）按毛重或体积计收，由船公司选择其中收费较高的作为计费吨，运价表中以"W/M"表示。

4）按货物价格计收，又称为从价运费。运价表中用"A·V"表示。从价运费一般按货物的 FOB 价格的一定百分比收取。按此法计算的基本运费等于资物的 FOB 价格乘以从价费率（一般为 1%～5%）。

5）在货物重量、尺码或价值三者中选择最高的一种计收，运价表中用"W/M or Ad. Val."表示。

6）按货物重量或尺码最高者，再加上从价运费计收，运价表中以"W/M plus Ad. Val."表示。

7）按每件货物作为一个计费单位收费，如活牲畜按"每头"（per head），车辆按"每辆"（per unit）收费。

8）临时议定价格，即由货主和船公司临时协商议定。此类货物通常是低价的货物或特大型的机器等。在运价表中此类货物以"open"表示。

2. 附加费

知识链接：世界各个航线上的附加费概览

附加费是指对一些需要特殊处理货物，或者突然事件的发生或客观情况变化等原因而需另外加收的费用。它一般是在基本运费的基础上，加收一定百分比，或者是按每运费吨加收一个绝对值计算。

在班轮运输中，常见的附加费大致有如下几种。

1）因商品特点不同而增收的附加费，如超重附加费、超长附加费、洗舱费等。

2）因港口的不同情况而增收的附加费，如港口附加费、港口拥挤费、选港费、直航附加费等。

3）因其他原因而临时增加的附加费，如燃油附加费、贬值附加费等。

除以上各种附加费外，还有一些附加费需船货双方议定，如熏舱费、破冰费、加温费等。各种附加费是对基本运价的调节和补充，可灵活地对各种外界不测因素的变化做出反应，是班轮运价的重要组成部分。

附加费的计算一般有两种规定：一是以基本运费率的百分比表示；二是用绝对数字表示，取每运费吨增收若干元。

3. 班轮运输运费的计算

班轮运费的具体计算方法：先根据货物的英文名称，从货物分级表中，查出有关货物的计算等级及其计算标准；然后再从航线费率表中查出有关货物的基本费率；最后加上各项需支付的附加费率，所得的总和就是有关货物的单位运费（每重量吨或每尺码吨的运费），再乘以计费重量吨或尺码吨，即得该批货物的运费总额。如果是从价运费，则按规定的百分比乘 FOB 货值即可。其计算公式为

$$F=F_b+\sum S$$

式中，F 表示运费总额；F_b 表示基本运费；S 表示某一项附加费。基本运费是所运货物的数量（重量或体积）与规定的基本费率的乘积，即

$$F_b = f \times Q$$

式中，f 表示基本费率；Q 表示货运量（运费吨）。

附加费是指各项附加费的总和。在多数情况下，附加费按基本运费的一定百分比计算，其公式为

$$\sum S = (S_1 + S_2 + \cdots + S_n) \times F_b = (S_1 + S_2 + \cdots + S_n) \times f \times Q$$

式中，S_1，S_2，$\cdots$，S_n 为各项附加费，用 F_b 的百分数表示。

拓展训练

上某轮船从上海装运 10 吨，共计 11.3 立方米蛋制品，到英国普利茅斯港，要求直航，求全部运费是多少？

【提示】经查货物分级表可知，蛋制品是 10 级，计算标准是 W/M；中国—欧洲地中海航线等级费率表之 10 级货物的基本费率为 116 元/吨；经查附加费率表可知，普利茅斯港直航附加费，每计费吨为 18 元；燃油附加费为 35%。

第四节　租船运输

一、租船运输的概念

租船运输是根据货源情况，安排船舶就航的航线，组织货物运输的船舶营运方式。通俗地讲，租船运输就是通过船舶出租人（shipowner）和承租人（charterer）之前签订的运输合同或船舶租用合同进行货物运输的基本营运方式。

在这种运输方式下，船舶出租人将整船或部分舱室出租给承运人使用，具体的时间、方式及如何结算运费等，完全依据双方在合同中的具体约定内容来确定。

二、租船运输的特点

1. 没有既定船期表，亦无固定航线

在租船运输中，事先既没有固定的船期表，也没有固定的航线。其往往根据货源的情况，按照合同约定，安排船舶就航航线，这甚至可能是全球航线。航线的长短是根据运输航次的长短确定，没有固定的装卸港，没有固定的挂靠港，故而没有固定的航线和船期。

2. 适合运输低值的大宗散货

低值大宗散货的特点是批量大、价格低廉，不需要包装或者需要的简单包装，如谷物、油类、矿石、煤炭、木材、砂糖、化肥、磷灰土等。在获得上述货源后，租船运输的出租人可以根据承租人的需要，提供整船或者部分舱位并安排航线。运价和租金率完全由出租人、承租人在航运市场价格的基础上协商确定，并规定在租船合同中。

3. 双方签订租赁合同

一般由出租方与承租方通过各自或共同的租船经纪人洽谈成交租船业务。在租赁合同中，会明确双方的权利、义务，运费或租金的支付方式、时间、地点及支付货币币种。船舶营运中的相关费用及其风险由谁负责或承担，视租船合同的类别及合同条款而定。

4. 租船运价受市场供求影响

租船运价或租金属于竞争价格，受租船市场供求关系影响较大，因而其波动性较大，通常比班轮运价低。大宗散货形成了明显的规模优势，使得租船市场伴随着供求的变化不断地变化。例如，每年当美洲的粮食丰收外运之时，环太平洋的租船市场即变得火爆，船舶供不应求，租金或运价迅速上涨。

5. 承运人独立经营，规模一般比班轮公司小

租船运输情况下，承运人一般独立经营。除个别超大型公司外，一般的承运人仅有几十条船舶，其规模比集装箱班轮公司要小。

三、租船运输的种类

租船运输按基本营运方式可分为航次租船、定期租船和光船租赁 3 种。

1. 航次租船

航次租船又称航程租船、程租船，是出租人负责提供一艘船舶，在约定的港口之间，运送约定的货物，进行一个航次或数个航次的租船方式。

知识链接：租船市场

2. 定期租船

定期租船又称期租船，是出租人把船舶出租给承租人使用一定时期，并由承租人支付租金的方式。这种租船方式不以完成航次数为依据，而以约定使用的一段时间为限。

3. 光船租赁

光船租赁又称船壳租船、光租、光船租船，是指船舶出租人提供一艘不包括船员在内的空船出租给承租人使用一定时期，并由承租人支付租金的一种租船方式。

四、租船运输的流程

租船运输的流程如图 4-9 所示。

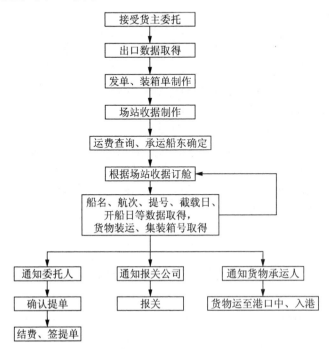

图 4-9　租船运输的流程

第五节　海 运 提 单

一、提单的定义与作用

1. 提单的定义

提单是国际海上运输中最具特色的运输单据。《海商法》中关于提单的定义："提单，是指用以证明海上货物运输合同和货物已经由承运人接收或者装船，以及承运人保证据以交付货物的单证。提单中载明的向记名人交付货物，或者按照指示人的指示交付货物，或者向提单持有人交付货物的条款，构成承运人据以交付货物的保证。"

2. 提单的作用

海运提单有着特别重要的作用，主要体现在以下几个方面。

（1）提单是海上货物运输合同的证明

提单是海上产品运输合同成立的证明文件，提单上印就的条目规定了承运人与发货人之间的权利、义务，并且提单也是法律承认的处理有关产品运输的根据，因此常被人们以为提单自身就是运输合同。

（2）提单是证明货物已由承运人接收或装船的货物收据

不仅对于已装船产品，承运人负有签发提单的义务；依据发货人的要求，即便产品尚未装船，只要产品已在承运人掌管之下，承运人也有签发《收货待运提单》的义务。所以，提单一经承运人签发，即标明承运人已将产品装上船舶或已确认接收。

（3）提单是承运人保证凭以交付货物的物权凭证

提单的正当持有人有权在目的港以提单交换来提取产品，而承运人只需出于善意，凭提单发货，即便持有人不是真正货主，承运人也无责任。并且，除非在提单中指明，提单可以不经承运人的许可而转让给其他人，提单的转移就意味着物权的转移，连续背书可以连续转让。提单所代表的物权可以随提单的转移而转移，提单中所规定的权利和义务也跟着提单的转移而转移。

二、提单的种类

依据不同的分类依据，可以将提单做如下划分，见表4-1。

表4-1　提单的分类

分类依据	提单种类	提单名称
提单的表现形式	纸质提单	bill of lading, B/L
	电子提单	Electronic bill of lading
货物是否已装船	已装船提单	on board B/L
	收货待运提单	received for shipment B/L
是否有批注	清洁提单	clean B/L
	不清洁提单	unclean B/L
是否载明收货人	记名提单	straight B/L
	不记名提单	open B/L; blank B/L
	指示提单	order B/L
运输方式	直达提单	direct B/L
	转船提单	transhipment B/L
	多式联运提单	combined transport B/L
签发人	船公司提单	master B/L
	无船承运人提单	nvocc B/L
	货运代理提单	house B/L
签发时间	预借提单	advanced B/L
	倒签提单	anti-date B/L
	顺签提单	post-date B/L

三、提单的内容

1. 提单正面条款

提单正面样例如图 4-10 所示。

1）发货人（shipper）：在此栏中填发货人的全称、地址，并填写联系电话、传真号。

2）收货人（consignee）：在此栏中填收货人的全称、地址，并填写联系电话、传真号。

3）通知人（notify party）：几乎所有的提单上都有通知人名称这一项，但在记名提单上就没有必要再填写通知人了，这时通常填写"same as consignee"。

4）收货地（place of receipt）：此栏填报实际收货地点，如工厂、仓库等。在一般海运提单中没有此栏目，但是在多式联运提单中就有此栏目。

5）装运港（port of loading）：填写实际货物被装运上船舶的港口全称，必要时加上港口所在国家（地区）的名称。提单上的装运港必须与信用证规定的装运港一致。

6）船名和航次（vessel and voyage number）：此栏必须填写船名和航次（Voy. No.）。

7）卸货港（port of discharge）：填写实际货物被卸离船舶的最终港口全称，必要时加上港口所在国家（地区）的名称。

8）交付地（place of delivery）：填写货物最终的交货地的城市名称或地区名称。

9）签发的提单份数（number of original B/Ls）：此处必须显示签发了几份正本。

10）提单编号（B/L No.）：提单一般按装货单上的编号（关单号）填写，由代表船公司名称的 4 位字母和代表该航次、该序号的 8 位数字组成。

11）唛头与铅封号（marks & Nos., container Nos./seal Nos.）：此栏填写实际货物外包装上正面唛头的全部内容。一般由数字、字母和简单的图形组成。当没有唛头时，用"N/M"表示。

12）箱数与件数（No. of packages）或货物名称与包装种类（description of goods and packages）：此栏填写符合信用证或合同的，与实际货物的名称、规格、型号、成分、品牌等相一致的货物名称和包装种类。

13）毛重（gross weight）：填报实际货物的毛重，以千克为计量单位。

14）尺码（measurements）：填报实际货物的体积，一般以立方米为计量单位。

15）货物总包装件数[total number of containers or Packages Received by the Carrier （in word）]：此栏的内容要与箱数及件数栏保持一致且应用大写表示。

16）运费的支付（freight & charges）：运费是由发货人对承运人安全运送和交付货物，对承运人支付的一种酬劳，也是合同成立的对价条件。因此，有关运费由谁付，何地支付，都应在托运单上注明。

17）已装船批注、装船日期、装运日期（shipped on board, the vessel date, signature）：提单要显示装船日期，并且此日期不能迟于信用证规定的最迟装运日期。

Shipper		Booking Ref:	SHAUDAR1401471	

Shipper
CHINA NATIONAL ELECTRIC ENGINEERING
CO.,LTD
CNEEC BLDG.,NO.9 SOUTH SHOUTI
ROAD,HAIDIAN DISTRICT,BEIJING,
100048 CHINA

Booking Ref: SHAUDAR1401471 SHADAR140001434
B/L No.:

PIL

Page 1 of 1

PACIFIC INTERNATIONAL LINES (PTE) LTD
(Incorporated in Singapore)
CO. REG. NO. 196700080N

PORT-TO-PORT OR COMBINED TRANSPORT BILL OF LADING

Received in apparent good order and condition except as otherwise noted the total number of packages or units enumerated below for transportation from the Port of Loading (or the Place of Receipt if mentioned below) to the Port of Discharge (or the Place of Delivery if mentioned below), subject to all the terms and conditions hereof, including the terms and conditions on the reverse hereof. One of the signed original Bills of Lading must be surrendered duly endorsed in exchange for the Goods or delivery order. In accepting this Bill of Lading, the Merchant expressly accepts and agrees to all the terms and conditions hereof, including the terms and conditions on the reverse hereof, and the rights and liabilities arising in accordance with the terms and conditions hereof shall (without prejudice to any rule of common law or statute rendering them binding on the Merchant) become binding in all respects between the Carrier and the Merchant as though the contract evidenced hereby had been made between them.

Consignee (not negotiable unless consigned "to order" or "to order of a named Person or "to order of bearer")
ZESCO LIMITED, PLOT 6949,
GREAT EAST ROAD, P.O BOX 33304,
LUSAKA

Notify Party
CNEEC ZAMBIA LIMITED
VILLA 56A, MULUNGUSHI VILLAGE,
LUSAKA, ZAMBIA P.O. BOX:37157
ATTN: HESAI 0026-0973-717503

Vessel and Voyage Number	Port of Loading	Port of Discharge
KOTA SEJARAH SJH001	SHANGHAI	DAR ES SALAAM

Place of Receipt★	Place of Delivery★	Number of Original Bs/L
SHANGHAI CY	DAR ES SALAAM CY	THREE (3)

PARTICULARS AS DECLARED BY SHIPPER - BUT WITHOUT REPRESENTATION AND NOT ACKNOWLEDGED BY CARRIER

Container Nos. / Seal Nos. Marks / Numbers	No. of Containers / Packages / Description of Goods	Gross Weight (Kilos)	Measurements (cu-metres)
TEMU5423891(CY/CY) SEAL: W511574 ZESCO/CNEEC ---------- DAR-ES-SALAAM TO ZAMBIA	1 X 20GP CONTAINER SAID TO CONTAIN 20GP 83 PKGS POLYALUMINIUM CHLORIDE UN NO:3260 CLASS NO:8 STEEL PLATE ANGLE STEEL POST INSULATOR SHIPPER'S LOAD STOW COUNT & SEAL FREIGHT PREPAID	4794 4794	8.47 8.47

FREIGHT & CHARGES
AGENT AT DESTINATION :-
PIL (TANZANIA) LTD
P.O.BOX NO.77940, MAKTABA SQUARE
3RD FLOOR, WING 'A',
MAKTABA STREET
DAR ES SALAAM, TANZANIA

Total number of containers or packages received by the Carrier (in words)
ONE TWENTY FOOTER CONTAINER ONLY

Shipped on Board Date:
09-JAN-2015 **ON BOARD**

Place and Date of Issue:
BEIJING 09-JAN-2015

In Witness Whereof the number of Original Bills of Lading stated above have been issued, all of the same tenor and date, one of which being accomplished, the others to stand void.
Signed for the Carrier,
PACIFIC INTERNATIONAL LINES (CHINA) LTD, BEIJING BRANCH

AS AGENT

★ applicable only when this document is used as a Combined Transport Bill of Lading

ORIGINAL
WB05 5404251

图 4-10　提单正面样例

18）签发的提单日期和地点（place and date of issue）：提单的签发日应该是提单上所列货物实际装船完毕的日期，应该与收货单上大副所签的日期是一致的。

19）承运人或承运人代理人签字、盖章（signed for the carrier）：提单必须由承运人、船长或代替、代表它们的具名代理人签发或证实。

2. 提单背面条款

提单的背面条款，作为承托双方权利义务的依据，多则 30 余条，少则也有 20 余条，这些条款一般分为强制性条款和任意性条款两类。强制性条款的内容不能违反有关国家的法律和国际公约，以及港口惯例的规定。任意性条款即法规、国际公约没有明确规定的，允许承运人自行拟定的条款和承运人以另条印刷、刻制印章或者打字、手写的形式在提单背面加列的条款，这些条款适用于某些特定港口或特种货物，或托运人要求加列的条款。所有这些条款都是表明承运人与托运人、收货人或提单持有人之间承运货物的权利、义务、责任与免责条款，是解决他们之间争议的依据。

四、提单的背书

海运提单作为物权凭证，在外贸各单据中具有无可比拟的重要性。出口业务中，提单的背书是仅对指示提单（order B/L）来说的，其他提单（如记名提单、不记名提单）都不用背书。

指示提单一经背书即可转让，意味着背书人确认该提单的所有权转让。指示提单背书有空白背书和记名背书两种。空白背书是由提单转让人在提单背面签上背书人单位名称及负责人签章，但不注明背书人的名称，此种背书流通性较强，采用较普遍。记名背书除同空白背书需由背书人签章外，还要注明背书人的名称。如果背书人再进行转让，必须再加背书（如信用证出口业务中，出口商以发货人的身份做成开证行的记名背书，信用证规定提单收货人是议付行，在寄单前，议付行做成记名背书给开证行，进口商付款赎单时，若提单抬头人或被背书人是开证行，由开证行背书给出口商）。

五、海运单

（一）定义

海运单（seaway bill）是证明海上货物运输合同和货物已经由承运人接管或装船，以及承运人保证将货物交给指定收货人的一种不可转让的单证。

海运单的正面内容与海运提单的正面内容基本一致，但是印有"不可转让"的字样。有的海运单在背面订有货方定义条款，承运人责任，义务与免责条款，装货、卸货与交货条款，运费及其他费用条款，留置权条款，共同海损条款，双方有责碰撞条款，首要条款，法律适用条款等内容。

（二）海运提单和海运单的区别和联系

1）海运提单是货物收据、运输合同的证明，也是物权凭证；海运单只具有货物收据和运输合同这两种性质，它不是物权凭证。

2）海运提单可以是指示抬头形式，可以背书流通转让；海运单是一种非流动性单据，海运单上标明了确定的收货人，不能转让流通。

3）海运单和海运提单都可以做成"已装船"（shipped on board）形式，也可以是"收妥备运"（received for shipment）形式。海运单的正面各栏目的格式和缮制方法与海运单提单基本相同，只是海运单"收货人"栏不能做成指示性抬头，应缮制确定的具体收货人。

4）提单的合法持有人和承运人凭提单提货和交货；海运单上的收货人并不出示海运单，仅凭提货通知或其身份证明提货，承运人凭收货人出示适当身份证明交付货物。

5）提单有全式和简式提单之分；而海运单是简式单证，背面不列详细货运条款但载有一条可援用海运提单背面内容的条款。

6）海运单和记名提单（straight B/L），虽然都具有收货人，不作背书转让。我国法律对于记名提单还是当作提单来看的。但事实上，记名提单不具备物权凭证的性质。所以，虽然在有些国家收货人提货需要出具记名提单，但在有些国家，如美国，只要能证明收货人身份也可以提货。如此，记名提单在提货时和海运单无异。但是海运单并不经过银行环节，这一点与记名提单不同。

在使用海运单时，仅涉及托运人、承运人、收货人三方，程序简单，操作方便，有利于货物的转移，主要有下列好处：①海运单是一种安全凭证，它不具有转让流通性，可避免单据遗失和伪造提单所产生的后果；②海运单不是物权凭证，扩大海运单的使用，可以为今后推行 EDI 电子提单提供实践的依据和可能。

六、电放

所谓电放是指托运人（发货人）将货物装船后将承运人（或其代理人）所签发的全套正本提单交回承运人（或其代理人），同时指定收货人（非记名提单的情况下）；承运人授权（通常是以电传、电报等通信方式通知）其在卸货港的代理人，在收货人不出具正本提单（已收回）的情况下交付货物。

电放的法律原理是：在承运人签发提单的情况下，当收回提单时即可交付货物（或签发提货单）。由于承运人收回提单的地点是在交付货物（卸货港）以外的地点（通常是在装货港），视其为特殊情况，所以收回全套正本提单。然而，目前有关的国际公约、各国的法律（如中国《海商法》）和法规均无电放的定义。电放通俗来讲就是发货人不用领提单，收货人凭身份证明提货的一种放货形式。它的操作和普通的提单放货在提单补料和提单确认阶段完全一致，只是在领取提单阶段出现了差别。电放的程序其实很简单，填了电放申请传真给船公司就行了。不要以为这是一份普通的申请，上面清清楚楚地写明了你放弃领取提单的权利。签字盖章之后，就不要再想向船公司要提单了。如果已经拿了提单，又要改做电放，那需要把全套提单交回船公司之后再填写电放申请。

提单电放在办理时，先与船公司联系，告知提单需要电放。这样船公司就可以通过电报让目的港的船公司机构凭传真件提货。一般最好是在未出提单前办理，船公司不用出具正本提单；如果已经出具正本提单，则需要将正本提单交回船公司，让船公司电放提单。另外，船公司会要求发货人出具一份电放保函（船公司或国际货运代理有现成的格式），保证电放造成的一切问题与其无关。

由于电放后发货人将不再掌握货权，因此办理电放前一定要确认发货人能够安全收款，否则极易造成钱货两空的局面。

本章小结

本章介绍了国际海洋货物运输中著名的海峡、运河、航线及港口，班轮运输、租船运输以及海运提单，其中班轮运输运费的计算为本章的重中之重。

职业技能强化训练

一、单项选择题

1．作为沟通太平洋和印度洋、连接亚非欧的咽喉要道，（　　　）是世界上交通繁忙的海峡之一。

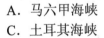

A．马六甲海峡 　　　　　　　　B．霍尔木兹海峡

C．土耳其海峡 　　　　　　　　D．台湾海峡

在线同步测试与参考答案

2．有"东方十字路口"之称的港口是（　　　）。

A．香港港 　　　B．上海港 　　　C．新加坡港 　　　D．悉尼港

3．长滩港是（　　　）航线上的港口。

A．远东—北美西海岸 　　　　　B．澳大利亚、新西兰

C．远东—北美东海岸 　　　　　D．欧洲地中海

4．海运提单"收货人"栏内显示"to order"表示该提单（　　　）。

A．不可转让 　　　　　　　　　B．经背书后，可以转让

C．不经背书即可转让 　　　　　D．可以由持有人提货

5．（　　　）是承运人保证凭以交付货物的物权凭证。

A．提单 　　　B．场站收据 　　　C．交货记录 　　　D．大副收据

6．在租船运输业务中，根据中国《海商法》的规定，对于以下几种租船方式，只有在（　　　）中，船舶出租人必须履行班轮运输中承运人的适航义务和不得不合理绕航的义务。

A．航次租船 　　　B．定期租船 　　　C．光船租船 　　　D．航次期租

7．鹿特丹港是（　　　）航线上的港口。

A．远东—北美西海岸 　　　　　B．澳大利亚、新西兰

C. 远东—北美东海岸   D. 欧洲地中海

8. 提单背书一般是（   ）。

     A. 记名背书   B. 指示背书   C. 空白背书   D. 任意背书

9. 在国际海上货物运输中，若按照货物重量或体积或价值三者中较高的一种计收海运运费，则船公司运价表内，以（   ）表示。

     A. "W/M"   B. "W/M plus Ad. Val."

     C. "W/M or Ad. Val."   D. "Ad. Val."

10. 出口人完成装运后，凭以向船公司换取已装船提单的单据是（   ）。

     A. shipping order   B. mate's receipt

     C. freight receipt   D. loading list

二、多项选择题

1. 以下属于租船运输的特点的有（   ）。

     A. 适合运输低值的大宗散货

     B. 双方签订租赁合同

     C. 没有既定船期表，亦无固定航线

     D. 有相对固定的费率

2. 以下属于班轮运输的特点的有（   ）。

     A. 固定航线   B. 固定港口   C. 固定船期   D. 相对固定的费率

3. 根据提单抬头的不同，提单可以分为（   ）。

     A. 清洁提单   B. 不清洁提单   C. 提名提单   D. 不记名提单

4. 按提单有无不良批注，提单可分为（   ）。

     A. 清洁提单   B. 不清洁提单   C. 记名提单   D. 不记名提单

5. 根据航程的远近，可以把国际航线分为（   ）。

     A. 远洋航线   B. 近洋航线   C. 沿海航线   D. 定期航线

三、判断题

1. 根据航程的远近，航线可以分为定期航线和不定期航线。   （   ）

2. 波斯湾→好望角→西欧、北美航线是世界上最主要的海上石油运输线。   （   ）

3. 班轮运输中的临时议定价格是由船公司和货代临时协商议定。   （   ）

4. 航次租船租期的长短取决于完成一个航次或几个航次所花费的时间。为此航次租船合同中规定完成一个航次或几个航次所需的时间。   （   ）

5. 在国际海上货物运输中，从中国出口途经美国西海岸港口后转运到墨西哥的货物，不需要进行美国海关（AMS）申报。   （   ）

6. 在我国港口与欧洲港口之间的班轮运输中，涉及鹿特丹港、汉堡港、不来梅港、安特卫普港、费利克斯托港、马尔萨什洛克港、塔克马港和新奥尔良港等众多欧洲港口。
（　　）

7. 海运单虽然是一种不可转让的单证，但也必须由发货人转让给收货人，以便收货人以此为凭证要求承运人交付货物。　　（　　）

8. 定期租船是指由船舶出租人向承租人提供约定的由出租人配备船员的船舶，由承租人在约定的时间内按照约定的用途使用，并支付租金的一种租船方式。这种租船方式以约定的使用期限为船舶租期，而不以完成航行次数多少计算，租期的长短完全由船舶出租人和承租人根据实际需要约定。　　（　　）

四、计算题

1. 某票货（2 个 20 英尺集装箱），从张家港出口到欧洲费利克斯托，经上海转船。上海到费利克斯托的费率是 USD1850.00/箱，张家港经上海转船，其费率在上海直达费利克斯托的费率基础上加 USD100.00/箱，另有货币贬值附加费 10%，请问托运人应支付多少运费？

2. 某出口商出口一批货物，货物成交价为 USD350 000。该出口商委托甲货运代理人查问这批货物从装货港到卸货港的海运运费。甲货运代理人从乙船公司那里得知运输这批货物按从价运费的方式计收运费，并且"Ad. Val."是 0.6%，假设你是货运代理人，请告诉该出口商，运输这批货物所需要支付的海运费是多少。

五、简答题

1. 国际海洋运输的特点有哪些？
2. 什么是班轮运输？班轮运输有哪些特点？
3. 什么是租船运输？租船运输有哪些特点？
4. 什么是提单？在海运过程中，提单有哪些作用？
5. 什么是电放？电放的风险有哪些？

六、案例分析题

某货轮从广州港装载杂货——人造纤维，体积 20 立方米，毛重 17.8 吨，运往欧洲某港口，托运人要求选择卸货港为鹿特丹港或者汉堡港，都是基本港，基本运费率为 USD80.00/运费吨，3 个以内选卸港的附加费率为每运费吨加收 USD3.00，"W/M"。请回答下列问题：

（1）该托运人应支付多少运费（以美元计）？

（2）如果改用集装箱运输，海运费的基本费率为 USD1100.00/TEU，货币附加费 10%，燃油附加费 10%，则该托运人应支付多少运费（以美元计）？

（3）若不计杂货运输和集装箱运输两种运输方式的其他该题目中未涉及的费用，从节省海运费考虑，托运人是否应选择改用集装箱运输？

第五章

国际航空货物运输代理

引导案例

这周末，叔叔又来到小易家做客，叔叔关切地问小易专业课学习得怎么样了。小易如实向叔叔汇报了自己的学习情况，还特别汇报了"国际货运代理基础"这门专业课的学习进展。叔叔听后非常高兴，直夸小易是个有想法和学习欲望的好孩子，将来可以先来公司实习。不过，由于在首都国际机场附近，公司的航空货运代理业务占主流，这也是北京的特定地域环境优势。叔叔走后，小易陷入了沉思，看来对国际航空货运代理的学习要提上议程了。

思考：请用自己的语言向小易介绍国际航空货运代理的相关知识。

第一节 国际航空货物运输概述

一、国际航空货物运输

国际航空货物运输（international airline transport）是指以航空器作为运输工具，根据当事人订立的航空运输合同，无论运输有无间断或者有无转运，运输的出发地点、目的地点或者约定的经停地点之一不在中华人民共和国境内，而将货物运送至目的地并收取报酬或提供免费服务的运输方式的统称。

二、国际航空货物运输的特点

（一）优势

1. 运送速度快

飞机是目前最快捷的交通工具，常见的喷气式飞机的经济巡航速度大都在850～900千米/时。快捷的交通工具大大缩短了货物在途时间，对于那些易腐烂、变质的鲜活商品，时效性、季节性强的报刊、节令性商品，以及抢险、救急品的运输，这一特点显得尤为突出。

2. 破损率低，安全性好

航空公司的运输管理制度比较完善，空运时间短而准确，货物破损率较低，被偷窃机会少，与其他运输方式相比，安全性更高。

3. 空间跨度大

航空运输利用天空这一自然通道，不受地理条件的限制，对于地面条件恶劣交通不便的内陆地区非常合适，有利于当地资源的出口，促进当地经济的发展。

4. 节约包装、保险、利息等费用

由于采用航空运输方式，货物运输速度快、商品在途时间短，周期库存可相应缩短，企业存货可以相应地减少，有利于企业资金的回收，减少利息支出和仓储费用。同时由于航空货物运输安全、准确，货损、货差少，保险费用较低，包装成本减少，与其他运输方式相比优势明显。

（二）局限性

1）运价较高。航空货运的运输费用较其他运输方式高，不适合用于低价值货物运输。
2）载量有限。航空运载工具飞机的舱容有限，对大件货物或大批量货物的运输有一定的限制。
3）易受天气影响。飞机飞行安全容易受恶劣天气影响等。

拓展训练

在航空运输的开展过程中，为什么会出现国际航空货运代理？它的出现对各方都会带来什么好处？

三、货运飞机的类型及装载限制

（一）货运飞机的类型

1. 按机身尺寸分类

1）窄体飞机：机身宽度约为 3 米，舱内只有一条通道，一般只能在下舱内装载包装尺寸较小的件散货，如 B737、B757、MD-80、MD-90、A320、A321 等型号的飞机。
2）宽体飞机：机身宽度不小于 4.72 米，舱内有两道通道，下舱可装机载集装箱和散货，如 B767、B747、MD-11、A340、A310 等型号的飞机。

2. 按机舱载货方式分类

1）全货机：机舱全都用于装载货物的飞机。全货机一般为宽体飞机，主舱可装载大型集装箱。目前世界上最大的全货机装载量达 250 吨，通常的商用大型全货机载重量在 100 吨左右。
2）客货两用机：普通客机，上舱（主舱）用于载客，下舱（腹舱）用于载货。此外，客货两用机还有两种机型："COMBINE"（康比）机型，即上舱半截货机型，主要是 B747；"QC" 机型，根据市场需要可临时拆装座椅机型。

（二）飞机的装载限制

1. 重量限制

由于飞机结构的限制，飞机制造商规定了每一货舱可装载货物的最大重量限额。任何情况下，所装载的货物重量都不可以超过此限额。否则飞机结构很有可能遭到破坏，飞行安全会受到威胁。

2. 容积限制

由于货舱内可利用的空间有限，因此，这也成为运输货物的限定条件之一。轻泡货物已占满了货舱内的所有空间，而未达到重量限额，相反高密度货物的重量已达到限额而货舱内仍会有很多的剩余空间无法利用，因此将轻泡货物和高密度货物混运装载，是比较经济的解决方法。

3. 舱门限制

由于货物只能通过舱门装入货舱内，货物的尺寸必然会受到舱门的限制。为了便于确定一件货物是否可以装入、出舱，飞机制造商提供了舱门尺寸表。

4. 地板承受力限制

飞机货舱内每一平方米的地板可承受一定的重量，如果超过它的承受能力，地板和飞机结构很有可能遭到破坏。因此，装载货物时应注意不能超过地板承受力的限额。

四、航空集装器

在航空运输中，除特殊情况外，货物均是以集装箱、集装板形式进行运输。装运集装器（unit load devices，ULD）的飞机，其舱内应有固定集装器的设备，当集装器固定于飞机上时，集装器就成为飞机的一部分，所以飞机对集装器的大小有严格的规定。

（一）集装器的分类

1. 按注册与非注册分类

1）注册的飞机集装器：国家政府有关部门授权集装器生产厂家生产的、适宜于飞机安全载运的、在其使用过程中不会对飞机的内部结构造成损害的集装器。

2）非注册的飞机集装器：未经有关部门授权生产的，未取得适航证书的集装器，不能看作飞机的一部分。因为它与飞机不匹配，一般不允许装入飞机的主货舱，仅适合于某些特定机型的特定货舱。

2. 按用途分类

1）集装板（pallet）和网套：集装板是具有标准尺寸的，四边带有卡销轨或网带卡销限，中间夹层为硬铝合金制成的平板，以使货物在其上码放。网套用来把货物固定在集装板上，网套是靠专门的卡锁装置来固定的。

2）结构式与非结构式集装棚（igloo）：非结构式集装棚无底，前端敞开，套到集装板及网套之间。结构式集装棚与集装板固定成一体，不需要网套。

3）集装箱（container）：在飞机的底舱与主舱中使用的一种专用集装箱，与飞机的固定系统直接结合，不需要任何附属设备。航空集装箱主要有空陆联运集装箱、主货舱集装箱、下货舱集装箱等。

（二）集装器代号的组成

每个集装器都有 IATA（全称 International Air Transport Association，国际航空运输协会）编号，编号由 9 位字母与数字的组合构成。

首位字母是集装器的种类码：

A：certified aircraft container（注册的飞机集装器）。

B：non-certified aircraft container（非注册的飞机集装器）。

F：non-certified aircraft pallet（非注册的飞机集装板）。

G：non-certified aircraft pallet net（非注册的集装板网套）。

J：thermal non-structured igloo（保温的非结构集装棚）。

M：thermal non-certified aircraft container（非注册的飞机保温箱）。

N：certified aircraft pallet net（注册的飞机集装板网套）。

P：certified aircraft pallet（注册的飞机集装板）。

R：thermal certified aircraft container（注册的飞机保温箱）。

U：non-structural igloo（非结构集装棚）。

H：horse stall（马厩）。

V：automobile transportation equipment（汽车运输设备）。

X、Y、Z：reserved for airline use only（供航空公司内部使用）。

第二位字母表示集装器的底板尺寸码：

A：224 厘米×318 厘米。

B：224 厘米×274 厘米。

E：224 厘米×135 厘米。

G：224 厘米×606 厘米。

K：153 厘米×156 厘米。

L：153 厘米×318 厘米。

M：244 厘米×318 厘米。

第三位表示集装器的外形以及与机舱的适配性码：

E：适用于 B747、A319、DC10、L1011 下货舱无叉眼装置的半型集装箱。

N：适用于 B747、A310、DC10、L1011 下货舱有叉眼装置的半型集装箱。

P：适用于 B747COMBI 上舱及 B747、DC10、L1011、A310 下舱的集装板。

A：适用于 B747F 上舱集装箱。

第4～第7位：集装器序号码。由各航空公司对其所拥有的集装器进行编号。

第8、第9位：注册号码。一般为航空公司（集装器所有人）的 ITAT 二字代码。

五、航空运输区划

为了制定国际航空运输中运价的计算规则，方便航空公司合作和业务联系，在充分考虑了世界上各个国家、地区的社会经济、贸易发展水平后，IATA 将全球分成 3 个区域，简称航协区（IATA traffic conference areas）。

知识链接：一区的航空运输发展

1. 一区

一区（TC1）主要包括北美洲、中美洲、南美洲大陆及附近岛屿，如格陵兰岛、百慕大群岛、西印度群岛、加勒比岛屿及夏威夷群岛等，分为加勒比、墨西哥、远程、南美 4 个次区。

知识链接：二区的航空运输发展

2. 二区

二区（TC2）由整个欧洲大陆（包括俄罗斯的欧洲部分）及毗邻岛屿、冰岛、亚速尔群岛、非洲大陆和毗邻岛屿、中东地区（亚洲的伊朗及伊朗以西地区）组成，分为欧洲、中东、非洲 3 个次区。

3. 三区

三区（TC3）由整个亚洲大陆及毗邻岛屿（已包括在二区的部分除外），大洋洲（包括澳大利亚、新西兰及毗邻岛屿），太平洋岛屿（已包括在一区的部分除外）组成，分为南亚次大陆、东南亚、西太平洋、日本/朝鲜 4 个次区。

由于航协区的划分主要从航空运输业务的角度考虑，依据的是不同地区，不同经济、社会及商业条件，因此和我们熟悉的世界行政区划有所不同。

知识链接：三区的航空运输发展

六、有关航空货运的代码

1. 国家代码

中国的两字代码为 CN，美国的两字代码为 US，英国的两字代码为 GB，德国的两字代码为 DE，日本的两字代码为 JP。

2. 城市的三字代码

部分城市三字代码见表 5-1。

表 5-1　部分城市三字代码

IAT 代码	英文全名	中文名称	IATA 代码	英文全名	中文名称
JKT	Jakarta	雅加达	BER	Berlin	柏林
BKK	Bangkok	曼谷	BOS	Boston	波士顿
LPL	Livepool	利物浦	CHI	Chicago	芝加哥
NYC	New York	纽约	DET	Detroit	底特律
FRA	Frankfurt	法兰克福	FUK	Fukuoka	福冈
GVA	Geneva	日内瓦	HAM	Hamburg	汉堡
LAX	Los Angeles，CA	洛杉矶	LON	London	伦敦
PAR	Paris	巴黎	PUS	Pusan	釜山
OSA	Osaka	大阪	ROM	Rome	罗马
RTM	Rotterdam	鹿特丹	YVR	Vancouver，BC	温哥华
SEL	Seoul	首尔	SFO	Sanfrancisco	旧金山
SIN	Singapore	新加坡	SYD	Sydney	悉尼
TYO	Tokyo	东京	WAS	Washington	华盛顿
MOW	Moscow	莫斯科	YOW	Ottawa	渥太华

3. 机场的三字代码

部分国际货运机场三字代码如表 5-2 所示。

表 5-2　部分国际货运机场三字代码

三字代码	机场名称	三字代码	机场名称	三字代码	机场名称
PUS	釜山金海国际机场	CDG	夏尔·戴高乐国际机场	NGO	名古屋中部国际机场
SIN	新加坡樟宜国际机场	SFO	旧金山国际机场	FRA	法兰克福-莱茵-美因国际机场
YYZ	多伦多帕尔森国际机场	IAD	杜勒斯国际机场	ICN	首尔仁川国际机场
JFK	纽约肯尼迪国际机场	JKT	雅加达国际机场	YVR	温哥华国际机场

续表

三字代码	机场名称	三字代码	机场名称	三字代码	机场名称
KUL	吉隆坡国际机场	KIX	大阪关西国际机场	LAX	洛杉矶国际机场
LHR	伦敦希思罗国际机场	MOW	莫斯科国际机场	NRT	东京成田国际机场

4. 航空公司的代码

航空公司的代码具体见表 5-3～表 5-5。

表 5-3   国际主要航空公司代码

中文名称	英文名称	IATA 代码	票证代码
美国航空公司	American Airlines Inc.	AA	001
美国西北航空公司	Northwest Airlines	NW	012
加拿大国际航空公司	Canadian Airlines International	AC	014
美国联合航空公司	United Airlines	UA	016
德国汉莎航空公司	Lufthansa German Airlines	LH	020
美国联邦快递航空公司	Federal Express Corporation	FX	023
意大利航空公司	Italia Airlines	AZ	055
法国航空公司	Air France or Hex'Air	AF	057
荷兰皇家航空公司	Klm Royal Dutch Airlines	KL	074
澳洲航空公司	Qantas Airways	QF	081
瑞士航空公司	Swissair	SR	085
以色列航空公司	El Al Israel Airlines Ltd.	LY	114
英国航空公司	British Airways	BA	125
日本航空公司	Japan Airlines	JL	131
大韩航空公司	Korean Air	KE	180
全日空公司	All Nippon Airways	NH	205
泰国国际航空公司	Thai Airways International	TG	217
俄罗斯航空公司	Aeroflot Russian	SU	555
新加坡航空公司	Singapore Airlines	SQ	618
维珍航空公司	Virgin Atlantic Airways Limited	VS	932
日本货物航空	Nippon Cargo Airlines	KZ	933
韩亚航空公司	Asiana Airways	OZ	988

表 5-4   中国港澳台地区航空公司代码

中文名称	英文名称	IATA 代码	票证代码
港龙航空	Dragon Air	KA	043
国泰太平洋航空	Cathay Pacific Airways	CX	160
立荣航空	UNI Airways	B7	525
长荣航空	EVA Airways Corporation	BR	695

表5-5　中国大陆主要航空公司代码

航空公司名称	二字代码	三字代码	票证代码	航空公司名称	二字代码	三字代码	票证代码
中国国际航空公司	CA	CCA	999	四川航空公司	3U	CSC	876
中国南方航空股份有限公司	CZ	CSN	784	深圳航空公司	ZH	CSJ	479
中国东方航空集团公司	MU	CES	781	山东航空公司	SC	CDG	324
海南航空公司	HU	CHH	880	中国货运航空有限公司	CK	CHY	112
厦门航空公司	MF	CXA	731	中国联合航空有限公司	KN	CUA	822
上海航空公司	FM	CSF	774				

5. 航空货运操作代码

常见的航空货运操作代码见表5-6。

表5-6　常见的航空货运的操作代码

操作代码	英文全称	中文全称
AOG	aircraft on ground	航材
AVI	live animal	活动物
BIG	outsized	超大货物
CAO	cargo aircraft only	仅限货机
DIP	diplomatic mail	外交邮袋
EAT	foodstuffs	食品
FIL	undevelooped/unexposed film	未冲洗/未曝光的胶卷
FRO	frozen goods	冷冻货物
HUM	human remains in coffins	尸体
ICE	dry ice	干冰
LHO	living human organs/blood	人体器官/鲜血
NWP	newspapers，magazines	报纸、杂志
OBX	obnoxious cargo	有强烈异味的货物
OHG	overhang item	拴挂货物
PEF	flowers	鲜花
PEM	meat	肉
PER	perishable cargo	易腐货物
PES	fish/seafood	鱼/海鲜
VAL	valuable cargo	贵重物品
WET	shipments of wet material not packed in watertight containers	湿潮货物
HEA	heavy cargo，150kgs and over per piece	单件150千克以上的货物

6. 危险品代码

常见的危险品代码见表 5-7。

表 5-7　常见的危险品代码

危险品代码	英文全称	中文全称
RCL	cryogenic liquids	低温液体
RCM	corrosive	易腐蚀的货物
RCX	explosives 1.3C	1.3C 类爆炸物
RFL	flammable liquid	易炸液体
ROP	organic peroxide	有机过氧化物
RPG	toxic gas	有毒气体
RPW	radioactive material	放射性包装
	category I-white	I 类白色包装

7. 常见的缩写

航空运输常见的缩写见表 5-8。

表 5-8　航空运输常见的缩写

缩写代码	英文全称	中文全称
CASS	cargo accounts settlement system	货运账目清算系统
CC	charges collect	运费到付
PP	charges prepaid	运费预付
CCA	cargo charges correction advice	货物运费更改通知书
LAR	live animals regulations	活动物运输规程
NVD	no value declared	无声明价值
SLI	shipper's letter of instruction	托运书
ULD	unit load device	集装器
AWB	air waybill	货运单
HWB	house air waybill	分运单
MWB	master air waybill	主运单

七、航空运输的相关组织及有关法规

（一）航空运输组织

1. 国际民用航空组织

国际民用航空组织（International Civil Aviation Organization，ICAO）是联合国所属专

门机构之一，也是政府间的国际航空机构，其标志如图 5-1 所示。其总部设在加拿大的蒙特利。我国是该组织的成员国，也是理事国之一。该组织的宗旨是发展国际航空的原则和技术，促进国际航空运输的规划和发展，以保证全世界国际民用航空的安全和有秩序地增长。

2. 国际航空运输协会

国际航空运输协会是各国航空运输企业之间的联合组织，其标志如图 5-2 所示，其会员必须是国际民用航空组织成员的空运企业。协会的主要任务是促进安全、定期和经济的航空运输，扶助发展航空运输业；提供各种方式，以促进直接或间接从事国际空运业务的空运企业之间的合作；促进与国际民用航空组织和其他国际组织的合作。国际航空运输协会是一个自愿参加、不排他的、非政府的民间国际组织。

图 5-1　国际民用航空组织标志

图 5-2　国际航空运输协会标志

（二）相关法规

航空法（air law）是规定领空主权、管理空中航行和民用航空活动的法律规范的总称，是调整民用航空活动及其相关领域中产生的社会关系的法律。

航空法的条约可分为以下 3 类。

1. 一般的航空法律法规

1)《巴黎航空公约》（1919 年）。

2)《国际民用航空公约》，即《芝加哥公约》（1944 年）。

2. 关于航空运输业务的条约

1)《哈瓦那商务航空公约》（1928 年）。

2)《统一国际航空运输某些规则的公约》，即《华沙公约》（1929 年）。

3)《国际航空运输协定》（1944 年）。

3. 关于航空安全的条约

1)《关于在航空器上犯罪和其他某些行为的公约》，即《东京公约》（1963 年）。

2)《关于制止危害民用航空安全的非法行为的公约》，即《蒙特利尔公约》（1971 年）。

3)《关于制止非法劫持航空器的公约》，即《海牙公约》（1970 年）。

《巴黎航空公约》和《国际民用航空公约》都承认每个国家对其领土上空享有完全的和排他的主权。

第二节　国际航空货物运输业务类型

一、班机运输

班机运输（scheduled airline）指具有固定开航时间、航线和停靠航站的飞机，通常为客货混合型飞机，货舱容量较小，运价较贵，但由于航期固定，有利于客户安排鲜活商品或急需商品的运送。

班机运输具有迅速准确、便利货主的特点，但班机运输舱位有限。

包舱/箱/板运输（cabin/pallet/container chartering）：班机运输下的一种销售方式，指托运人根据所运输的货物在一定时间内需要单独占用飞机部分或全部货舱、集装箱、集装板，而承运人需要采取专门措施予以保证。

（一）包舱/箱/板运输的分类

根据具体的双方协议和业务操作，包舱/箱/板运输可分为以下两种。

1. 固定包舱

托运人在承运人的航线上通过包舱/箱/板的方式运输时，托运人无论向承运人是否交付货物，都必须支付协议上规定的运费。

2. 非固定包舱

托运人在承运人的航线上通过包舱/箱/板的方式运输时，托运人在航班起飞前 72 小时如果没有确定舱位，承运人则可以自由销售舱位，但承运人对代理人的包舱/箱/板的总量有一定控制。

（二）包舱/箱/板运输的意义

包舱/箱/板运输的意义如下。

1）减少承运人的运营风险，有稳定的收入。

2）能充分调动包舱/箱/板人的积极性和主观能动性，最大限度地挖掘市场潜力。尤其对于那些有固定货源且批量较大、数量相对稳定的托运人，可节省不少运费。

3）有利于一些新开辟的航线、冷航线的市场开发。

因而，采用包舱/箱/板运输，对航空公司或代理人都是双赢策略。

二、包机运输

包机运输（chartered carrier）是指航空公司按照约定的条件和费率，将整架飞机租给一个或若干个包机人（包机人指发货人或航空货运公司），从一个或几个航空站装运货物至指定目的地。

包机运输适合于大宗货物运输，费率低于班机，但运送时间比班机长。

（一）包机运输的形式

包机运输可分为整架包机和部分包机两种形式。

1. 整架包机

整架包机即包租整架飞机，指航空公司按照与租机人事先约定的条件及费用，将整架飞机租给包机人，从一个或几个航空港装运货物至目的地。

包机人一般要在货物装运前一个月与航空公司联系，以便航空公司安排运载和向起降机场及有关政府部门申请、办理过境或入境的有关手续。

包机的费用：一次一议，随国际市场供求情况变化。

2. 部分包机

由几家航空货运公司或发货人联合包租一架飞机或者由航空公司把一架飞机的舱位分别卖给几家航空货运公司装载货物。

（二）包机运输的优势

1）解决班机舱位不足的矛盾。

2）货物全部由包机运出，节省时间和多次发货的手续。

3）弥补没有直达航班的不足，且不用中转。

4）减少货损、货差或丢失的现象。

5）在空运旺季缓解航班紧张状况。

（三）包机运输与班机运输的比较

1）包机运输时间比班机运输长。

2）各国政府为了保护本国航空公司利益常对从事包机业务的外国航空公司实行各种限制。

三、航空集中托运

航空集中托运（consolidation transport）是指航空货运公司将若干批单独发运的货物集中成一批向航空公司办理托运，填写一份总运单送至同一目的地，然后由其委托当地的代理人负责分发给各个实际收货人。

由于航空运输的运费按不同重量标准确定不同运费率，运量越多，费率越低。航空集中托运方式采用班机或包机运输方式，将多批货物集中托运，可明显降低运费，是航空货运代理的主要业务之一。

（一）航空集中托运的特点

1）节省运费：航空货运公司的集中托运运价一般低于航空协会的运价。发货人可得到低于航空公司运价，从而节省费用。

2）提供方便：将货物集中托运，可使货物到达航空公司到达地点以外的地方，延伸了航空公司的服务，方便了货主。

3）提早结汇：发货人将货物交与航空货运代理后，即可取得货物分运单，可持分运单到银行尽早办理结汇。

集中托运方式已在世界范围内普遍开展，形成较完善、有效的服务系统，成为我国进出口货物的主要运输方式之一。

（二）航空集中托运的服务过程

航空集中托运的服务过程如图5-3所示。

1）将每一票货物分别制定航空分运单，即出具货运代理的运单 HAWB（house air waybill）。

2）将所有货物区分方向，按照其目的地相同的同一国家、同一城市来集中，制定出航空公司的总运单 MAWB（master air waybill）。总运单的发货人和收货人均为航空货运公司。

3）打出该总运单项下的货运仓单（manifest），即此总运单有几个分运单，号码各是什么，其中件数、重量各多少等。

4）把该总运单和货运仓单作为一整票货物交给航空公司。一个总运单可视货物具体情况随附分运单（既可以是一个分运单，也可以是多个分运单）。例如，一个 MAWB 内有10个 HAWB，说明此总运单内有10票货，发给10个不同的收货人。

5）货物到达目的地机场后，当地的货运代理公司作为总运单的收货人负责接货、分拨，按不同的分运单制定各自的报关单据并代为报关、为实际收货人办理有关接货关货事宜。

6）实际收货人在分运单上签收以后，目的站货运代理公司以此向发货的货运代理公司反馈到货信息。

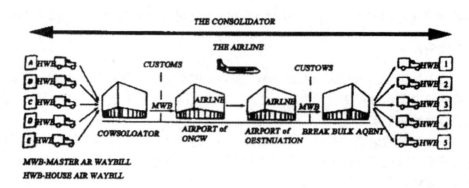

图 5-3　航空集中托运的服务过程

（三）航空集中托运的局限性

1）集中托运只适合办理普通货物，对于等级运价的货物，如贵重物品、活动物、尸体、骨灰、危险品、外交信袋等根据航空公司的规定不得采用集中托运的形式。

2）由于集中托运的情况下，货物的出运时间不能确定，所以不适合易腐烂变质的货物、紧急货物或其他对时间要求高的货物的运输。

3）对书本等可以享受航空公司优惠运价的货物来讲，使用集中托运的形式可能不仅不能享受到运费的节约，反而使托运人运费负担加重。

（四）航空集中托运的文件

1. 航空运单

（1）航空运单的性质和作用

航空运单（air waybill）与海运提单有很大不同，却与国际铁路运单相似。它是由承运人或其代理人签发的重要的货物运输单据，是承托双方的运输合同，其内容对双方均具有约束力。航空运单不可转让，持有航空运单也并不能说明可以对货物要求所有权。

1）航空运单是发货人与航空承运人之间的运输合同。

2）航空运单是承运人签发的已接收货物的证明。

3）航空运单是承运人据以核收运费的凭证。

4）航空运单是报关单证之一。

5）航空运单可同时作为保险证书。

6）航空运单是承运人内部业务的依据。

航空运单的正本一式 12 份，每份都印有背面条款，for shipper 联交发货人，是承运人或其代理人接收货物的依据；for issuing carrier 联由承运人留存，作为记账凭证；for consignee 联和其他联随货同行，在货物到达目的地，交付给收货人时作为核收货物的依据。

（2）航空运单的分类

航空运单主要分为以下两大类。

1）航空主运单（master air waybill，MAWB）。凡由航空运输公司签发的航空运单就称为主运单。它是航空运输公司据以办理货物运输和交付的依据，是航空公司和托运人订立的运输合同，每一批航空运输的货物都有其相对应的航空主运单。

2）航空分运单（house air waybill，HAWB）。集中托运人在办理集中托运业务时签发的航空运单称为航空分运单。在集中托运的情况下，除了航空运输公司签发主运单外，集中托运人还要签发航空分运单。

在这中间，航空分运单作为集中托运人与托运人之间的货物运输合同，合同双方分别为货主和集中托运人；而航空主运单作为航空运输公司与集中托运人之间的货物运输合同，当事人则为集中托运人和航空运输公司。货主与航空运输公司没有直接的契约关系。

（3）航空运单的内容

航空运单与海运提单类似，也有正面、背面条款之分，不同的航空公司也会有自己独特的航空运单格式。所不同的是，航空运输公司的海运提单可能千差万别，但各航空公司所使用的航空运单则大多借鉴 IATA 所推荐的标准格式，差别并不大。所以这里只介绍这种标准格式，又称中性运单。下面就有关需要填写的栏目说明如下。

1）始发站机场：需填写 IATA 统一制定的始发站机场或城市的三字代码，如我国的国际航空公司的代码是 CA。1B：运单号。

2）发货人公司名、地址（shipper's name and address）：填写发货人公司名、地址、所在国家及联络方式。

3）发货人账号：只在必要时填写。

4）收货人公司名、地址（consignee's name and address）：填写收货人公司名、地址、所在国家及联络方式。与海运提单不同，因为航空运单不可转让，所以"凭指示"之类的字样不得出现。

5）收货人账号：只在必要时填写。

6）承运人代理的名称和所在城市（issuing carrier's agent name and city）。

7）代理人的 IATA 代号。

8）代理人账号。

9）始发站机场及所要求的航线（airport of departure and requested routing）：这里的始发站应与始发站机场填写的一致。

10）支付信息（accounting information）：此栏只有在采用特殊付款方式时才填写。

2. 集中托运货物舱单

在集中托运业务中，一票集中托运货物的所有分运单都要装在结实的信封内附在主运单后。集中托运货物舱单（manifest）如图 5-4 所示。

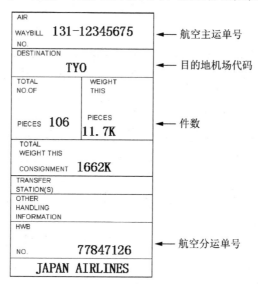

图 5-4　集中托运货物舱单

3. 航空标签

对于集中托运货物，要在每一件货物上贴上航空标签，在航空标签上要特别注明航空主运单号、航空分运单号、件数、目的地机场代码。航空标签如图 5-5 所示。

图 5-5　航空标签

四、航空快递业务

航空快递业务（air express service）是由快递公司与航空公司合作，向货主提供的快递服务，其业务包括：由快速公司派专人从发货人处提取货物后以最快航班将货物出运，飞抵目的地后，由专人接机提货，办妥进关手续后直接送达收货人，称为"桌到桌运输"（desk to desk service）。这是一种最为快捷的运输方式，特别适合于各种急需物品和文件资料。

外贸企业办理航空运输，需要委托航空货运公司作为代理人，负责办理出口货物的提货、制单、报关和托运工作。委托人应填妥《国际货物托运单》，并将有关报关文件交付航空货运公司，航空货运公司向航空公司办理托运后，取得航空公司签发的航空运单，即为承运开始。航空公司需对货物在运输途中的完好负责。

货到目的地后，收货人凭航空公司发出的到货通知书提货。

第三节　国际航空货运代理概述

一、航空货运代理存在的必然性

1）从航空公司的角度来看，虽然航空公司要向航空货运公司支付一定的酬金，但航空货运公司将众多客户的货物集中起来交运，为其节省了大量的人力、物力和时间，使得航空公司能更好地致力于自身主业，从而有助于进一步开拓空运市场。

2）从货主的角度来看，航空公司、航空货运公司把若干单独发运的货物组成一整批货物，办理集中托运，用同一份主运单发运到同一个目的站，再由其在当地的代理人负责接货，清关后分拨交给实际收货人。这种托运方式可以从航空公司争取到较低的运价，而航空货运公司和货主可以从这种较低的运价中获得收益。

3）航空货运公司大都对运输环节和有关规章十分熟悉，并与民航、海关、商检和交通运输部门有着广泛而密切的联系。同时，航空货运公司在世界各地都设有分支机构和代理人，随时掌握货物运输的动态。因此，航空货运代理在办理航空托运方面具有无可比拟的优势。

二、国际航空货运代理的当事人

在国际航空货运代理业务中，涉及的当事人主要有发货人、收货人、航空公司（承运人）和航空货运公司（航空货运代理）等。

通常，航空货运代理可以是货主代理，也可以是航空公司的代理，也可身兼二职。

航空公司自身拥有飞机从事航空运输活动。航空公司的货运业务一般只负责空中运输，即从一个机场到另一机场的运输。大多数航空公司经营定期航班，有些公司无定期航班，只提供包机运输。

航空货运公司又称空运代理，是随航空运输业务的发展及航空公司运输业务的集中化而发展起来的服务性行业。航空货运公司的主要业务：在出口货物时，负责在始发站机场交给航空公司之前的揽货、接货、订舱、制单、报关和交运等；在进口货物时，负责在目的站机场从航空公司接货接单、制单、报关、送货或转运等业务。

三、国际航空货运代理当事人的责任划分

国际航空货运代理当事人的责任划分如图 5-6 所示。

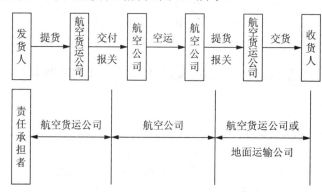

图 5-6　国际航空货运代理当事人的责任划分

四、国际航空货运代理公司的类型

1. 国际航空货运代理

国际航空货运代理仅作为进出口发货人、收货人的代理人，严禁从航空公司处收取佣金。

2. 国际航空运输销售代理

国际航空运输销售代理作为航空公司的代理人，代为处理国际航空客货运输销售及其相关业务。

根据我国《民用航空运输销售代理业管理规定》，国际航空运输销售代理分为两类。

1）一类销售代理：经营国际航线或者香港、澳门、台湾地区航线的民用航空销售代理业务。

2）二类销售代理：经营国内航线的民用航空运输销售代理业务。

在我国，申请设立国际航空运输销售代理的前提之一是必须首先成为国际货运代理。

这表明，这类代理人一方面可以为货方提供代理服务，从中收取代理费；另一方面也可以为承运方（航空公司）服务，收取佣金。

五、国际航空货运代理进出口业务流程

国际航空货运代理出口业务流程指从托运人发货到承运人把货物装上飞机的物流、信息流的实现和控制管理的全过程。

（一）市场销售

承揽货物是航空货运代理业务的核心。在具体操作时，需及时向出口单位介绍本公司的业务范围、服务项目、各项收费标准，特别是向出口单位介绍优惠运价，介绍本公司的服务优势等。

航空货运代理向货主进行询价，必须了解以下 8 个方面的情况。

1）品名（是否危险品）。

2）重量（涉及收费）、体积（尺寸大小及是否泡货）。

3）包装（是否木箱，有无托盘）。

4）目的机场（是否基本点）。

5）要求时间（直飞或转飞）。

6）要求航班（各航班服务及价格差异）。

7）提单类别（主运单及分运单）。

8）所需运输服务（报关方式，代办单证，是否清关派送等）。

（二）委托运输

在双方就航空货运代理事宜达成意向后，航空货运代理就可以向发货人提供一份自己所代理的航空公司的空白《国际货物托运书》（图 5-7），让发货人填写。

根据《华沙公约》的相关规定，托运书必须由托运人自己填写，并在上面签字或盖章。某些特种货物，如活动物、危险品由航空公司直接收运。

在接受托运人委托后，航空货运公司通常会指定专人对托运书进行审核。审核重点应看价格和航班日期。

审核后，审核人员必须在托运书上签名并注明日期以示确认。

委托时，发货人除应填制《国际货物托运书》，还应提供贸易合同副本、出口货物明细发票、装箱单以及检验、检疫和通关所需要的单证和资料给航空货运代理。

对于一次批量较大，要采用包机运输的，需提前办理包机手续。

一般情况下，至少需在发运前一个月与航空公司洽谈，并签订协议（以便航空公司安排运力，办理包机过境、入境、着陆等有关手续）。如货主找航空货运代理办理包机，则应在货物发运前40天提出申请，并应填写《包机委托书》。

ADL Asiaworld logistics

国 际 货 物 托 运 书

托运人姓名及地址 SHIPPER'S NAME AND ADDRESS	托运人帐号 SHIPPER 'S ACCOUNT NUMBER	供承运人用 FOR CARRIER USE ONLY	
		航班/日期 FLIGHT/DATE	航班/日期 FLIGHT/DATE
		已预留吨位	
收货人姓名及地址 CONSIGNEE'S NAME AND ADDRESS	收货人帐号 CONSIGNEE'S ACCOUNT NUMBER	运费 CHARGES FREIGHT PREPAID	
代理人的名称和城市 Issuing Carrier 'Agent Name and City			
始发站			
到达站			

托运人声明的价值 SHIPPER'S DECLARED VALUE		保险金额 AMOUNT OF INSURANCE	所附文件 DOCUMENTS TO ACCOMPANY AIR WAYBILL
供运输用 FOR CARRIAGE	供海关用 FOR CUSTOMS		

处理情况(包括包装方式货物标志及号码等)

MARKS:

件数 NO.OF PACKAGES	实际毛重千克(公斤) ACTUAL GROSS WEIGHT(kg)	运价类别 TATE GLASS	收费重量千克(公斤) CHARGEABLE WEIGHT(kg)	体积 VOLUME	货物品名及重量(包括或尺寸) NATURE AND QUANTITY OR GOODS. (INCL. DIMENSIONS OF VOLUME)
CARTON					

图 5-7　国际贸易货物托运书

（三）审核单证

航空货运代理从发货人处取得单据后，应指定专人对单证进行认真核对，审查单证是否齐全，内容填写是否完整规范。

所需要审核的单证根据贸易方式、信用证要求等有所不同，主要包括以下几种。

1）发票、装箱单和合同。

2）托运书。

3）报关单。

4）外汇核销单。

5）许可证。

6）商检证。

7）进料/来料加工核销本。

8）索赔/返修协议。

9）到付保函。

10）关封。

（四）预配舱

航空货运代理汇总接受的委托和客户的预报，输入计算机，并计算各航线的件数、重量、体积，按照客户要求和货物的重、泡情况，根据不同航空公司不同箱板的重量和高度要求，制定预配舱方案，并对每票货配上运单号。

（五）预订舱

航空货运代理根据所指定的预配舱方案，按航班、日期打印出总的运单号、件数、重量、体积等，向航空公司预订舱。由于此时货物还未进入仓库，预报的和实际的件数、重量、体积都会有差别，留待配舱时再做调整。

货物订舱需根据发货人的要求和货物标识的特点而定。一般来说，大宗货物、紧急物资、鲜活易腐物品、危险品、贵重物品等，必须预订舱位。非紧急的零散货物，可以不预订舱位。

（六）接受单证

航空货运代理操作接受托运人或其代理人送交的已经审核确认的托运书及报关单证和收货凭证，将计算机中的收货记录与收货凭证核对。

（七）填制货运单

直接运输的货物，填开航空公司运单即可，并将收货人提供的货物随机单据订在运单后面。如果是集中托运的货物，必须先为每票货物填开航空货运代理公司的分运单，如图 5-8 所示；然后填开航空公司的主运单，如图 5-9 所示；还需要制作集中托运货物舱单，并将舱单、所有分运单及随行单据装入一个信袋，订在运单后面；最后制作《空运出口业务日报表》，供制作标签用。

580 CGO 0782 3874												HAWB . . : CG000907546	

Shipper's Name and Address FOXCONN TECHNOLOGY GROUP HONGFUJJIN PRECISION INDUSTRY (TAIYUAN) CO. LTD LONGFEI STREET NO. 1 TAIYUAN 030032 CHINA	Shipper's Account Number	Not Negotiable **Air Waybill** Issued by	KUEHNE & NAGEL LTD ZHENGZHOU UNIT A2910, YUDA INTERNATIONA CENTRE, NO.220 ZHONGYUAN ZHO
		Copies 1, 2 and 3 of this Air Waybill are originals and have the same validity	
Consignee's Name and Address APPLE COMPUTER INTERNATIONAL C/O FLEXTRONICS HOLLYHILL INDUSTRIAL ESTATE HOLLYHILL/CORK CORK IRELAND	Consignee's Account Number		
Issuing Carrier's Agent Name and City KUEHNE & NAGEL LTD ZHENGZHOU BRANCH UNIT A2910, YUDA INTERNATIONAL TRADE CENTRE, NO.220 ZHONGYUAN ZHONG ROAD		Accounting Information NOTIFY :KUEHNE + NAGEL N.V. PUDONGWEG 1 1437 EM ROZENBURG (SCHIPHOL) NETHERLANDS	
Agent's IATA Code 08-3 2398/3710	Account No.		

Airport of Departure (Addr. of First Carrier) and Requested Routing ZHENGZHOU								Reference Number		Optional Shipping Information			

To	By First Carrier Routing and Destination	to	by	to	by	Currency	CHGS Code	WT/VAL PPD COLL	Other PPD COLL	Declared Value for Carriage	Declared Value for Customs
AMS	RU					USD		P P	P P	NVD	NCV

Airport of Destination AMSTERDAM	Requested Flight/Date RU486/21	Amount of Insurance XXX	INSURANCE - If carrier offers insurance, and such insurance is requested in accordance with the conditions thereof, indicate amount to be insured in figures in box marked "Amount of Insurance".

Handling Information COPY OF INVOICE ATTD SHIPMENT SAID TO CONTAIN140UNITS. LITHIUM ION BATTERIES, NOT RESTRICTED, PI 967								SCI

No. of Pieces RCP	Gross Weight	kg lb	Rate Class Commodity Item No.	Chargeable Weight	Rate Charge	Total	Nature and Quantity of Goods (incl. Dimensions of Volume)
1	71.0	K Q		71.0			CELL PHONE FOR RADIOTELEPHONY ET2_F800SN_46 E8723015782
							CONTAINS LITHIUM ION BATTERIES- HANDLE WITH CARE. MAY BE FLAMMABLE IF PACKAGE IS DAMAGED. IN THE EVENT PACKAGING IS DAMAGED, SPECIAL PROCEDURES MUST BE USED INCLUDING INSPECTION AND REPACKAGING IF NECESSARY. FOR MORE INFORMATION CALL DOMESTIC NORTH AMERCIA +1 800-424-9300 OR INTERNATIONAL +1 703-527-3887 AND ASK FOR TECHNICAL SUPPORT
							SLAC 14
				DIM: 120X80X36 1			MTQ 0.346
1	71.0						

Prepaid	Weight Charge	Collect	Other Charges MYC 137,03 SCC 13.67
	Valuation Charge		
	Tax		
	Total Other Charges Due Agent		4398-2116-508.251
			Shipper certifies that the particulars on the face hereof are correct and that insofar as any part of the consignment contains dangerous goods, such part is properly described by name and is in proper condition for carriage by air according to the applicable Dangerous Goods Regulations.
	Total Other Charges Due Carrier		
			KUEHNE & NAGEL LTD ZHENGZHOU BRANCH CGO AE/JOHNSON XING
			Signature of Shipper or his Agent
Total Prepaid		Total Collect	
Currency Conversion Rates	CC Charges in Dest. Currency	20/AUG/2015 ZHENGZHOU Executed on (date) at (place)	KUEHNE & NAGEL LTD ZHENGZHOU Signature of Issuing Carrier or his Agent
For Carrier's Use only at Destination	Charges at Destination	Total Collect Charges	CGO00907546

图 5-8 分运单

112 ION 3726 6305

Shipper's Name and Address	Shipper's Account Number		Not Negotiable	
HYUNDAI MECHANICS CO.,LTD NO.1026-2, DAECHEON-DONG, DALSEO-GU, DAEGU,KOREA TEL:82-53-710-5500 FAX:82-53-710-5501			**Air Waybill** Issued by	CHINA CARGO AIRLINES LTD A MEMBER OF IATA 199 KONGGANG5 ROAD, HONGQIAO AIRPORT 200335 SHANGHAI,CHINA

Copies 1,2 and 3 of this Air Waybill are originals and have the same validity.

Consignee's Name and Address	Consignee's Account Number
ANHUI XINHAO PLASMA DISPLAY DEVICES CO.,LTD NO.1399, CROSS ROAD OF WULISHAN ROAD AND LIHE ROAD HEFEI,ANHUI,CHINA TEL:86-551-5190098 FAX:86-551-2915855	It is agreed that the goods described herein are accepted in apparent good order and condition (except as noted)for carriage SUBJECT TO THE CONDITIONS OF CONTRACT ON THE REVERSE HEREOF. ALL GOODS MAY BE CARRIED BY ANY OTHER MEANS INCLUDING ROAD OR ANY OTHER CARRIER UNLESS SPECIFIC CONTRARY INSTRUCTIONS ARE GIVEN HEREON BY THE SHIPPER, AND SHIPPER AGREES THAT THE SHIPMENT MAY BE CARRIED VIA INTERMEDIATE STOPPING PLACES WHICH THE CARRIER DEEMS APPROPRIATE. THE SHIPPER'S ATTENTION IS DRAWN TO THE NOTICE CONCERNING CARRIERS' LIMITATION OF LIABILITY. Shipper may increase such limitation of liability by declaring a higher value for carriage and paying a supplemental charge if required.

Issuing Carrier's Agent Name and City	Accounting Information
MARKSMAN Logistics Service Co., Ltd.	SAME AS CONSIGNEE

Agent's IATA Code	Account No.	
17-3 7097/0024		

Airport of Departure(Addr. of First Carrier)and Requested Routing	Reference Number	Optional Shipping Information
INCHEON,KOREA		

To	By First Carrier	Routing and Destination	to	by	to	by	Currency	CHGS Code	WT/VAL	Other	Declared Value for Carriage	Declared Value for Customs
PVG	CK		HFE	MU			KRW		PPD COLL PP	PPD COLL PP	N.V.D.	N.C.V.

Airport of Destination	Requested Flight/Date	Amount of Insurance	INSURANCE-If Carrier offers insurance, and such insurance is requested in accordance with the conditions thereof indicate amount to be insured in figures in box marked "Amount of Insurance"
HEFEI,CHINA	CK260 JAN.10,2012	NIL	

Handling Information

ATTACHED : COMM INV & P/LIST

BIC   SCI

No. of Pieces RCP	Gross Weight	kg lb	Rate Class Commodity Item No.	Chargeable Weight	Rate / Charge	Total	Nature and Quantity of Goods (incl. Dimensions or Volume)
1	132.0	K	Q	132.0	3,480	459,360	1 CARTONS OF POWER HDS-042300W
4900126639							INV NO.HDM-20120110-0110
							T/T
							CONTRACT NO:4900126639
							"FREIGHT PREPAID"
				74.00 x 145.00 x 58.00 x		1CTNS= 103.72K	

Prepaid	Weight Charge	Collect	Other Charges
	459,360		FUEL SURCHARGE : KRW 130,680
	Valuation Charge		
	Tax		
	Total Other Charges Due Agent		Shipper certifies that the particulars on the face hereof are correct and that insofar as any part of the consignment contains dangerous goods, such part is properly described by name and is in proper condition for carriage by air according to the applicable Dangerous Goods Regulations.
	Total Other Charges Due Carrier		
	130,680		MARKSMAN Logistics Service Co., Ltd.
			Signature of Shipper or his Agent
Total Prepaid	Total Collect		AS AGENT FOR THE CARRIER CHINA CARGO AIRLINES LTD
590,040			
Currency Conversion Rates	CC Charges in Dest. Currency		JAN.10,2012 ICN kate
			Executed on(Date) at(Place) Signature of Issuing Carrier or its Agent
For Carrier's Use only at Destination	Charges at Destination	Total Collect Charges	112 3726 6305

ORIGINAL 3 (FOR SHIPPER)

图 5-9　主运单

（八）接收货物

接货时，双方应办理货物的交接、验收，并进行过磅称重和丈量，根据发票、装箱单或送货单清点货物，核对货物的数量、品名、合同号或唛头等是否与货运单上所列一致；检查货物的外包装是否符合运输的要求。

（九）标记和标签

1. 标记

标记包括托运人、收货人的姓名、地址、联系电话、传真、合同号等，操作（运输）注意事项，以及单件超过 150 千克的货物。

2. 标签

航空公司标签上 3 位阿拉伯数字代表所承运航空公司的代号，后 8 位数字是总运单号码。分标签是代理公司对出具分标签的标识，分标签上应有分运单号码和货物到达城市或机场的三字代码。一件货物贴一张航空公司标签，有分运单的货物，再贴一张分标签。

（十）配舱

配舱时，需运出的货物都已入库。这时需要核对货物的实际件数、重量、体积与托运书上预报数量的差别；应注意对预订舱位、板箱的有效领用、合理搭配，按照各航班机型、板箱型号、高度、数量进行配载。

（十一）订舱

接到发货人的发货预报后，向航空公司吨控部门领取并填写订舱单，同时提供相应的信息：货物的名称、体积、重量、件数、目的地、要求出运的时间等。航空公司根据实际情况安排舱位和航班。

（十二）出口报检报关

首先将发货人提供的《出口货物报关单》的各项内容输入计算机，即计算机预录入，在通过计算机填制的报关单上加盖报关单位的报关专用章；然后将报关单与有关的发票、装箱单和货运单综合在一起，并根据需要随附有关的证明文件；以上报关单证齐全后，由持有报关证的报关人员正式向海关申报；海关审核无误后，海关官员即在用于发运的运单正本上加盖放行章，同时在《出口收汇核销单》和《出口货物报关单》上加盖放行章，在发货人用于产品退税的单证上加盖验讫章，粘上防伪标志，完成出口报关手续。

（十三）出仓单

配舱方案制定后就可着手编制出仓单，包括出仓单的日期、承运航班的日期、装载板箱形式及数量、货物进仓顺序编号、总运单号、件数、重量、体积、目的地三字代码和备注。

（十四）提板、提箱

向航空公司申领板、箱并办理相应的手续。提板、提箱时，应领取相应的塑料薄膜和网。对所使用的板、箱要登记、销号。

（十五）装板、装箱

大宗货物、集中托运货物可以在航空货运代理的仓库、场地、货棚装板、装箱，亦可在航空公司指定的场地装板、装箱。

（十六）签单

货运单在盖好海关放行章后，还需到航空公司签单。签单主要审核运价使用是否正确、货物性质是否适合空运，危险品等是否办妥了相应的证明和手续。航空公司的地面代理规定，只有签单确认后才允许将单、货交给航空公司。

（十七）交接发运

交接是指向航空公司交单、交货，由航空公司安排运输交单是指将随机单据和承运人留存的单据交给航空公司。随机单据包括第二联航空运单正本、发票、装箱单、产地证明、品质鉴定书等。

交货即把与单据相符的货物交给航空公司。交货之前必须粘贴或拴挂货物标签，清点和核对货物，填制货物交接清单。大宗货、集中托运货，以整箱（板）称重交接。零散小货按票称重，计件交接。

航空公司审单验货后，在交接签单上验收，将货物存入出口仓库，将单据交给吨控部门，以备航空公司配舱。

（十八）航班跟踪

单、货交给航空公司后，航空公司可能会因各种原因，如航班取消、延误、故障、改机型、错运、倒垛或装板不符合规定等，未能按预定时间运出，所以航空货运代理从单、货交给航空公司后，就需要对航班、货物进行跟踪。

（十九）信息服务

航空货运代理公司需向客户提供以下几个方面的信息。

1）订舱信息。

2）审单及报关信息。

3）仓库收货信息。

4）交运称重信息。

5）一程及二程航班信息。

6）集中托运信息。

7）单证信息。

（二十）费用结算

费用结算主要涉及同发货人、承运人和国外代理人 3 个方面的结算。

1）与航空公司结算费用，向航空公司支付航空运费及代理费，同时收取代理佣金。

2）与机场地面代理结算费用，向机场地面代理支付各种地面杂费。

3）与发货人结算费用，在运费预付的情况下，向发货人收取航空运费、地面运输费、各种服务费和手续费。

4）与国外代理人结算到付运费和利润分成。

第四节　国际航空运费的计算

货物的航空运费是指将一票货物自始发地机场运输到目的地机场所应收取的航空运输费用，不包括其他费用。货物的航空运费主要由两个因素组成，即货物适用的运价与货物的计费重量。

由于航空运输货物的种类繁多，货物运输的起讫地点所在航空区域不同，每种货物所适用的运价亦不同。换言之，运输的货物种类和运输起讫地点的航协区使航空货物运价乃至运费计算分门别类。同时，由于飞机业务载运能力受飞机最大起飞全重和货舱本身体积的限制，因此，货物的计费重量需要同时考虑其体积重量和实际毛重两个因素。又因为航空货物运价的"递远递减"的原则，产生了一系列重量等级运价，而重量等级运价的起码重量也影响着货物运费的计算。由此可见，货物航空运费的计算受多种因素的影响。

一、航空运费计算的基本知识

（一）运价

运价（rate）又称费率，是承运人对所运输的每一重量单位货物收取的自始发地机场到目的地机场的航空费用。

1. 航空货物运价所使用的货币

用以公布航空货物运价的货币称为运输始发地货币。

货物的航空运价一般以运输始发地的本国货币公布，有的国家以美元代替其本国货币公布。

2. 航空货物运价的有效期

销售航空货运单所使用的运价应为填制货运单之日的有效运价，即在航空货物运价有效期内适用的运价。

（二）航空运费

航空运费（weight charge）是指航空公司把一票货物从始发地机场运至目的地机场应收取的航空费用。

（三）其他费用

其他费用（other charge）是指除运费以外的，由承运人、代理人或其他部门收取的与航空货物运输有关的费用，如单证费、危险品处理费、到付手续费。

二、航空运费的计费重量

计费重量（chargeable weight）是指用以计算货物航空运费的重量。货物的计费重量或者是货物的实际毛重，或者是货物的体积重量，或者是较高重量分界点的重量。

（一）实际毛重

实际毛重（actual gross weight）指包括货物包装在内的实际货物重量。

由于飞机最大起飞全重及货舱可用业载的限制，一般情况下，对于高密度货物（high density cargo），应考虑其重量可能会成为计费重量。

（二）体积重量

按照 IATA 规则，将货物的体积按一定的比例折合成的重量，称为体积重量（volume weight）。由于货舱空间体积的限制，一般对于低密度的货物（low density cargo），即轻泡货物，考虑其体积重量可能会成为计费重量。

计算规则：不论货物的形状是否为规则的长方体或正方体，计算货物体积时，均应以最长、最宽、最高的三边的厘米长度计算。长、宽、高的小数部分按四舍五入取整。体积重量的折算，换算标准为每 6000 立方厘米折合 1 千克。

（三）较高重量分界点的重量

一般地，采用货物的实际毛重与货物的体积重量两者比较取高者；但当货物按较高重量分界点的较低运价计算的航空运费较低时，则此较高重量的分界点的货物起始重量作为货物的计费重量。IATA 规定，国际货物的计费重量以 0.5 千克为最小单位，重量尾数不足 0.5 千克的，按 0.5 千克计算；0.5 千克以上不足 1 千克的，按 1 千克计算。例如：

$$103.001 \text{ 千克} \rightarrow 103.5 \text{ 千克}$$
$$103.501 \text{ 千克} \rightarrow 104.0 \text{ 千克}$$

当使用同一份运单，收运两件或两件以上可以采用同样种类运价计算运费的货物时，其计费重量规定如下：计费重量为货物总的实际毛重与总的体积重量两者较高者。同上所述，较高重量分界点的重量也可能成为货物的计费重量。

三、最低运费

最低运费（minimum charge）是指一票货物自始发地机场到目的地机场航空运费的最低限额。

货物按其计费重量和其适用的运价计算而得的运费不能低于公布资料的最低收费标准。

四、国际航空运价体系

（一）国际航空运价的种类

目前国际航空货物运价按制定的途径划分，主要分为 IATA 运价和国际航空协议运价。

1. IATA 运价

IATA 运价指 IATA 在《空运货物价格表》（*The Air Cargo Tariff*，TACT）运价资料上公布的运价。国际货物运价使用 IATA 的运价手册（TACT Rates），结合并遵守国际货物运输规则（TACT Rules）共同使用。按照 IATA 货物运价公布的形式划分，国际货物运价可分为公布直达运价和非公布直达运价。

公布直达运价包括普通货物运价、指定商品运价、等级货物运价、集装货物运价。
非公布直达运价包括比例运价和分段相加运价。

2. 国际航空协议运价

国际航空协议运价是航空公司大多使用的运价，指航空公司与托运人签订协议，托运人保证每年向航空公司交运一定数量的货物，航空公司则向托运人提供一定数量的运价折扣。国际航空协议运价分类见表 5-9，主要分为长期协议、短期协议、包舱（板）、返还和自由销售。

表 5-9　国际航空协议运价分类

协议定价						自由销售
长期协议	短期协议	包舱包板		返还		
		死包板/舱	软包板/舱	销量返还	销额返还	

3. 航空运价定价原则

1）重量分段对应运价。
2）数量折扣原则。
3）运距的因素。
4）根据货物性质分类。

（二）我国航空运价体系

1）最低运费（运价代号 M）。
2）普通货物运价（运价代号 N 或 Q）。普通货物运价包括基础运价和重量分界点运价。基础运价为 45 千克以下普通货物运价，费率按照民航总局规定的统一费率执行。重量分界点运价为 45 千克以上运价，由中国民用航空局统一规定，按标准运价的 80% 执行。
3）等级货物运价（运价代号 S）。
4）指定商品运价（运价代号 C）。

（三）航空运价的使用规则

如果有协议运价，则优先使用协议运价。

在相同运价种类、相同航程、相同承运人的条件下，公布直达运价应按下列顺序使用：优先使用指定商品运价，如果不完全满足指定商品运价的条件，则可使用等级货物运价和普通货物运价，但前者又优先后者使用。

如果按指定商品运价计费不能满足指定运价的最低额，则取其与普通货物运价计费中较低者。如该货物还是附加等级货物，则允许其和等级货物运价计费相比，取其较低者。

如果货物属于附减等级货物，其等级计费可与普通货物运价计费相比取较低者。

如果运输区间无公布直达运价，则使用非公布直达运价。

（四）有关运价的其他规定

各种不同的航空运价和费用都有下列共同点。
1）运价是指从一机场到另一机场，并且只适用于单一方向。
2）不包括其他额外费用，如提货、报关、交接和仓储费用等。
3）运价通常使用当地货币公布。

4）运价一般以千克或磅为计算单位。

5）航空运单中的运价是按出具运单之日所适用的运价。

五、国际航空货物运价计算（以普通货物为例）

知识链接：航空运费计算的常见术语

普通货物运价（general cargo rate，GCR）指除等级货物和指定商品运价以外的适用普通货物的运价，该运价公布在 TACT Rates Section 4 中。

N 表示 45 千克以下的普通货物运价。如无 45 千克以下的运价，则表示 100 千克以下的普通货物运价。

Q 表示 45 千克以上的普通货物运价。此外，还公布 Q45、Q100、Q300 或以上等级分界点的运价。

用计费重量和其适用的运价计算而得的运费不能低于公布资料的最低收费标准。

当一个较高起码重量计价较低运费时，则可使用较高起重码计费。

【例 5-1】计算图 5-10 所示国际航空货物运价公布表的航空运费。

Routing:	SHANGHAI,CHINA(SHA)to PARIS,FRANCE(PAR)			
Commodity:	TOY			
Gross weight:	5.6KGS			
Dimensions:	40cm×28cm×22cm			
SHANGHAI	CN			SHA
Y. RENMINBI	CNY			kgs
PARIS	FR	M		320.00
		N		50.22
		45		41.43
		300		37.90
		500		33.42
		1 000		30.71

图 5-10 国际航空货物运价公布表

解：

Volume：40cm×28cm×22cm=24 640cm^3

Volume weight：24 640cm^3÷6000cm^3/kg≈4.11kgs→4.5kgs

Gross weight：5.6kgs

Chargeable weight：6.0kgs

Applicable rate：GCR N　50.22CNY/KG

Weight charge：6.0×50.22=CNY301.32

Minimum charge：CNY320.00

此票货物的航空运费应为 CNY320.00。

第五节　航空不正常运输及其处理

一、不正常运输

不正常运输是指货物在运输过程中由于运输事故或工作差错等原因造成的不正常情况。凡发生不正常运输情况的航站、承运人必须立即查询，认真调查，及时采取措施，妥善处理，将损失减少到最低。

不正常运输的种类有以下 11 种。

1）货物漏装（short shipped cargo，SSPD）。货物始发站在班机起飞后发现货邮舱单上已列的货物未装机，航空货运单已随机带走，称为货物漏装。

2）货物漏卸（overcarried cargo，OVCD）。货物漏卸是指按照货邮舱单卸机时应卸下的货物没有卸下。

3）中途落卸（planned offloading，OFLD）。经停站因特殊情况需要卸下过境货物，称为中途落卸。

4）货物错卸（offloading by error，OFLD）。货物错卸是指经停站由于工作疏忽和不慎而将他站的货物卸下。

5）货物少收（shortlanded cargo，STLD）。货物少收是指由于装卸等原因造成在到达站少收货物。

6）货物多收（found cargo，FDCA）。货物多收是指由于装卸等原因造成在到达站多收货物。

7）错贴（挂）货物标签（mislabeled cargo，MSCA）。错贴（挂）货物标签是指货物装运时贴（挂）了错误的货物标签。

8）有货无单（missing AWB，MSAW）。有货无单是指在到达站只收到货物而未收到航空货运单。

9）有单无货（found AWB，FDAW）。有单无货是指在到达站只收到航空货运单而未收到货物。

10）丢失货物/邮件（missing cargo/mailbag，MSCA/MSMB）。按照货邮舱单所列，应运达本站的货物而没有运达，称为丢失货物邮件。

11）货物破损（damaged cargo，DMG）。货物破损是指货物在运输过程中造成破裂、伤损、变形、湿损、毁坏等现象。

国际货运代理基础 >>

二、不正常运输的处理方法

（一）货物破损

1. 破损与内损

破损：货物的外部或内部变形，因而使货物的价值可能或已遭受损失，如破裂、损坏或短缺。

内损：货物包装完好而内装货物受损，只有收货人提取后或交海关时才能发现。

2. 货物破损的处理方法

货物破损的处理方法见表 5-10。

表 5-10　货物破损的处理方法

发现时间	货物破损的处理方法
收运时	拒绝收运
出港操作时	破损（内物未损坏）→加固包装，继续运输
	严重破损（内物损坏）→停止运输，通知发货人或始发站，征求处理意见
进港操作时	填开不正常运输记录，拍发电报通知装机站和始发站
交接中转货物时	轻微破损→在转运舱单的"备注"栏内说明破损情况
	严重破损→拒绝转运

（二）无人提取的货物

1. 无人提取货物的定义

货物到达目的地后，由于下列原因造成无人提取时，称为无人提取的货物。

1）货运单所列地址无此收货人或收货人地址不详。

2）收货人对提取货物通知不予答复。

3）收货人拒绝提货。

4）收货人拒绝支付有关款项。

5）出现其他一些影响正常提货的问题。

2. 无人提取货物的处理

1）由于上述的任一原因所造成的货物无法交付，除货运单上列明的处理办法外，目的地应采取下列措施：

① 填列无法交付货物通知单通知始发站。

② 特殊情况可以用电报通知始发站，但随后应填列无法交付货物通知单寄交始发站。

2）在收到托运人对货物的处理意见后，做如下业务处理。

① 将货物变卖。

② 改变收货人。

③ 变更目的地。

④ 将货物毁弃（与当地海关及航空公司联系，按当地有关法令、规定办理）。

⑤ 将货物变卖（与当地海关及航空公司联系，按当地有关法令、规定办理）。

⑥ 将货物运费由预付改为到付。

⑦ 如果托运人有其他要求，可按具体情况处理，并将处理结果在货运单的"交付收据"联上做详细记录。

3）在托运人未提出处理办法时，无法交付货物，按航空公司规定，填开《无人提取货物通知单》（IRP-notice of non-delivery），做相应处理。

（三）变更运输

变更运输是指托运人在货物发运后，可以对货运单上除申明价值和保险金额外的其他各项进行变动。托运人要求变更时，应出示货运单正本并保证支付由此产生的费用，对托运人的要求，在收货人还未要求索取货运单和货物，或者拒绝提货的前提下应予以满足。托运人的要求不应损害承运人及其他托运人的利益，当托运人的要求难以做到时应及时告之。

1. 变更运输的情形

1）将运费预付改为到付，或将运费到付改为预付。

2）更改航空运费或其他费用数额。

3）在运输的始发站将货物撤回。

4）在任何经停站停止货物运输。

5）更改收货人。

6）要求将货物运回始发站机场。

7）变更目的站。

8）从中途或目的站退运。

2. 变更运输的处理方式

（1）货物发运前变更运输

货物发运前，托运人要求更改付款方式或代垫付款数额时，应收回原货运单，根据情况补收或返回运费，并按照有关航空公司的收费标准向托运人收取变更运输手续费、货运单费。

托运人在始发站要求退货时，应向托运人收回货运单正本，扣除已发生的费用（如地面运输费、联运手续费）后将余款退回托运人。

（2）货物发运后和提取前变更运输

货物发运后和提取前，托运人要求变更付款方式或代垫付款数额时，应填写《货物运费更改通知书》（cargo charges correotion advice，CCA），根据不同情况补收或退回运费，并按有关航空公司的收费标准向托运人收取变更运输手续费。

如托运人要求变更运输（如中途停运、改变收货人），除应根据上述有关规定办理外，还应及时与有关承运人联系，请其办理。变更运输意味着运费发生变化，应向托运人多退少补运费，并向托运人收取变更运输手续费。

（3）变更运输中货运单的更改

1）修改现有货运单。货运单填开后，对货运单进行修改，修改后的内容尽可能接近原内容，并注明修改企业 IATA 代号和修改地的机场或城市代号。

2）填开新货运单。当一票货物由于无人提取而退运时，应填开新货运单，原货运单号注于新货运单"Accounting Information"一栏。所有本该向收货人收取而未收取的费用，全填在新货运单的"Other Charges"一栏，按运费到付处理。

（4）运费更改通知书

无论何种原因造成货物运输的费用发生变化，都应发电报通知有关承运人和有关部门，同时填制《货物运费更改通知书》。

填开 CCA 应注意以下事项。

1）货物已远离始发站，但需要更改运费数额或运费的付款方式时都应填开 CCA。

2）任何与货物运输有关的承运人都可填开 CCA。须确认货物尚未交付给收货人，方可填开 CCA。

3）更改运费的数额超过 5 美元时，方可填开 CCA。

4）CCA 至少一式 4 份。除填开承运人留存外，应将副本及时传送给财务部门、结算部门及始发站、目的站。

5）填制 CCA 的相关企业将 CCA 交第一承运人，再由第一承运人转交第二承运人，以此类推。

本章小结

本章重点介绍了国际航空货运代理的定义、业务类型，并以出口业务为例详细阐述了航空货运代理流程，旨在让同学们对国际航空货运代理有一个概括性的认识，为下面进一步的学习打好基础。

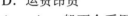

职业技能强化训练

一、单项选择题

1. （　　）不是国际航空货物运输的优点。

   A. 具有较高的运送速度

   B. 安全准确

   C. 适于鲜活、易腐和季节性商品的运送

   D. 运费昂贵

在线同步测试及参考答案

2. （　　）一般不会采用航空运输。

   A. 计算机芯片　　　B. 珠宝　　　　　C. 铁矿石　　　　　D. 海鲜

3. 不属于航空运单性质和作用的是（　　）。

   A. 承运合同　　　B. 货物收据　　　C. 物权凭证　　　D. 报关单据

4. 当一笔普通航空货物计费重量很小时，航空公司规定按（　　）计收运费。

   A. 特种运价　　　B. 声明价值费用　C. 起码运费　　　D. 指定运价

5. 航空运输的计费重量，以实际毛重表示时，计费重量的最小单位是（　　）。

   A. 0.5KG　　　B. 0.1KG　　　C. 2KG　　　D. 5KG

6. 空运时，国际货物托运单应由（　　）填写。

   A. 托运人　　　B. 货运代理　　　C. 承运人　　　D. 航空公司

7. 航空货运单是（　　）。

   A. 可议付的单据　　　　　　　B. 物权凭证

   C. 货物收据和运输合同　　　　D. 提货凭证

8. 在航空货物运输中，某集装器代号为PAP2334CA，其中第三个字母"P"表示（　　）。

   A. 集装器的底板尺寸　　　　　B. 集装器的种类

   C. 集装器所有人　　　　　　　D. 集装器的外形以及与飞机的适配性

9. 某集装箱代号为AKA1234CZ，该集装箱属于（　　）。

   A. 南方航空公司　B. 东方航空公司　C. 国际航空公司　D. 海南航空公司

10. 在航空货物运输中，某集装器代号为 PAP2334CA，其中第二个字母"A"表示的是（　　）。

    A. 集装器的底板尺寸　　　　　B. 集装器的种类

    C. 集装器的所有人　　　　　　D. 集装器的外形以及与飞机的适配性

11. 在国际航空货物运输中，如果托运人没有声明价值。在航空货运单"Declared Value for Carriage"栏中必须打印（　　）。

    A. AWA　　　B. AWC　　　C. NVD　　　D. NCV

12. 运输某国际航空等级货物所适用运价是"150% of the Normal GCR"，在填写航空货运单"Rate Class"一栏时，应填写（　　）。

    A．R   B．C   C．M   D．S

13. 国际航空货运单上"RAC"表示（　　）。

    A．货运单费   B．垫付费   C．危险品处理费   D．地面运输附加费

二、多项选择题

1. 航空货运代理公司在接收货物时出现下列（　　）问题，可以向航空公司申请开具商务事故证明。

    A．纸箱开裂   B．木箱上防震、防倒置标志泛红

    C．无包装货物金属管折弯   D．木箱完好，内部机器无法使用

2. 在航空货运中，下面（　　）货物可以混运。

    A．塑料玩具   B．活动物   C．衣服   D．金表

3. 在航空运输中，需要事先订妥全程吨位的货物有（　　）。

    A．蛋白石   B．服装   C．黑猩猩   D．易腐货物

4. 有关国际航空货运单的表述正确的有（　　）。

    A．航空货运单遗失，不影响运输合同的效力

    B．航空货运单遗失，影响运输合同的效力

    C．航空货运单是运输合同的证明

    D．航空货运单是运输合同

5. 不得以集中托运形式运输的货物有（　　）。

    A．贵重物品   B．活体动物   C．尸体、骨灰   D．外交信袋

6. 航空集中托运的文件包括（　　）。

    A．分运单   B．主运单

    C．集中托运货物舱单   D．识别标签

7. 在国际航空货物运输中，（　　）不属于非公布直达运价。

    A．普通货物运价   B．等级货物运价

    C．分段相加运价   D．集装货物运价

8. 某国际航空货物运单上的"Rate Class"一栏印有"N"，说明（　　）。

    A．该票货物的计费重量达到45公斤

    B．该票货物的计费重量没有达到45公斤

    C．该票货物采用最低运费

    D．该票货物没有采用较高重量点的运价

三、判断题

1. 航空集中托运的每一件货物既要有航空公司标签，还要有分标签。   （　　）

2．在空运情况下，通常大货、重货装在集装箱内，体积较小、重量较轻的货物装在集装板上。 （ ）

3．集装箱是航空货运中的唯一的集装设备。 （ ）

4．航空主运单的发货人栏和收货人栏必须列明真正的托运人和收货人。 （ ）

5．填制航空货运单必须用英文大写字母。 （ ）

6．国际航空货物集中托运时，集运商应出具分运单，并粘贴分标签，显示分运单号和目的地城市或机场的三字代码。 （ ）

7．国际航空运价表中的最低运费是指一票货物自始发地机场至目的地机场航空运费的最低限额，按照最低运费收取运费的货物不再收取其他附加费。 （ ）

8．任何 IATA 成员都不允许印制可以转让的航空货运单，货运单上的"不可转让"字样不可删去或篡改。 （ ）

9．在国际航空货物运输中，凡是运输声明价值毛重每公斤超过 1000 美元的任何物品都属于国际航空货运中的贵重货物。 （ ）

四、简答题

1．简述分运单（HAWB）和主运单（MAWB）的区别。

2．简述直接运输与集中托运货物的区别。

3．简述集装器代号 AKE2233MU 中每个字母的含义。

4．简述集装货物的基本原则。

5．简述航空集装箱运输的特点。

五、计算题

Routing：BEIJING，CHINA （BJS）to AMSTERDAM，HOLLAND（AMS）

Commodity：PARTS

Gross Weight Total：37.1KGS

Dimensions：（$82 \times 48 \times 32$）cm^3

Applicable Published Rates：

BEIJING CN BJS Y．RENMINBI CNY KGS

AMSTERDAM	NL	M	320.00
		N	50.22
		45	41.53
		300	37.52

请计算该票货物的航空运费。

第六章

国际公路货物运输代理

知识目标

1. 掌握国际公路货物运输的含义和特点。
2. 了解国际公路货运的车辆和经营者。
3. 掌握国际公路运输线路和主要通道。
4. 掌握国际公路货运的主要组织形式。
5. 了解我国公路发展现状和"一带一路"的含义。

能力目标

1. 能熟练说出国际公路货物运输的含义和特点。
2. 能简要阐述国际公路运输的运行特点。
3. 能说出主要的国际公路运输线路和主要通道。
4. 能说出国际公路货运的主要组织形式。
5. 能说出我国国家公路和高速公路的发展现状。

职业资格考核要点

1. 国际公路运输的含义和特点。
2. 国际公路货运的主要组织形式。
3. 国际公路货运运输线路和主要通道。

引导案例

　　从这周开始，小易同学开始利用周末的时间去叔叔的公司里实习，主要先从整理单据开始，同时也会拿出时间在叔叔的公司里预习新的知识。小易在公司里找到了学以致用的心态，同时感觉在公司里预习跟在家里完全不一样，有摩拳擦掌的意思呢。小易从来没有感觉到学习好专业知识是那么的重要。

　　思考：请用自己的语言向小易同学介绍国际公路运输的相关知识。

第一节　国际公路货物运输概述

一、国际公路货物运输的概念

　　国际公路货物运输（international road freight transportation）又称道路过境运输或出入境汽车运输，是指根据相关国家政府间有关协定，经过批准，通过国家开放的边境口岸和道路进行出入国境的汽车运输，如图 6-1 所示。国际公路货物运输往往表现为两阶段运输，即国内段货物运输和国境外段货物运输。因此，国际公路货物运输实际上应以国内公路货物运输（domestic road freight transportation）为基础。

图 6-1　国际公路货物运输

公路运输可以独立完成进出口货物运输的全过程，它是欧洲大陆国家之间进出口货物运输的最重要的方式之一。我国的边境贸易运输、港澳货物运输，其中有相当一部分也是靠公路运输独立完成的。可见，公路运输既是一个独立的运输体系，也是车站、港口和机场集散物资的重要手段。它是沟通生产和消费的桥梁，没有公路运输的衔接，铁路、水路、航空运输就不能正常进行。

拓展训练

国际公路货物运输和国内公路货物运输有什么区别和联系？

二、国际公路货物运输的特点

（一）优点

1. 机动灵活、运输方便

灵活性主要体现在技术上和经济上。

1）技术上的公路运输的灵活性主要表现在空间、时间、批量、运行条件和服务上。

① 在运输空间上的灵活性，可以进行长短途运输，可以深入到工厂、车站、码头等，可以实现"门到门"的运输。

② 在运输时间上的灵活性，可以随时调度，装车和起运具有较大机动性，实现即时运输，根据货主的需求随时起运。

③ 在运行批量上的灵活性，公路运输的起运量最小，所以公路运输既能满足大批量的运输，又能满足零散、小批量运输。

④ 在运行条件上的灵活性，公路运输的服务范围不仅仅在等级公路上，还可以延伸到等级外的公路，设置包括许多乡村便道的辐射范围。

⑤ 在服务上的灵活性，具体表现为能根据货主要求提供有针对性的服务，最大限度地满足不同性质的货物运送与不同层次的需求。

2）经济上的灵活性主要表现如下。

① 运输投资起点很低，原始投资少，资金周转快，回收期短，且从业者完全可以根据运输需求和自身的条件灵活选择。

② 运输生产固定结构低、选择空间大，经营者可以根据市场环境和自己的风险承受能力选择合适的投资固定结构，属于低风险发展的运输方式。

2. 点多、线长、面广、流动、分散、多环节、多工种的联合作业过程

这些特点决定了运输生产活动不可能局限于某一车间或地点，而是渗透到经济社会的各个方面。点多、线长、面广是指其服务对象的分布及服务范围；流动是指其服务过程；分散是指运输服务单位所属的基础单位分散在服务区域各点及运输服务的作业单位分散。

一辆车可以是一个独立的生产单位，一次运输活动也可能就是一个完整的运输生产过程。由于道路网密布全国城乡，覆盖区域大，因此公路运输能满足各种需求。

（二）缺点

公路运输的缺点主要表现在以下几点。

1）载重量较小，运输成本较高。目前世界上最大的汽车是美国通用汽车公司生产的矿用自卸车，长 20 多米，自重 610 吨，载重 350 吨左右，但仍然比火车、轮船少得多。由于汽车载重量小，行驶阻力比铁路大 9~14 倍，所消耗的燃料又是价格较高的液体汽油或柴油，因此除了航空运输，汽车运输成本最高。

2）运行持续性差，不适宜走长途运输。据有关统计资料表明，在各种现代运输方式中，公路运输的平均运距是最短的。

3）安全性较低，环境污染较大。公路运输车辆在运行途中震动较大，容易造成货损货差事故，所以公路运输的交通事故无论在数量上，还是造成的损失总量上都较其他运输方式多。汽车所排出的尾气和引起的噪声污染也严重威胁着人类的健康，是大城市环境污染的较大污染源之一。

此外，就国际公路货物运输来讲，边境公路、进出口保税区和特区的运输政策性还比较强。

三、国际公路运输行业组织

1. 国际道路运输联盟

国际道路运输联盟（International Road Transport Union，IRU）成立于 1948 年，是一个非营利性的民间国际组织，共有 70 余个国家的政府和私营会员。IRU 在华盛顿、日内瓦和布鲁塞尔设有 3 个项目中心，在国际道路交通基础设施发展中起到了积极的推动作用。

IRU 的宗旨就是鼓励与推动建设和养护更加实用、安全的道路及道路网络。IRU 作为一个对公路建设和融资感兴趣的国际组织，在世界道路建设和发展的各个方面都有广泛的参与。

2. 中国道路运输协会

中国道路运输协会成立于 1991 年，由中国道路运输业及相关行业的企事业单位和团体自愿组成，是经国家交通部批准、民政部注册登记设立、具有法人资格的全国性社会团体，属行业性、非营利性组织。下设旅客运输、货物运输、危险货物运输、汽车驾驶员、道路运输站场、运输装备与节能、出租汽车与汽车租赁、国际道路运输、道路集装箱运输和城市客运等 10 个专业工作机构和专家委员会。

我国的道路运输业拥有 4000 余万名从业人员和 1300 万辆营业车辆，是国民经济的基础性支柱产业，在经济社会发展中发挥了重要作用。协会在全国范围内拥有以大中型道路运输企业和地方道路运输协会为主体的团体会员，是 IRU 的成员。

四、国际公路货物运输公约和协定

1. 《国际公路货物运输合同公约》

为了统一公路运输所使用的单证和承运人的责任起见，联合国欧洲经济委员会负责草拟了《国际公路货物运输合同公约》(*Convention de Merchandies Par Routes*，CMR)，并在 1956 年 5 月 19 日在日内瓦欧洲 17 个国家参加的会议上一致通过签订，1961 年 7 月 2 日起生效。该公约共有 8 章 51 条，就适用范围、承运人责任、合同的签订与履行、索赔和诉讼以及连续承运人履行合同等都做了较为具体的规定。目前我国还没有加入此公约，但由于其在欧洲 30 多个国家有效，加之蒙古、俄罗斯、哈萨克斯坦等国家加入了该公约，所以我国从事国际公路运输的企业和从业者仍然有必要了解该公约的内容和相关规定。

2. 《国际公路运输公约》

为了有利于开展集装箱联合运输，使集装箱能原封不动地通过经由国，联合国欧洲经济委员会成员之间于 1956 年缔结了关于集装箱的关税协定。参加该协定的签字国，有欧洲 21 个国家和欧洲以外的 7 个国家。协定的宗旨是相互间允许集装箱免税过境，在这个协定的基础上，还缔结了《国际公路运输公约》(*Transport International Router*，TIR)，根据规则规定，对于集装箱的公路运输承运人，如持有 TIR 手册，允许由发运地到达目的地，在海关签封下，中途可不受检查、不支付关税，也可不提供押金。这种 TIR 手册由有关国家政府批准的运输团体发行，这些团体大都是参加国际公路联合会的成员，它们必须保证监督其所属运输企业遵守海关法规和其他规则。

(1) TIR 制度的基本原理

经授权的道路运输承运人，可以凭 TIR 单证在 TIR 缔约方的境内内陆海关接受查验并施关封后，中间经过的所有过境国的海关无须对货物进行任何检查，直接运往目的地国家的内陆海关。

TIR 成为目前国际上比较通用的一种国际公路运输制度，遵循此制度的车辆，车头面板上都要挂蓝底白字的 TIR 标记。

知识链接：TIR 公约

(2) TIR 制度的基本原则

采用符合标准的运输车辆或集装箱；要有国际担保，TIR 要求每一个缔约国都特许一个代表国际道路运输企业的国家担保协会(须经海关授权)，在出现意外、产生海关税费风险并无法追究承运人责任的情况下，不论违法者是本国或外国承运人，海关都可以向本国的国家担保协会要求偿付海关税费，由国家担保协会保证先期支付海关关税及其他有关税收。

（3）TIR 单证的特殊性

TIR 单证作为国际海关文件，既是 TIR 制度的行政支柱，也是 TIR 制度下所载运货物具备上述"国际担保"条件的法律证明文件，更是起运国、过境国和目的地国海关监管的依据。

第二节　国际公路货运车辆和货物运输经营者

一、公路货运车辆

1. 载货汽车

载货汽车指专门用于公路货物运送的汽车，又称载重汽车，按照载重量又可以分为轻型、微型、中型、重型。重型载货汽车如图 6-2 所示。

2. 自卸车

自卸车指车厢配有自动倾卸装置的汽车，又称翻斗车、工程车，由汽车底盘、液压举升机构、取力装置和货厢组成。后倾式自卸车如图 6-3 所示。

图 6-2　重型载货汽车　　　　　　　　　图 6-3　后倾式自卸车

3. 专用车

专用车指装置有专用设备，具备专用功能，用于承担专门运输任务或专项作业的汽车和汽车列车。国产专用汽车可分为厢式汽车、罐式汽车（图 6-4）、仓栅式汽车、起重举升汽车、特种结构汽车等。

4. 拖挂汽车

拖挂汽车由牵引车和挂车配合，共同完成运输作业。

1）牵引车：也称拖车、车头，一般不设载货车厢，专门用于拖挂或牵引挂车。牵引车按其司机室的形式可分为平头式和长头式两种。

2）挂车：本身无动力装置，而是通过杆式或架式拖挂装置，由牵引车或其他车辆牵引，即必须与拖车组合在一起才能成为一个完整的运输工具。挂车分为全挂车（图 6-5）、半挂车、轴挂车、重挂车。

图 6-4　罐式汽车

图 6-5　全挂车

二、公路货物运输经营者

（一）公路货运代理服务行业

1）公路货运代理：接受发货人、收货人的委托，为其办理道路货物运输及其相关服务的人，其服务内容包括揽货、托运、仓储、中转、集装箱拼装拆箱、结算运杂费、报关、报验、保险、相关的短途运输服务及咨询业务。

2）货运配载服务经营者：以为承托双方提供货源、车源信息，代车方组货，代货方配车等为服务业务的人。运营模式一般有 3 种：第一种是专做车的业务；第二种是专做货的业务；第三种是提供居间服务。

3）货运信息中心、货运咨询中心。

（二）公路运输企业

1）运输企业：不直接涉及货源组织，其运输业务一般来源于合同单位或广大企业的整车货物。

2）零担、快件类物流企业：借助于汽车运输工具和场站，为社会大众以提供零担、快件服务为主的物流企业。

3）流通配送型物流企业：为购物中心、便利店等流通企业提供商品配送的物流企业。

4）综合类物流企业。

三、公路货物运输在我国现代物流发展中的作用

公路货物运输是现代物流业发展的基础支撑和重要依托，对物流业的转型升级具有重要意义。

（一）公路货运业是现代物流系统的重要组成部分

公路货运从市场主体、业务领域、规模总量来看，都是物流系统重要组成部分。从市场主体来看，我国物流企业 80%是由传统货运转型而来，在物流市场中具有主体地位；从业务领域来看，运输业仍是物流企业最重要的经营业务，调查显示，81.5%的物流企业主营业务仍然集中在公路货运及相关业务上；从规模总量上来看，公路货运完成的货运量和增加值均在物流系统中占据了大比例。

（二）公路货运是物流系统的基础支撑

公路货运具有覆盖面广、适应性强、灵活机动、门到门等特点，在综合运输体系中发挥着重要作用。目前，我国公路货运已经通达 99%的乡村，连接了所有的城市社区、厂矿企业、商业网店，有效支撑了基础的生产和生活物流服务。同时，公路货运还是衔接其他运输方式和物流各个环节的重要纽带，在物流系统中发挥着不可或缺的基础支撑作用。

（三）公路货运效率影响物流运行质量

公路货运由于点多、线密是满足现代物流及时性和"零库存"要求的主要运输方式，对物流服务链条的不断延伸、物流服务品质的不断提升具有重要影响。同时，在我国物流总费用中，公路货运成本占 35%左右，因此，不断提高公路货运业的生产组织效率，是有效降低在 GDP 中全社会物流成本比例的关键所在。

第三节 国际公路货物运输的组织方式

一、常见的公路货物运输方式

1. 整车运输

在公路运输中，如果托运人一次托运货物在 3 吨以上（含 3 吨），虽不足 3 吨，但其性质、体积、形状需要一辆 3 吨级以上的车运输均为整车运输，反之，为零担运输。但值得注意的是，判断一批货物是零担货还是整车货的依据不完全取决于货物数量、体积或形状的大小，还应考虑货物的性质、货物价值对运费的负担能力等因素，对于特种货物（包括集装箱货物），无论数量、体积、形状如何，承运人均不按零担货承运。

注意：以下货物必须按整车运输处理。

① 鲜活易腐货物。

② 不易计数的散装货物。

③ 不能拼装的危险货物。

④ 易污染他物的不洁货物等。

2. 零担货物运输

凡一批货物托运的重量、体积不满一整车装运时，该批货物称为零担货物。

零担货物一般采用定线定站式货运班车或客运班车捎带货物挂车的形式将沿线零担货物集中起来运输的货运形式。

零担货物具有运量小、流向分散、批数较多、品类繁杂的特点。零担货物以件包装货物居多，包装质量差别较大，有时几批甚至十几批才能配装成一辆零担车（零担货物以每张托运单为一批）。因此，零担货物运输组织工作要比整车货物运输复杂得多。零担货物运输的营运组织形式主要有直达零担车、中转零担车、沿途零担车 3 种。

3. 集装箱运输

集装箱运输是指把一定数量的货物集中于一个便于运输、搬运、装卸、储存的集装箱内来进行货物运送的运输组织形式。公路集装箱运输多采用以下几种形式：①公路集装箱直达运输，即由汽车或汽车列车独立承担全程运输任务。许多发达国家一般以这种运输形式为主。②公路、铁路集装箱联运，即由汽车运输部门和铁路运输部门共同完成集装箱运输任务，这种运输形式有利于发挥铁路运输能力大和公路运输机动灵活的特点。③公路、水路集装箱联运，即由汽车运输部门和水路运输部门共同完成集装箱运输任务，进、出口货物运输常采用这种运输形式。

由上可见，汽车运输除了可独立承担集装箱运输任务外，在集装箱多式联运工艺流程中也是处于第一个和最后一个运输环节。集装箱运输的经济性主要集中表现在"门到门"运输，但它的最终实现只能通过汽车运输才能予以保证，是不可缺少的运输环节。因此，汽车运输是铁路、水路集装箱运输最有效的集散方式。

4. 特种货物运输

由于货物性质、体积、重量等的要求，需要以大型汽车或挂车（核定吨位为 40 吨及以上）以及用罐车、冷藏车、保温车等车辆运输的，为特种货物运输。特种货物运输主要有大件（长大笨重）货物运输、危险货物运输、鲜活易腐货物运输。

5. 包车运输

把车辆给托运人安排使用并按照时间或里程计算运费的运输活动，称为包车运输。方式符合下列情况之一的，可以按照包车运输办理：不易计算货物运输量、运距的，因货物性质、道路条件限制使车辆不能按正常速度行驶的；装卸次数频繁、时间过长的；托运人需自行确定车辆开、停时间的；托运人要求包车运输的。

包车运输一般是计时包车。

二、公路货运主要组织形式

1. 多（或双）班运输

多班运输，是指在昼夜时间内的车辆工作超时一个班以上的货运形式。组织双班运输的基本方法是每辆汽车配备两名左右的驾驶员，分日、夜两班轮流行驶。

2. 定点运输

定点运输是指按发货点固定车队、专门完成固定货运任务的运输组织形式。在组织定点运输时，除了根据任务固定车队外，还实行装卸工人、设备固定和调度员固定在该点进行调度等工作。实行定点运输，可以加速车辆周转，提高运输和装卸工作效率，提高服务质量，并有利于行车安全和节能。

3. 定时运输

定时运输是指运输车辆按运行作业计划中所拟定的行车时刻表来进行工作。在汽车行车时刻表中规定：汽车从车场开出的时间、每个运次到达和开出装卸地点的时间及装卸工作时间等。由于车辆按预先拟定好的行车时刻表进行工作，也就加强了各环节工作的计划性，提高了工作效率。

4. 甩挂运输

甩挂运输是指利用汽车列车甩挂挂车的方法，以减少车辆装卸停歇时间的一种拖挂运输形式。在相同的运输组织条件下，汽车运输生产效率的提高取决于汽车的载重量、平均技术速度和装卸停歇时间 3 个主要因素。实行汽车运输列车化，可以相应提高车辆每运次的载重量，从而显著提高运输生产效率。采用甩挂运输时，需要在装卸货现场配备足够数量的周转挂车，在汽车列车运行期间，装卸工人预先装（卸）好甩下的挂车，列车到达装（卸）货地点后先甩下挂车，装卸人员集中力量装（卸）主车货物，主车装（卸）货完毕即挂上预先装（卸）完货物的挂车继续运行。

采用这种组织方法，就使得整个汽车列车的装卸停歇时间减少为主车装卸停歇时间加甩挂时间。但需要注意周转挂车的装卸工作时间应小于汽车列车的运行时间间隔。甩挂运输应适用于装卸能力不足、运距较短、装卸时间占汽车列车运行时间比例较大的运输条件下采用，并根据运输条件的不同而组织不同形式的甩挂运输。

三、公路货物运输责任范围

1. 承运人责任

公路运输承运人的责任期限是从接收货物时起至交付货物时止。在此期限内，承运人对货物的灭失损坏负赔偿责任。但不是由于承运人的责任所造成的货物灭失损坏，承运人不予负责。根据我国公路运输规定，由于下列原因而造成的货物灭失损坏，承运人不负责赔偿。

1）由于人力不可抗拒的自然灾难或货物本身性质的变化以及货物在运送途中的自然消耗。

2）包装完好无损，而内部短损变质者。

3）违反国家法令或规定，被有关部门查扣、弃置或作其他处理者。

4）收货人逾期提取或拒不提取货物而造成霉烂变质者。

5）有随车押运人员负责途中保管照料者。

对货物赔偿价格，按实际损失价值赔偿。如货物部分损坏，按损坏货物所减低的金额或按修理费用赔偿。

要求赔偿有效期限，从货物开票之日起，不得超过 6 个月。从提出赔偿要求之日起，责任方应在两个月内做出处理。

2. 托运人责任

公路运输托运人应负的责任主要如下。
1）按时提供规定数量的货载。
2）提供准确的货物具体说明。
3）货物唛头标志清楚；包装完整，适于运输。
4）按规定支付运费。

一般规定：如因托运人的责任所造成的车辆滞留、空载，托运人须负延滞费和空载费等损失。

四、过境公路运输的运作特点

公路运输的组织形式、管理模式、使用的单证等，都应该按照双边或多边汽车运输协定的规定来执行。

1. 实行经营许可证制度

根据 2005 年 6 月 1 日实施的《国际道路运输管理规定》的有关规定，从事国际公路运输经营的申请人应取得《道路运输经营许可证》，并且必须到外事、海关、检验检疫、边防检查等部门办理有关运输车辆、人员的出入境手续。

2. 实行行车许可证制度

许可证是一国允许另一国运输车辆进入本国的凭证，即给予国外车辆在本国公路行驶的交通权，其目的在于控制外国承运者的车辆进入本国的频次。

目前，国家间通过签订运输协定，就各国互设办事处、规定运输线路、明确相互给予行车许可证的数量、车辆尺寸、吨位、签证、安全、环保等问题予以约定。我国颁发的许可证可分为《国际汽车运输行车许可证》和《国际汽车运输特别行车许可证》，分别适用于在我国境内从事国际公路一般货物运输经营的外国经营者和在我国境内从事国际公路危险货物运输经营的外国经营者。

行车许可证实行一车一证，应当在有效期内使用。根据有效期不同，可分为 A、B、C 和特别行车许可证 4 种。其中 C 种行车许可证适用于货物运输，一车一证，在规定期限内往返一次有效，车辆回国后，由口岸国际道路运输管理机构回收。

直通港澳道路运输并不完全按照国内的运输进行运作和管理，而是依照国际道路运输进行管理，但管理模式也完全一样，其运输起点和终点分别在广东省内和港澳地区。

3. 海关监管

根据海关总署 2004 年 11 月 16 日公布的《海关总署关于修改〈中华人民共和国海关关于境内公路承运海关监管货物的运输企业及其车辆、驾驶员的管理办法〉的决定》的规定，对境内道路成员海关监管货物的运输企业及其车辆实行注册登记和年审制度，而对其驾驶员实行备案登记制度。

另外，过境公路运输还有明显的地域性，如我国当前的国际公路运输主要集中在内蒙古自治区、吉林省、黑龙江省、辽宁省、广东省、云南省、西藏自治区、新疆维吾尔自治区等边境省（区）；而且国际运输线路要受到各国公路口岸及国际贸易方式等方面的限制；必须遵守有关的国际公约、货物途经国家的法律法规以及国际惯例等。

第四节　我国的国际公路运输线路和口岸

一、我国的国际公路运输线路

（一）中蒙拟新开通国际道路运输线路

1）新疆哈密市—老爷庙口岸（中国，以下简称"中"）—布尔嘎斯台口岸（蒙古，以下简称"蒙"）和阿尔泰市—布尔嘎斯台口岸（蒙）—老爷庙口岸（中）国际道路旅客运输线路。

2）新疆青河县—塔克什肯口岸（中）—布尔干口岸（蒙）—布尔根县国际道路旅客运输线路。

3）青河县—塔克什肯口岸—布尔根县国际道路旅客运输线路。

（二）中国与哈萨克斯坦间的国际客货运输线路

1）伊宁—都拉塔口岸（中）—科里扎特口岸（哈萨克斯坦，以下简称"哈"）—琼扎。

2）伊宁—都拉塔口岸（中）—科里扎特口岸（哈）—阿拉木图。

3）阿勒泰—吉木乃口岸（中）—迈哈布奇盖口岸（哈）—塞米巴拉金斯克。

4）霍尔果斯口岸（中）—霍尔果斯口岸（哈）—雅尔肯特。

5）塔城—巴克图口岸（中）—巴克特口岸（哈）—阿拉木图。

6）乌鲁木齐—吉木乃口岸（中）—迈哈布奇盖口岸（哈）—兹里亚诺夫斯克。

7）乌鲁木齐—吉木乃口岸（中）—迈哈布奇盖口岸（哈）—利德热。

8）乌鲁木齐—阿拉山口口岸（中）—多斯蒂克口岸（哈）—塔尔迪库尔干。

9）乌鲁木齐—霍尔果斯口岸（中）—霍尔果斯口岸（哈）—琼扎。

10）乌鲁木齐—霍尔果斯口岸（中）—霍尔果斯口岸（哈）—塔尔迪库尔干。

11）乌鲁木齐—巴克图口岸（中）—巴克特口岸（哈）—阿拉木图。

以上线路为客运、货运并运线路，各 11 条，合计为 22 条，中国和哈萨克斯坦开通的直达国际道路运输线路将达 64 条，其中货物运输线路 31 条，哈萨克斯坦将成为中国在中亚地区开通国际道路运输线路最多的国家。

5 条通往中亚的公路运输走廊如下。

① 乌鲁木齐—阿拉山口口岸—阿克斗卡（哈）—卡拉干达（哈）—阿斯塔纳（哈）—彼得罗巴甫洛夫斯克（哈）—库尔干（俄罗斯，以下简称"俄"）。

② 乌鲁木齐—霍尔果斯口岸—阿拉木图（哈）—比什凯克（吉尔吉斯，以下简称"吉"）—希姆肯特（哈）—突厥斯坦（哈）—克孜勒奥尔达（哈）—阿克套（哈）—欧洲。

③ 乌鲁木齐—库尔勒—阿克苏—喀什—伊尔克斯坦口岸—奥什（吉）—安集延（乌兹别克斯坦，以下简称"乌"）—塔什干（乌）—布哈拉（乌）—捷詹（土库曼斯坦）—马什哈德（伊朗，以下简称"伊"）—德黑兰（伊）—伊斯坦布尔（土耳其）—欧洲。

④ 喀什—卡拉苏口岸—霍罗格（塔吉克斯坦，以下简称"塔"）—杜尚别（塔）—铁尔梅兹（乌）—布哈拉（乌）。

⑤ 卡拉奇港（巴基斯坦，以下简称"巴"）—白沙瓦（巴）—伊斯兰堡（巴）—红其拉甫口岸—喀什—吐尔尕特口岸—比什凯克（吉）—阿拉木图（哈）—塔尔迪库尔干（哈）—塞米巴拉金斯克（哈）—巴尔瑙尔（俄）。

（三）中国与俄罗斯间将开通的国际道路运输线路

1）牡丹江—绥芬河—波格拉尼奇内—乌苏里斯克。

2）佳木斯—同江—下列宁斯科耶—比罗比詹。

3）鹤岗—萝北—阿穆尔捷特—比罗比詹，中俄双方即将延伸鸡西—密山—图里罗格—乌苏里斯克客货运输线路、伊春—嘉荫—巴什科沃—比罗比詹客货运输线路等 4 条国际道路运输线路。

4）哈巴河—喀纳斯山口。

5）哈尔滨—牡丹江-绥芬河（东宁）—乌苏里斯克—符拉迪沃斯托克（纳霍德卡/东

方港）。

6）哈尔滨—佳木斯—抚远—哈巴罗夫斯克—共青城。

7）哈尔滨—佳木斯—同江—下列宁斯科耶—比罗比詹—哈巴罗夫斯克。

8）哈尔滨—双鸭山—饶河—波克罗夫卡—哈巴罗夫斯克。

9）哈尔滨—鸡西—密山（虎林）—乌苏里斯克—符拉迪沃斯托克。

10）伊春—嘉荫—巴什科沃—比罗比詹。

11）鸡西—密山—图里罗格—乌苏里斯克。

12）鸡西—虎林—马尔科沃—乌苏里斯克。

（四）中国与巴基斯坦间的国际运输公路

1）喀什—红其拉甫口岸—苏斯特口岸—卡拉奇港/卡西姆港和喀什—红其拉甫口岸—苏斯特口岸—卡拉奇港—瓜达尔港（货运）。

2）塔什库尔干—红其拉甫口岸—苏斯特口岸（客运）。

3）喀什—红其拉甫口岸—苏斯特口岸—吉尔吉特（客运）。

（五）中国与吉尔吉斯斯坦间的公路基本干线

1）比什凯克—奥什—伊尔克什坦—喀什（中国）。

2）比什凯克—纳伦—吐尔尕特—喀什（中国）。

（六）云南与越南的通道——昆河走廊

昆明—河内国际公路，全长 664 千米，其中云南境内 400 千米，越南境内 264 千米，从中国昆明到越南河内，再延伸到海防和广宁，即占据了"两廊一圈"中的一廊。2009 年 8 月，云南蒙新高速公路完成建设任务，与新河高速公路连成一线，使昆明至邻国越南全程实现高等级化，这极大地促进旅游业和沿线贸易的繁荣发展，并形成云南的另一条国际公路运输品牌线路。

（七）中老泰公路通道——昆明—曼谷国际公路

昆明—曼谷国际公路，即昆明—磨憨—南塔—会晒—清孔—清莱—曼谷，是目前由我国大西南陆路连接泰国最直接、最便捷的路径，全长约 1796 千米。昆明至曼谷公路全线通车后，昆明到泰国北部城市清莱只有 800 多千米，一天多的车程；昆明到达曼谷陆路只需要两天时间；到达马来西亚、新加坡也只需要 4 天时间。公路客运将会成为最便捷的交通方式。公路货运将可以承载 20 英尺（1 英尺=0.3048 米）或 40 英尺大型集装箱运输，因此陆路运输将会成为中国与东盟市场的主要运输方式。昆明—曼谷国际公路将实现大西南高等级公路网与亚洲公路网的对接和融合，将中、老、泰、马、新等国家连为一体，形成中国—老挝—泰国—马来西亚—新加坡国际公路运输商贸及旅游的黄金线路，有利于推动沿线各国经济社会的发展，昆明也将成为东盟国际运输线路的始发站和终点站。

（八）中缅公路通道——昆明—仰光国际公路

昆明—仰光国际公路，即昆明—瑞丽—腊戌—仰光，全长约 1917 千米。国内昆明—瑞丽段全长约 760 千米，瑞丽—仰光段约 1157 千米，均为三、四级公路，需要进行改扩建，还不能形成大通道格局。经缅甸至南亚公路通道，昆明—吉大港国际公路，全长 2482 千米，云南境内 698 千米，"十一五"期间全线改建为高速公路。缅甸境内 543 千米，印度境内 617 千米，孟加拉境内 624 千米。其中缅甸境内猴桥至密支那公路长 105 千米，由中国出资援建二级公路，已建成通车。

利用东盟国家对中国的贸易需求越来越旺盛的有利时机，迅速建设起一个国际化的农产品物流贸易中心，可以推进中国—东盟自由贸易区合作，促进云南—泰北合作项目的落实，促进区域农业和物流业发展，给位于中国—东盟自由贸易区咽喉要道的云南省以及中国西部地区的经济发展带来了前所未有的机遇。

二、我国对外贸易公路运输及口岸的分布

1）对独联体公路运输口岸：①新疆维吾尔自治区：吐尔戈特、霍尔果斯、巴克图、吉木乃、艾买力、塔克什肯。②东北地区：长岭子（珲春）/卡拉斯基诺；东宁（岔口）/波尔塔夫卡；绥芬河/波格拉尼契内；室韦（吉拉林）/奥洛契；黑山头/旧楚鲁海图；满洲里/后贝加尔斯克；漠河/加林达。

2）对朝鲜公路运输口岸：中朝之间原先仅我国丹东与朝鲜新义州间偶有少量公路出口货物运输。1987 年以来，吉林省开办珲春、图们江与朝鲜咸镜北道的地方贸易货物的公路运输。外运总公司与朝鲜已于 1987 年签订了由我国吉林省的三合、沙坨子口岸经朝鲜的清津港转运货物的协议。

3）对巴基斯坦公路运输口岸：新疆维吾尔自治区的红其拉甫和喀什市。

4）对印度、尼泊尔、不丹的公路运输口岸：主要有西藏南部的亚东、帕里、樟木等。

5）对越南地方贸易的主要公路口岸：主要有云南省红河哈尼族彝族自治州的河口和金水河口岸等。

6）对缅甸公路运输口岸：云南省德宏傣族景颇族自治州的畹町口岸是我国对缅甸贸易的主要出口陆运口岸，还可通过该口岸和缅甸公路转运部分与印度的进出口贸易货物。

7）对中国香港、澳门的公路运输口岸：位于广东省深圳市的文锦渡和中国香港新界相接，距深圳铁路车站 3 千米，是全国公路口岸距离铁路进出口通道最近的一个较大公路通道。通往中国香港的另两个口岸是位于深圳市东部的沙头角及皇岗。对中国澳门公路运输口岸是位于珠海市南端的拱北。

第五节 我国公路运输网及其发展状况

根据《统计公报》显示，截至 2015 年年底，我国公路总里程 457.73 万千米，其中高速公路里程 12.35 万千米。

一、我国国道主干线系统

国道主干线系统由"五纵七横"共 12 条国道主干线和公路主枢纽及信息系统构成，是全国公路网的主骨架，主要路线都采用高速公路技术标准，总里程约 3.5 万千米，主要连接首都、直辖市、各省省会（自治区首府）城市、经济特区以及重要的交通枢纽和对外开放口岸。

"五纵"是同江至三亚、北京至福州、北京至珠海、二连浩特至河口、重庆至湛江；"七横"是绥芬河至满洲里、丹东至拉萨、青岛至银川、连云港至霍尔果斯、上海至成都、上海至瑞丽、衡阳至昆明。

二、我国高速公路网

高速公路是专供汽车行驶的汽车专用公路。在高速公路上严格限制出入，往返车辆在分隔的车道上快速行驶，实行全"封闭"，全部交叉口采用立体交叉或采用技术较完备的交通设施，从而为汽车的大量、快速、安全、舒适、连续地运行提供了条件和保证。

高速公路以其行车速度快、运输费用省、通行能力大、运输效率高、交通事故率少、运输可靠性强、缩短运输时间、提高社会效益，投资效果好、资金回收率高等优越性已成为能适应公路运输交通量迅速增长、减少交通事故、改善道路交通拥塞的新型交通手段，成为现代公路高速发展的象征。

我国自 1984 年 12 月 21 日动工兴建第一条高速公路——沪嘉高速公路开始，高速公路建设步伐逐年加快。现在我国国家高速公路网采用放射线与纵横网格相结合布局方案，由 7 条首都放射线、9 条南北纵线和 18 条东西横线组成，简称为"7918"网，总规模约 8.5 万千米，其中主线 6.8 万千米，地区环线、联络线等其他路线约 1.7 万千米，是世界上规模最大的高速公路系统。根据我国的《国家公路网规划（2013 年—2030 年）》，在新的规划里国家高速公路网进一步完善，在西部增加了两条南北纵线，成为"71118"网，规划总里程增加到了 11.8 万千米，即调整后的国家高速公路由 7 条首都放射线、11 条北南纵线、18 条东西横线，以及地区环线、并行线、联络线等组成；另规划远期展望线 1.8 万千米，远期展望线路线主要位于西部地广人稀的地区。

三、我国国际公路运输发展状况和前景

在跨境运输中，国际公路运输具有门对门、点到点、短平快的优势，是综合交通运

体系的重要组成部分。自 1991 年中国政府签订首个中外汽车运输协定至今，我国已与周边国家签订了 44 个双边、多边汽车运输条约。截至 2013 年年底，我国与毗邻的 11 个国家的 70 对边境口岸开通了 287 条客货运输线路，线路总长度近 4 万千米，年过客量、过货量达 600 万人次和 3000 万吨以上。过去 10 年，我国与周边国家贸易额中的约 30% 依靠国际公路运输完成。但是，尽管经过了 20 多年的发展，我国国际公路运输依然存在统筹规划不够、口岸基础设施不配套、管理体制不顺、市场培育不充分等问题，与我国经济快速发展和对外经贸大国的地位不相称。

2013 年国家提出了"一带一路"国家战略，实现边贸和边境地区跨越式发展、构建区域经济发展新格局。这就迫切需要加快推进国际道路运输发展，以实现通关便利化为主攻方向，进一步强化市场监管，提高国际公路运输互联互通水平和服务能力，推进"一带一路"的具体实施。

知识链接："一带一路"
相关知识延伸阅读

为此，交通运输部将在当前和今后一个时期加快推进国际道路运输发展，加强国际公路运输合作的统筹规划，带动区域互联互通和基础设施建设，促进形成国际物流大通道。同时将努力提高通关便利化水平，健全口岸管理相关部门协同机制，促进形成"边防检查+海关+检验检疫+运输管理"的陆路口岸通关模式，在合理合法的基础上，最大限度简化办理流程，实现各口岸管理部门对出入境车辆信息的共享。目前，我国积极开展亚洲公路网、泛亚铁路网规划和建设，与东北亚、中亚、南亚及东南亚国家开

通公路通路 13 条。其中最重要也是最现实可行的通道路线，是连接东北亚和欧盟这两个当今世界最发达经济体区域的以长吉图开发开放先导区为主体和中心的日本、韩国—日本海—扎鲁比诺港—珲春—吉林—长春—白城—蒙古国—俄罗斯—欧盟的高铁和高速公路规划。

本章小结

本章重点介绍了国际公路货物运输的含义、特点、车辆、组织形式、相关的行业组织以及国际公路货运路线和主要通道、我国当前的公路发展现状和"一带一路"的战略内容，旨在让同学们对国际公路货运代理有一个较为全面的认识和了解。

职业技能强化训练

一、单项选择题

1.（　　）运输可以及时地提供"门到门"的联合运输服务。

　　A．公路　　　　　　　　　　　B．铁路

在线同步测试及参考答案

C．水路　　　　　　　　　　D．航空

2. 选项中属于各国公路运输采用的公约是（　　　）。

　　A．《国际货约》　　B．《国际货协》　　C．《国际公路公约》　　D．《华沙公约》

3. 公路零担货物运输的特点是（　　　）。

　　A．货源稳定　　　　B．组织工作简单　C．单位运输成本高　　D．利润高

4. （　　　）不属于挂车的类型。

　　A．全挂车　　　　　B．半挂车　　　　C．轴挂车　　　　　D．牵引车

5. 以下货物必须按整车运输处理的是（　　　）。

　　A．鲜虾　　　　　　B．计算机　　　　C．棉被　　　　　　D．杂志

6. 宜短途运输的方式是（　　　）。

　　A．铁路运输　　　　B．海洋运输　　　C．大陆桥运输　　　D．公路运输

7. 托运人一次托运货物计费重量在（　　　）吨以上或虽不足但货物性质、体积、形状等需要一辆汽车运输的为整车货物运输。

　　A．1　　　　　　　　B．2　　　　　　　C．2.5　　　　　　　D．3

8. 公路口岸（　　　）是对中国香港、澳门的公路运输口岸。

　　A．霍尔果斯　　　　B．帕里　　　　　C．文锦渡　　　　　D．晖春

二、多项选择题

1. 公路运输的局限性有（　　　）。

　　A．载重量小　　　　　　　　　　B．不适宜长途运输

　　C．易造成货损货差事故　　　　　D．灵活方便

2. 根据我国公路运输规定，由于（　　　）而造成的货物灭失损坏，承运人不负责赔偿。

　　A．由于人力不可抗拒的自然灾难或货物本身性质的变化以及货物在运送途中的自然消耗

　　B．收货人逾期提取或拒不提取货物而造成霉烂变质者

　　C．违反国家法令或规定，被有关部门查扣、弃置或作其他处理者

　　D．包装完好无损，而内部短损变质者

3. 公路货物过境运输的组织形式、管理模式、使用的运输单证，具体操作方法等应按照多变汽车运输协定的规定执行。我国公路货物过境运输的运作具有（　　　）特点。

　　A．实行经营许可证制度

　　B．实行行车许可证制度

　　C．使用《国际公路货物运单》

　　D．遵守有关的国际公约、货物途径国家的法律规定以及国际惯例

4. 根据运输组织分类，汽车货物运输可分为（　　　）。

　　A．甩挂货运　　　　　　　　　B．定点定时运输

C. 多班运输　　　　　　　　　D. 零担运输

5.（　　）线路是我国与哈萨克斯坦的国际货物运输线路。

　　A. 伊宁－都拉塔口岸－科里扎特口岸－阿拉木图

　　B. 塔城－巴克图口岸－巴克特口岸－阿拉木图

　　C. 鸡西－密山－图里罗格－乌苏里斯克

　　D. 乌鲁木齐－霍尔果斯口岸（中）－霍尔果斯口岸（哈）－琼扎

三、判断题

1. 凡是不够整车运输条件的货物，即重量、体积和形状都不需要单独使用一辆货车运输的一批货物，除可使用集装箱运输外，应按零担货物托运。　　　　　　　（　　）

2. 道路危险货物运输是指使用道路危险货物运输车辆，通过道路运输危险货物的作业全过程。　　　　　　　　　　　　　　　　　　　　　　　　　　　　（　　）

3. 公路运输中，凡整件货物，长度在 6 米以上，宽度超过 2.5 米，高度超过 2.7 米时，称为长大货物。　　　　　　　　　　　　　　　　　　　　　　　　　　（　　）

4. 某公路运输货物收货人收到货物后，发现包装完整无损而内装货物却发生了短缺，这是承运人的责任。　　　　　　　　　　　　　　　　　　　　　　　　　（　　）

5. 行车许可证实行一车一证，应当在有效期内使用。　　　　　　　　　（　　）

四、简答题

1. 简述 TIR 制度的基本原则。

2. 公路整车运输与零担运输业务有何区别？

3. 简述甩挂运输的制约要素。

4. 我国的主要国际公路口岸有哪些？

第七章

国际铁路货物运输代理

知识目标

1. 了解国际铁路货物联运的业务内容。
2. 掌握国际铁路货物运输的定义。
3. 掌握国际铁路货物运输的性质和类型。
4. 掌握国际铁路货物运输组织名称和责任规范。
5. 熟练掌握国际铁路货物运输的基本流程。

能力目标

1. 能熟练说出国际铁路运输的定义。
2. 能熟练说出国际铁路联运的业务内容。
3. 能说出主要的国际、国内铁路运输的线路。
4. 能独立模拟完成国际铁路货运的基本流程。

职业资格考核要点

1. 国际铁路货物联运的业务内容。
2. 国际铁路货物运输的主要运输线。
3. 国际铁路货物运输的基本流程。

引导案例

实习两周以来，小易对于航空运单的相关知识掌握得差不多了，还需要多看一套单据才能真正夯实。有一天小易查阅到一份铁路运单，于是立即产生了浓厚的兴趣，想要一探究竟。

思考：请用自己的语言向小易同学介绍国际铁路运输的相关知识。

第一节 国际铁路货物运输概述

一、国际铁路运输的概念和作用

铁路运输是国际贸易运输中的主要运输方式之一。世界上第一条铁路出现在1825年的英国，其后铁路建设迅速发展，到19世纪末，世界铁路总里程达65万千米，目前已有140多万千米。世界铁路分布很不平衡，其中欧洲、美洲各占世界铁路总长度的1/3，而亚洲、非洲和大洋洲加在一起仅占1/3左右。世界上铁路总长度在5万千米以上的国家有美国、俄罗斯、加拿大、印度和中国。

国际铁路运输（international rail transportation）是指起运地点、目的地或约定经停地点位于不同国家或地区的铁路运输，是一种利用铁路进行国际贸易货物运输的方式。由于运送货物都要涉及两个或两个以上国家或地区，因此国际铁路运输主要采取联运方式。

国际铁路运输是仅次于海洋运输的主要运输方式，具有以下特点：铁路运输一般不易受自然气候条件的影响，基本可以保障全年的正常运输；铁路运输的运输量大、速度较快，运输的准确性和连续性强；铁路运输能常年保持准点运营，且可到达目的地的范围较广；铁路运输风险明显小于海洋运输，安全可靠；货运手续较为简单，且交接货物方便。

铁路货物运输如图7-1所示，铁路货物运输堆场如图7-2所示。

图7-1 铁路货物运输

图7-2 铁路货物运输堆场

二、我国铁路运输概况

铁路运输是我国最主要的货物运输方式，因此我国很重视国内铁路运输线的建设。我国的铁路建设和分布可总结为"七纵五横"，即七条主要南北干线和五条主要东西干线。

七纵：京哈线、京广线、京九线、京沪线、焦枝—枝柳线、宝成—成昆线、兰青—青藏线。

五横：滨州—滨绥线、京包—包兰线、陇海—兰新—北疆线、沪杭—浙赣—湘黔—贵昆线、南昆线。

除此以外，我国与邻国之间的贸易运输也多依赖于铁路。我国在一段时间也不断致力于建设铁路，来扩展与邻国的贸易，并同时通过铁路线的搭建，以促进铁路沿线的经济发展，将贸易范围不断扩大。

1. 目前我国通往陆上邻国的边境口岸的主要铁路线

1）沈丹线：丹东—朝鲜。

2）集二线：二连浩特—蒙古。

3）四集线：集安—朝鲜。

4）北疆线：阿拉山口—哈萨克斯坦。

5）长图线：图们—朝鲜。

6）南疆线：喀什—塔吉克斯坦。

7）滨绥线：绥芬河—俄罗斯。

8）昆河线：河口—越南。

9）滨洲线：满洲里—俄罗斯。

10）湘江桂线：凭祥—越南。

2. 目前我国与沿海港口相连接的主要铁路线

1）沈大线：沈阳—大连港。

2）焦石线：焦作—石臼所港（日照）。

3）鹰厦线：鹰潭（江西）—厦门。

4）大秦线、京哈线：大同—秦皇岛。

5）陇海线：兰州—连云港。

6）龙汕线：龙川—汕头。

7）京哈线：北京—天津。

8）新长线的支线：新沂—南通。

9）广深线、京九线：广州—深圳。

10）朔黄线：阳朔—黄骅港。

11）京沪线、沪杭线：北京—上海；上海—杭州。

12）京广线、广三线：上海—广州。

13）蓝烟线：蓝村—烟台。

14）萧甬线：萧山—宁波。

15）黎湛线：黎塘—湛江。

16）胶济线：胶州—青岛。

17）来福线：来舟—福州。

18）南防线：南宁—防城港。

中国计划于 2020 年之前高速铁路通车里程达到 1.8 万千米，中国在领跑全世界的高速铁路。现在中国提出了一项新的庞大的高速铁路"国际"计划：将中国的高速铁路与周边邻国连接起来的 3 条高速铁路计划。第一条是中国直通欧洲的线路，由乌鲁木齐出发，经哈萨克斯坦、乌兹别克斯坦、土库曼斯坦等中亚国家，然后与德国的高速铁路连通；第二条是中国与东南亚间的线路，由昆明出发，经越南、缅甸、马来西亚，直至新加坡；第三条是中国与俄罗斯和欧洲的线路，由黑龙江出发，经过俄罗斯国内，然后与欧洲相连接。

三、国际铁路公约

1.《国际铁路货物运送公约》

1890 年欧洲各国在瑞士首都伯尔尼举行的各国铁路代表会议上制定了《国际铁路货物运送规则》。1938 年修改时改称《国际铁路货物运送公约》，又称《伯尔尼货运公约》，同年 10 月 1 日开始实行。在第一次和第二次世界大战期间曾经中断，战后又重新恢复，以后为适应国际形势的不断发展变化又屡经修改。参与国共有 24 个：德国、奥地利、比利时、丹麦、西班牙、芬兰、法国、希腊、意大利、列支敦士登、卢森堡、挪威、荷兰、葡萄牙、英国、瑞典、瑞士、土耳其、前南斯拉夫、保加利亚、匈牙利、罗马尼亚、波兰、前捷克斯洛伐克。

《国际铁路货物运送公约》适用于按联运单托运的，其运程至少通过两个缔约国的领土的铁路运输。而运单就是运输契约。

2.《国际铁路货物联运协定》

《国际铁路货物联运协定》（*Agreement on International Railroad through Transport of Goods*），简称《国际货协》，是于 1951 年 11 月苏联、捷克、罗马尼亚、民主德国等 8 个国家共同签订的一项铁路货运协定。1954 年 1 月我国参加，其后，朝鲜、越南、蒙古国也陆续加入，至此共有 12 个国家加入《国际货协》。目前，我国对朝鲜、蒙古国以及俄罗斯、独联体各国的一部分进出口货物均采用国际铁路联运方式运送。由于独联体的出现，近年来，在原有协定基础之上，我国同相关国家又重新增订了有关铁路运输的国际公约。

为适应国际经贸大发展的需要，自 1980 年以来，我国成功地试办了通过西伯利亚铁路的集装箱国际铁路运输。在采用集装箱铁路运输的基础上，又开展了西伯利亚大陆桥运输方式，使海—陆—海集装箱运输有机地形成一定规模。1990 年，我国又开通了一条新的亚欧大陆桥，东起连云港，西至鹿特丹，为国际新型运输发展开辟了又一条通道。而国际铁路联运的成功经验和良好基础，又为开展陆桥运输提供了便利条件。

第二节 国际铁路联运业务

一、国际铁路联运

国际铁路联运是使用一份统一的国际铁路联运票据，由跨国铁路承运人办理两国或两国以上铁路的全程运输，并承担运输责任的一种连贯运输方式。

国际铁路联运牵涉面广，从发货站发运货物起，须经过出口国的国境站、经过国的进口和出口国境站，直到进口国的进口国境站，环节多，交接复杂。因此，要求货物的包装要适合长途运输的需要，票据规范、清晰，随附单证齐全，运送车辆为国际列车，设备必须完好无损。

国际铁路联运的运输范围：同参加《国际货协》国家铁路之间的货物运送；同未参加《国际货协》铁路间的货物运送；通过港口的货物运送。

二、国际铁路联运的种类

（一）按发货人托运货物数量、性质、体积、状态分类

按发货人托运货物数量、性质、体积、状态，国际铁路联运业务分为整车货物运输、零担货物运输和大吨位集装箱运输。

整车货物指一批托运货物计费重量达 3 吨以上；或者其重量不足 3 吨，但性质、体积、形状需要一辆车运输的货物。

零担货物是指运量零星、批数较多、到站分散、品种繁多、性质复杂、包装条件不一、作业复杂的货物。零担货物是批一次托运、计费重量不足 3 吨的货物。铁路零担货运代理运行作流程如图 7-3 所示。

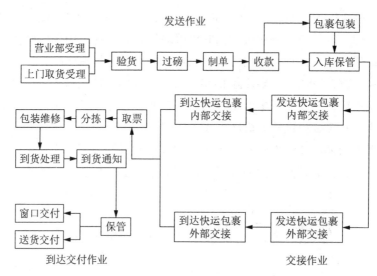

图 7-3　铁路零担货运代理运作流程

集装箱运输可以租用中国铁路集装箱，租用手续由公司国际部统一办理。但是朝鲜的货物必须使用自备箱。在国际联运运输中，必须是双箱方可办理国际联运。

（二）按运输速度分类

按运输速度，国际铁路联运业务分为慢运、快运和挂运。

1）快运：整车货每 320 运价千米为一天（昼夜），零担货每 200 运价公里为一天（昼夜）。

2）慢运：整车货每 200 运价千米为一天（昼夜），零担货每 150 运价公里为一天（昼夜）。

3）挂运：随旅客列车运输的托运形式，整车货每 420 运价千米为一天（昼夜）。

三、国际铁路联运的流程

1. 出口货物国际铁路联运的流程

国际铁路联运出口货物运输流程图如图 7-4 所示。

（1）货物托运和承运

发货人在托运货物时，应向车站提出货运单和运单副本，以此作为货物托运的书面申请。车站接到运单后，应认真审核，检查货物运单各项内容是否正确，以确认是否可以承运。车站一经在运单上签证，写明货物应进站的日期和装车日期，即表示受理了托运。

整车货物一般在装车完毕，发货站在货物运单上加盖承运日期戳，即为承运。

在我国铁路发站装车的货物，只能装到车辆最大载重量，超过时即为超载。按我国铁路国内规章办理，标记载重量加 2% 为最大载重量，用敞车类货物运送时，应执行《国际货协》的规定。标有"禁增"字样的车辆，只能装到标记载重量。若装车后需施铅封，属发货人装车的车皮，由发货人施铅封；属铁路装车的由铁路施铅封。

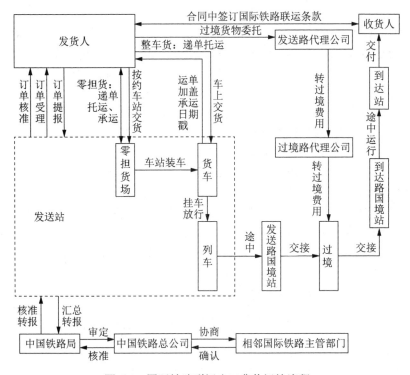

图 7-4　国际铁路联运出口货物运输流程

（2）出口货物国际联运运输单证取得

1）国际铁路货物联运运单（international through rail waybill）是发货人与铁路之间缔结的运输契约，它规定了铁路与发、收货人在货物运送中的权利、义务和责任，对铁路和发、收货人都具有法律效力。

2）联运运单的组成和作用如下。

第一张——运单正本，货物的运送契约，随同货物至到站并连同第五张和货物一并给货物人。

第二张——运行报单，随同货物至到站。

第三张——运单副本。

第四张——货物交付单，随同货物至到站。

第五张——货物到达通知单，随同货物至到站。

我国出口货物必须添附《出口货物细单》和《出口货物报关单》《出口外汇核销单》，另根据规定和合同要求还要添附《出口许可证》《品质证明书》《商品检验证书》、卫生检疫证、动植物检查以及装箱单、磅码单、化验单、产地证、发运清单。这些文件只限与运单所记载的货物有关，并将添附文件名称和份数记入运单"发货人添附文件"栏内，并同运单一起至国境站，不能邮寄，货物在国境站的报关手续，由口岸外运公司代为办理。

（3）铁路货运发货

铁路货物运输中，一批货物的重量、体积或形状需要以一辆以上货车运输的，应按整车托运。不够整车运输条件的按零担托运。符合集装箱运输条件的可按集装箱托运，按零担托运的货物，一件体积最小不得小于 0.02 立方米。一件重量在 10 千克以上的除外，每批不得超过 300 件。

铁路货物运输种类分为整车、零担、集装箱。货物运输订单和铁路货物运单是货物运输合同的组成部分。零担和集装箱运输的货物，由发站接收完毕，整车货物装车完毕，发站在货物运单上加盖车站日期戳时起即为承运。货物一经承运，运单内容即产生法律效力，所以，经办人在填记运单、订单内容时应认真如实填记。

按运输种类的不同，发货程序略有不同。整车货物运输按是否提报月度运输计划分为计划内运输和计划外运输，目前的计划审批方式为计算机联网审批，部分没有计算机的中间站在车务段网址录入，国际联盟货物运输计划暂时到路局报批。集装箱货物运输以每车为一批的计划审批模式同整车，不以车数为批数的集装箱货物及零担货物运输随到随受理。

发货时应注意以下几个问题。

1）一旦选择保价运输或保险运输，要足额投保。

2）发货一定要索取领货凭证，交给正当收货人。

3）全路目前正在实行集装箱"一口价"运输，包费用结算方式不同于其他两种运输方式，在订立购销合同时应引起注意。

4）铁路货运规章多，内容修改频繁，应及时了解和掌握。

5）在货物运输过程中，托运人应遵守国家有关法律和铁路货物运输规程，履行其权利和义务。

（4）出口货物交接

货物的实际交接是在接收铁路的国境站进行。货物交接分为一般货物铁路交接和易腐烂变质货物贸易双方的交接；也可以分为凭铅封交接和按实物交接两种情况。

国际联运的出口货物抵达到站后，铁路应通知运单中所记载的收货人领取货物。在收货人付清运单中所记载的一切应付运送费用后，铁路必须将货物连同运单交付给收货人。收货人必须支付运送费用并领取货物。

收货人领取货物时，应在运行报单上填记货物领取日期，并加盖收货戳记。

2. 进口货物国际铁路联运的流程

1）确定货物到达站。

2）注明货物经由的国境站。

3）编制货物的运输标志。

4）向位于国境站的外运机构寄送合同资料。

5）进口货物在国境内的交接。

6）分拨与分运。

7）进口货物的交付。

国际铁路联运进口货物的发运工作是由国外发货人根据合同规定向该国铁路车站办理的。根据《国际货协》规定，我国从参加《国际货协》的国家通过铁路联运进口货物，凡国外发货人向其所在国铁路办理托运，一切手续和规定均按《国际货协》和各该国国内规章办理。

3. 铁路危险品运输

（1）危险货物的含义

铁路运输的危险货物是指具有爆炸、易燃、毒害、感染、腐蚀、放射性等危险特性，在铁路运输过程中，容易造成人身伤亡、财产毁损或者环境污染而需要特别防护的物质和物品。

（2）危险货物分类

根据 GB 6944—2012《危险货物分类和品名编号》，危险货物按其危险性或最主要危险性分为 9 个类别。

第 1 类：爆炸品。

1.1 项：有整体爆炸危险的物质和物品。

1.2 项：有进射危险，但无整体爆炸危险的物质和物品。

1.3 项：有燃烧危险并有局部爆炸危险或进射危险或这两种危险都有，但无整体爆炸危险的物质和物品。

1.4 项：不呈现重大危险的物质和物品。

1.5 项：有整体爆炸危险的非常不敏感物质。

1.6 项：无整体爆炸危险的极端不敏感物质。

第 2 类：气体。

2.1 项：易燃气体。

2.2 项：非易燃无毒气体。

2.3 项：毒性气体。

第 3 类：易燃液体。

第 4 类：易燃固体、易于自燃的物质、遇水放出易燃气体的物质。

4.1 项：易燃固体、自反应物质和固态退敏爆炸品。

4.2 项：易于自燃的物质。

4.3 项：遇水放出易燃气体的物质。

第 5 类：氧化性物质和有机过氧化物。

5.1 项：氧化性物质。

5.2 项：有机过氧化物。

第 6 类：毒性物质和感染性物质。

6.1 项：毒性物质。

6.2 项：感染性物质。

第 7 类：放射性物质。

第 8 类：腐蚀性物质。

第 9 类：杂项危险物质和物品，包括危害环境物质。

（3）危险货物包装类别

除第 1 类、第 2 类、第 7 类、5.2 项和 6.2 项物质，以及 4.1 项自反应物质以外的物质，根据其危险程度，划分为以下 3 个包装类别：

Ⅰ类包装：具有高度危险性的物质。

Ⅱ类包装：具有中等危险性的物质。

Ⅲ类包装：具有轻度危险性的物质。

（4）对危险货物的要求

危险货物的运输包装和内包装应按《铁路危险货物品名表》及《铁路危险货物包装表》的规定进行包装，同时还须符合下列要求。

1）包装材料的材质、规格和包装结构与所装危险货物的性质和重量相适应。包装容器和与拟装物不得发生危险反应或削弱包装强度。

2）充装液体危险货物，容器应留有正常运输过程中最高温度所需的足够膨胀余位。易燃液体容器应至少留有 5% 空隙。

3）液体危险货物要做到液密封口；对可产生有害蒸气及易潮解或遇酸雾能发生危险反应的应做到气密封口。对于必须装有通气孔的容器，其设计和安装应能防止货物流出或进入杂质水分，排出的气体不致造成危险或污染。其他危险货物的包装应做到密封不漏。

4）包装应坚固完好，能抗御运输、储存和装卸过程中正常冲击、振动和挤压，并便于装卸和搬运。

5）包装的衬垫物不得与拟装物发生反应，降低安全性，应能防止内装物移动和起到减振及吸收作用。

6）包装表面应清洁，不得黏附所装物质和其他有害物质。

四、国际铁路联运货运单据及其缮制

国际铁路联运运单一式五联：①运单正本（随货物至到站，并连同第 5 张和货物一起交给收货人）；②运行报单（随货物至到站，并留存到达路）；③运单副本（运输合同签订后，交给收货人）；④货物到达通知单（随同货物至到站，并留到达路）；⑤货物到达通知单（随同货物至到站，并连同第 1 张和货物一起交给收货人）。第 1 张和第 5 张，以及第 2 张和第 4 张应在左边相互连接。

第三节　内地对香港和澳门的铁路货物运输

一、对香港地区的铁路运输

1. 深圳口岸

内地各省市铁路发往香港的整车和零担货物车，均在深圳北站进行解体、编组以及必要的装卸作业和联检作业。中外运空运发展股份有限公司深圳分公司（以下简称"中外运深圳分公司"）是各外贸专业公司在深圳口岸的货运代理，负责其货物的进出口业务。

2. 港段铁路

港段铁路为京九铁路、广九铁路的一部分，自边境罗湖车站起，至九龙车站，全长34千米。目前，港段铁路的货运业务，均由香港中旅货运有限公司承包。香港中旅货运有限公司是中外运空运发展股份有限公司深圳分公司（以下简称"中外运深圳分公司"）在香港的货运代理。

3. 对香港地区铁路运输的特点

对香港地区铁路运输不同于国际联运，也不同于一般的国内运输，而是一种特定的运输方式，有如下特点。

1）租车方式两票运输。

2）运输工作计划多变。

3）运输计划主要是编制月度计划。

4. 发货人办理国内铁路运输托运手续

发货地——深圳站（发货人——中外运深圳分公司），发货人提前5天向当地外运办理委托手续。

1）注意问题：装载高度从轨面算起，不得超过4.5米。目前，香港铁路有限公司规定，每节车厢总重（自重＋货重）不得超过72吨。

2）主要单证：供港货物委托书、出口货物报关单、起运电报、承运货物收据、铁路运单等。

5. 运行组织形式

运行组织形式包括快运货物列车、直达列车、成组运输。

6. 铁路到达深圳的外贸出口货物的交接方式

铁路到达深圳的外贸出口货物的交接方式有 3 种：原车过轨（占 80%～90%）、卸车（存储）经公路出口和卸车后存外贸仓库再装火车出口。中外运深圳分公司办理杂货，总公司工作组和转运站办理活畜禽。

7. 港段接卸

（1）港段有关运输机构

1）香港九广铁路公司。

2）香港中国旅行社。

3）运输行。

4）华润集团公司储运部。

（2）香港铁路的接卸作业

货车到达深圳后，中外运深圳分公司填报"当天车辆过轨货物通知单"（预报），交给香港中国旅行社罗湖办事处，香港中国旅行社派人过桥取送。货车过轨后，罗湖办事处根据香港九龙铁路公司提供的过轨车号，填制过轨确报。至现场逐个核对车号，并进行适当处理，并向香港九广铁路公司起票托运。

香港的卸货点没有货场，卸货时全部采用火（火车）、车（汽车）直取或车（火车）船直取方式。汽车不来，火车就不能卸。

二、对澳门地区的铁路运输

澳门与内地没有铁路直通。内地各省运往澳门的出口货物，先由铁路运至广州。整车货物，到广州南站新风码头 42 道专用线；零担到广州南站；危险品零担，到广州吉山站；集装箱和快件到广州火车站。

收货人均为中国外运广东有限公司。货物到达广州后由省外运分公司办理水路或公路的中转，运至澳门。货物到达澳门后，由南光集团运输部负责接收货物并交付收货人。

广东省的地方物资和一部分不适合经水运的内地出口物资，可用汽车经拱北口岸运至澳门。

本章小结

本章重点介绍了国际铁路货物运输的定义、性质、业务范围和操作流程等内容，旨在让学生加深对国际铁路货物运输的了解，明白国际铁路货物运输在我国对外贸易中的重要地位，并掌握国际铁路货物运输的操作流程。

职业技能强化训练

一、单项选择题

1. 关于国际铁路运输的特点，下列描述正确的是（　　）。

    A．适合于长距离的大宗货物的集中运输

    B．适合于长距离的杂货小件运输

    C．适合于短途的大宗货物的集中运输

    D．适合于短途的杂货小件运输

在线同步测试及参考答案

2. 下列铁路口岸通往俄罗斯的是（　　）。

    A．凭祥 　　　　B．满洲里 　　　　C．二连浩特 　　　　D．河口

3. 危险货物按其危险性或最主要危险性分为（　　）个类别。

    A．7 　　　　B．8 　　　　C．9 　　　　D．10

4. 铁路货物运单的传递过程是（　　）。

    A．托运人→发站→到站→收货人 　　B．发站→托运人→到站→收货人

    C．托运人→发站→收货人→到站 　　D．发站→托运人→收货人→到站

5. 铁路承运的起算日期是（　　）。

    A．订单被审定日 　　　　　　B．货物进站日

    C．货物装车日 　　　　　　　D．发站在运单上加盖的日期

6. 下列对铁路运输的运单描述不正确的是（　　）。

    A．运单是发货人、收货人和铁路之间运输合同存在的证明，对三方均有法律约束力

    B．运单是铁路方在终点到站向收货人检收运杂费和点交货的依据

    C．运单是货物出入沿途各国海关的必备文件

    D．运单可以转让，可以作为向铁路索赔的证据

7. 国际铁路联运出口货物的主要运输单证是（　　）。

    A．承运货物收据 　　　　　　B．多式联运提单

    C．运行报单 　　　　　　　　D．运单和补充运行报单

二、多项选择题

1. 国际铁路联运的办理种类包括（　　）。

    A．整车运输 　　B．零担运输 　　C．散货运输 　　D．大吨位集装箱运输

2. 下述关于国际铁路货物联运的表述正确的是（　　）。

    A．在由一国铁路向另一国铁路移交货物时需要发货人与收货人参与

    B．由铁路部门负责从托运人接货到向收货人交货的全过程运输

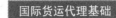
    C．经过两个或两个以上国家的铁路运输

    D．在整个联运过程中使用一份国际联运运单

3．国际铁路联运时货物部分灭失．毁损或腐坏，索赔时发货人或收货人应提供（　　　）。

    A．装箱单　　　　　　　　　　　B．托运书

    C．运单　　　　　　　　　　　　D．铁路交给收货人的商务记录

4．属于国际铁路组织的有（　　　）。

    A．国际铁路组织　　　　　　　　B．欧洲铁路共同体

    C．国际铁路联盟　　　　　　　　D．国际铁路货物运送公约

5．铁路货物运到期限由（　　　）组成。

    A．货物装箱期间　　　　　　　　B．货物发送期间

    C．货物运输期间　　　　　　　　D．特殊作业时间

三、判断题

1．符合集装箱运输条件的可按集装箱托运，按零担托运的货物，每件货物的体积不得小于 0.05 立方米。　　　　　　　　　　　　　　　　　　　　　　　　　　　（　　）

2．在我国铁路发站装车的货物，只能装到车辆最大载重量，超过时即为超载。

                                                       （　　）

3．铁路运输与其他运输方式相比较，具有运量大，运送速度快，不受气候条件的影响，运输准时，使用方便等特点，铁路运输与其他陆上运输方式比较，还具有占地少、能耗低、事故少、污染少等优势。　　　　　　　　　　　　　　　　　　　　　　　（　　）

4．承运意味着铁路负责运输的开始，是承运人与托运人划分责任的时间界线。

                                                 （　　）

5．在一张铁路运单内不能同时有易腐货物和非易腐货物。　　　　　　　　（　　）

第八章

国际集装箱货物运输代理

知识目标

1. 了解集装箱运输的主要单证。
2. 了解集装箱货运业务流程。
3. 了解集装箱运输运费的计算方法。

能力目标

1. 能掌握集装箱规格尺寸。
2. 能掌握集装箱运输运费的计算方法。
3. 能掌握集装箱运输进出口业务流程。
4. 能阐述国际集装箱运输的参与主体和方式。

职业资格考核要点

1. 集装箱运输运费计算。
2. 集装箱运输业务流程。

 引导案例

在叔叔公司里实习的这段时间，小易对"集装箱"这个词完全不陌生了，而且有着直观的感受。小易想了解更多有关集装箱的知识，新的学习之旅即将开始。

思考：请用自己的语言向小易同学介绍集装箱的相关知识。

第一节　国际集装箱运输概述

一、集装箱概述

1. 集装箱的定义

集装箱（container）又称货柜或货箱，它是一种运输设备。根据国际标准化组织 104 技术委员会（简称 ISO—104）的规定，集装箱应具有耐久性，其坚固强度足以反复使用；便于商品运送而专门设计的，在一种或多种运输方式中无须中途换装；设有便于装卸和搬运，特别是便于从一种运输方式转移到另一种运输方式的装置；设计时应注意到便于货物装满或卸空；内容积为 1 立方米或 1 立方米以上等基本条件。

2. 集装箱标准

目前世界上通用的是 20 英尺和 40 英尺集装箱。为便于计算集装箱数量，以 20 英尺的集装箱作为换算标准箱（twenty-foot equivalent unit，TEU），并以此作为集装箱船载箱量、港口集装箱吞吐量、集装箱保有量等的计量单位。其相互关系为，20 英尺集装箱＝1TEU，40 英尺集装箱＝2TEU。集装箱的标准化促进了集装箱的国际流通，有力地推动了集装箱运输的发展。

3. 集装箱类型与尺寸介绍

（1）干货集装箱

我们通常见到的 20 英尺、40 英尺集装箱叫干货集装箱（dry cargo container），又称杂货集装箱。这种集装箱用来运输无须控制温度的件杂货，使用范围很广，以装运件杂货为主，通常用来装运文化用品、日用百货、医药、纺织品、工艺品、化工制品、五金交电、电子机械、仪器及机器零件等，如图 8-1 所示。这种集装箱占集装箱总数的 70%～80%。

（2）冷冻集装箱

冷冻集装箱（reefer container）分外置和内置式两种，温度可在－28～＋26℃调整。内

置式集装箱在运输过程中可随意启动冷冻机，使集装箱保持指定温度；而外置式则必须依靠集装箱专用车、船和专用堆场、车站上配备的冷冻机来制冷。这种箱子适合在夏天运输黄油、巧克力、冷冻鱼肉、炼乳、人造奶油等物品，如图 8-2 所示。

图 8-1　干货集装箱　　　　　　　　　图 8-2　冷冻集装箱

（3）开顶集装箱

开顶集装箱（open top container）没有箱顶，可用起重机从箱顶上面装卸货物，装运时用防水布覆盖顶部，其水密要求和干货箱一样，适合于装载体积高大的物体，如玻璃板等，如图 8-3 所示。

（4）框架集装箱

框架集装箱（flat rack container）没有箱顶和两侧，其特点是从集装箱侧面进行装卸，以超重货物为主要运载对象，还便于装载牲畜，以及诸如钢材之类可以免除外包装的裸装货，如图 8-4 所示。

图 8-3　开顶集装箱　　　　　　　　　图 8-4　框架集装箱

（5）牲畜集装箱

牲畜集装箱（pen container）侧面采用金属网，通风条件良好，并且便于喂食，是专为装运牛、马等活动物而制造的特殊集装箱。

（6）罐式集装箱

罐式集装箱（tank container）又称液体集装箱，是为运输食品、药品、化工品等液体货物而制造的特殊集装箱。其结构是在一个金属框架内固定上一个液罐，如图 8-5 所示。

图 8-5　罐式集装箱

（7）平台集装箱

平台集装箱（platform container）形状类似铁路平板车，适宜装超重超长货物，长度可达 6 米以上，宽 4 米以上，高 4.5 米左右，重量可达 40 公吨，如图 8-6 所示。两台平台集装箱可以联结起来，装 80 公吨的货，用这种箱子装运汽车极为方便。

图 8-6　平台集装箱

（8）通风集装箱

通风集装箱（ventilated container）箱壁有通风孔，内壁涂塑料层，适宜装新鲜蔬菜和水果等怕热怕闷的货物，如图 8-7 所示。

图 8-7　通风集装箱

（9）保温集装箱

保温集装箱（insulated container）箱内有隔热层，箱顶又有能调节角度的进出风口，可利用外界空气和风向来调节箱内温度，紧闭时能在一定时间内不受外界气温影响。保温集装箱适宜装运对温湿度敏感的货物，如图 8-8 所示。

图 8-8　保温集装箱

（10）散装货集装箱

散装货集装箱（bulk container）一般在顶部设有 2～3 个小舱口，以便装货；底部有升降架，可升高成 40°的倾斜角，以便卸货。这种箱子适宜装粮食、水泥等散货。如要进行植物检疫，还可在箱内熏舱蒸洗。

（11）散装粉状货集装箱

散装粉状货集装箱（free flowing bulk material container）与散装货集装箱基本相同，但装卸时使用喷管和吸管。

（12）挂式集装箱

挂式集装箱（dress hanger container）适合于装运服装类商品，如图 8-9 所示。

图 8-9　挂式集装箱

随着国际贸易的发展，商品结构不断变化和客户提出的新要求，今后还会出现各种不同类型的专用或多用集装箱。

4. 集装箱运输的特点

1）采用机械化作业进行搬运、装卸和堆存。在不同运输方式的转换过程中，无须对箱内物品进行搬移和接触。

2）货物从内陆发货人的工厂或仓库装箱后，经由陆海空不同的运输方式，可以一直将货物运送到收货人的工厂或仓库，实现门到门运输。

3）集装箱作为运输单元，不仅装卸快、效率高，而且可以减少货损货差、保证货物运输质量。

4）由一个承运人负责全程运输，简化货运手续，方便货主，提高工作效率。

5）集装箱可以看作集装箱船舶舱位的一部分，无论是在装船前还是在卸船后都可以作为单一运输单元进行分离运输。

二、集装箱运输的参与主体

1. 经营集装箱运输的实际承运人

掌握运输工具并参与集装箱运输的实际承运人（container carrier）通常拥有大量集装箱，以利于集装箱的周转、调拨、管理，以及集装箱与车船机的衔接。

2. 无船公共承运人

无船公共承运人（non-vessel operating common carrier，NVOCC）专门经营集装货运的揽货、装拆箱、内陆运输及经营中转站或内陆站业务，可以具备实际运输工具，也可不具备。对真正货主来讲，他是承运人；而对实际承运人来说，他是托运人；通常无船公共承运人应受所在国法律制约，在政府有关部门登记。无船公共承运人的特点：不是国际贸易合同的当事人，法律上有权订立运输合同，一般不拥有运输工具，有权签发提单，对货物运输的全程承担责任，具有双重身份。

3. 集装箱租赁公司

集装箱租赁公司（container leasing company）是专门经营集装箱出租业务的行业及公司。集装箱租赁业务的特点和优点：船公司可节省大量购置资金；租箱公司无须投资建造大型集装箱船便拥有舱位；船公司减少了大量的管理费用和场站租赁费用；全球提箱，便利起租；全球还箱，方便退租。

4. 集装箱堆场

集装箱堆场（container yard，CY）一般是在码头范围内设立的存放等待装船的集装箱

知识链接：集装箱规格尺寸

和已经卸下船的集装箱的场地。集装箱堆场，有些地方也叫场站。对于海运集装箱出口来说，堆场的作用就是把所有出口客户的集装箱在某处先集合起来（不论通关与否），到了截港时间之后，再统一上船（此时必定已经通关）。

5. 集装箱货运站

集装箱货运站（container freight station，CFS）是处理拼箱货的场所，它办理拼箱货的交接，配载积载后，将箱子送往集装箱堆场，并接受集装箱堆场交来的进口货箱，进行拆箱、理货、保管，最后拨给各收货人。同时也可按承运人的委托进行铅封和签发场站收据等业务。

6. 集装箱码头经营人

集装箱码头经营人（container terminal operator）是专门办理集装箱装卸、交接、保管的部门，一般备有集装箱专用码头（container terminal）和堆场。堆场是专门用于保管和堆放集装箱（重箱和空箱）的场所。

三、国际集装箱运输方式

由于集装箱是一种新的现代化运输方式，它与传统的货物运输有很大不同，做法也不一样，目前国际上对集装箱运输尚没有行之有效并被普遍接受的统一做法。但在处理集装箱具体业务中，各国大体上做法近似，当前国际上对集装箱业务的通常做法如下。

（一）集装箱货物装箱方式

根据集装箱货物装箱数量和方式可分为整箱和拼箱两种。

1. 整箱

整箱是指货方自行将货物装满整箱以后，以箱为单位托运的集装箱。这种情况在货主有足够货源装载一个或数个整箱时通常采用，除有些大的货主自己置备有集装箱外，一般都是向承运人或集装箱租赁公司租用一定的集装箱。空箱运到工厂或仓库后，在海关人员的监管下，货主把货装入箱内、加锁、铅封后交承运人并取得站场收据，最后凭收据换取提单或运单。

2. 拼箱

拼箱是指承运人（或代理人）接受货主托运的数量不足整箱的小票货运后，根据货类性质和目的地进行分类整理。把去同一目的地的货，集中到一定数量拼装入箱，由于一个箱内有不同货主的货拼装在一起，所以叫拼箱。这种情况在货主托运数量不足装满整箱时采用。拼箱货的分类、整理、集中、装箱（拆箱）、交货等工作均在承运人码头集装箱货运站或内陆集装箱转运站进行。

（二）集装箱货物交接方式

如上所述，集装箱货运分为整箱和拼箱两种，因此在交接方式上也有所不同，纵观当前国际上的做法，大致有以下 4 类。

1. 整箱交，整箱接（FCL/FCL）

货主在工厂或仓库把装满货后的整箱交给承运人，收货人在目的地以同样整箱接货，承运人以整箱为单位负责交接。货物的装箱和拆箱均由货方负责。

2. 拼箱交，拆箱接（LCL/LCL）

货主将不足整箱的小票托运货物在集装箱货运站或内陆转运站交给承运人，由承运人负责拼箱和装箱运到目的地货站或内陆转运站，由承运人负责拆箱，拆箱后，收货人凭单接货。货物的装箱和拆箱均由承运人负责。

3. 整箱交，拆箱接（FCL/LCL）

货主在工厂或仓库把装满货后的整箱交给承运人，在目的地的集装箱货运站或内陆转运站由承运人负责拆箱后，各收货人凭单接货。

4. 拼箱交，整箱接（LCL/FCL）

货主将不足整箱的小票托运货物在集装箱货运站或内陆转运站交给承运人。由承运人分类调整，把同一收货人的货集中拼装成整箱，运到目的地后，承运人以整箱交货，收货人以整箱接货。

（三）集装箱货物交接地点

集装箱货物的交接，根据贸易条件所规定的交接地点不同一般分为以下几类。

1）门到门（door to door）：从发货人工厂或仓库至收货人工厂或仓库。

2）门到场（door to CY）：从发货人工厂或仓库至目的地或卸箱港的集装箱堆场。

3）门到站（door to CFS）：从发货人工厂或仓库至目的地或卸箱港的集装箱货运站。

4）场到门（CY to door）：从起运地或装箱港的集装箱堆场至收货人工厂或仓库。

5）场到场（CY to CY）：从起运地或装箱港的堆场至目的地或卸箱港的集装箱堆场。

6）场到站（CY to CFS）：从起运地或装箱港的集装箱堆场至目的地或卸箱港的集装箱货运站。

7）站到门（CFS to door）：从起运地或装箱港的集装箱货运站至收货人工厂或仓库。

8）站到场（CFS to CY）：从起运地或装箱港的集装箱货运站至目的地或卸箱港的集装箱堆场。

9）站到站（CFS to CFS）：从起运地或装箱港的集装箱货运站至目的地或卸箱港的集装箱货运站。

集装箱整箱和拼箱运输各有什么特点？

第二节　集装箱货物运输主要单证

在集装箱货物进出口业务中，除采用了与传统的散杂货运输中相同的商务单证外，在船务单证中根据集装箱运输的特点，采用了空箱提交单、集装箱设备交接单、集装箱装箱单、场站收据、特殊货物清单、提货通知书、交货记录、卸货报告和待提集装箱（货物）报告等，现分别介绍如下。

1．空箱提交单

空箱提交单（equipment dispatch order）又称集装箱发放通知单（container release order），俗称提箱单，是船公司或其代理人指示集装箱堆场将空集装箱及其他设备提交给本单持有人的书面凭证。

在集装箱运输中，发货人如使用船公司的集装箱，并为了要把预定的货物装在箱内，就要向集装箱堆场或空箱储存场租借空箱，通常是由船公司提供空集装箱，借给发货人或集装箱货运站。集装箱的空箱提交单一式三联，发货人或其代理人凭订舱委托书，接受订舱委托后，由船公司或其代理人签发，除自留一联备查外，发货人或其代理人和存箱的集装箱堆场或空箱储存场各执一联。

2．集装箱设备交接单

集装箱设备交接单（equipment interchange receipt）简称设备交接单（equipment receipt，E/R），是进出港区、场站时，用箱人、运箱人与管箱人或其代理人之间交接集装箱和特殊集装箱及其设备的凭证；是拥有和管理集装箱的船公司或其代理人与利用集装箱运输的陆运人签订有关设备交接基本条件的协议（equipment interchange agreement）。

设备交接单分出场（港）设备交接单和进场（港）设备交接单两种，各有 3 联，分别为管箱单位（船公司或其代理人）留底联，码头、堆场联，用箱人、运箱人联。图 8-10 所示为出场（港）设备交接单。

上网查找一张进场（港）设备交接单，与出场（港）设备交接单有什么不同？

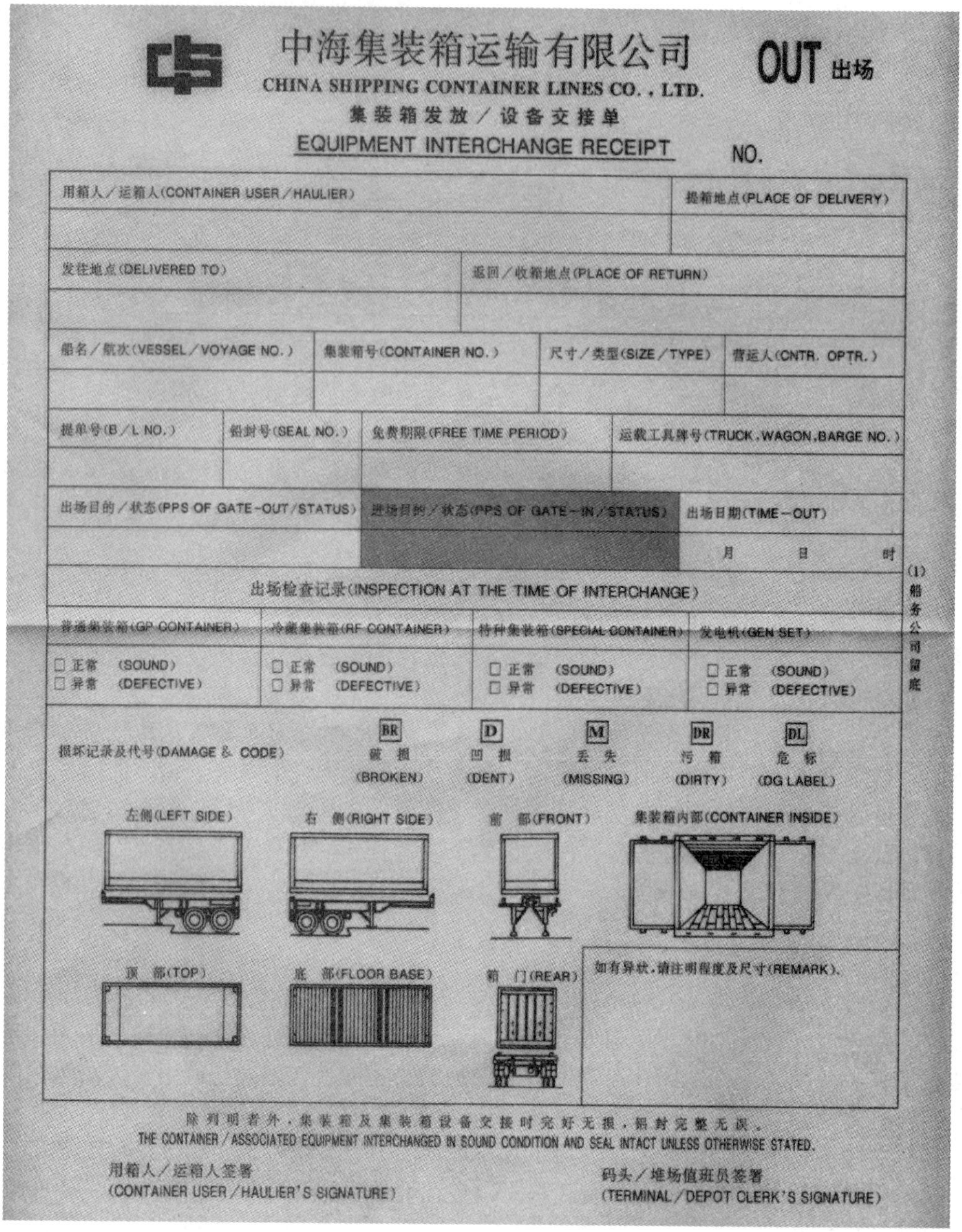

中海集装箱运输有限公司

CHINA SHIPPING CONTAINER LINES CO., LTD.

OUT 出场

集装箱发放／设备交接单

EQUIPMENT INTERCHANGE RECEIPT

NO.

用箱人／运箱人(CONTAINER USER／HAULIER)	提箱地点(PLACE OF DELIVERY)
发往地点(DELIVERED TO)	返回／收箱地点(PLACE OF RETURN)

船名／航次(VESSEL／VOYAGE NO.)	集装箱号(CONTAINER NO.)	尺寸／类型(SIZE／TYPE)	营运人(CNTR. OPTR.)
提单号(B／L NO.)	铅封号(SEAL NO.)	免费期限(FREE TIME PERIOD)	运载工具牌号(TRUCK, WAGON, BARGE NO.)

出场目的／状态(PPS OF GATE-OUT／STATUS)	进场目的／状态(PPS OF GATE-IN／STATUS)	出场日期(TIME-OUT)
		月 日 时

(1) 船务公司留底

出场检查记录(INSPECTION AT THE TIME OF INTERCHANGE)

普通集装箱(GP CONTAINER)	冷藏集装箱(RF CONTAINER)	特种集装箱(SPECIAL CONTAINER)	发电机(GEN SET)
□ 正常 (SOUND) □ 异常 (DEFECTIVE)	□ 正常 (SOUND) □ 异常 (DEFECTIVE)	□ 正常 (SOUND) □ 异常 (DEFECTIVE)	□ 正常 (SOUND) □ 异常 (DEFECTIVE)

损坏记录及代号(DAMAGE & CODE)　BR 破损 (BROKEN)　D 凹损 (DENT)　M 丢失 (MISSING)　DR 污箱 (DIRTY)　DL 危标 (DG LABEL)

如有异状，请注明程度及尺寸(REMARK).

除列明者外，集装箱及集装箱设备交接时完好无损，铅封完整无误。

THE CONTAINER／ASSOCIATED EQUIPMENT INTERCHANGED IN SOUND CONDITION AND SEAL INTACT UNLESS OTHERWISE STATED.

用箱人／运箱人签署
(CONTAINER USER／HAULIER'S SIGNATURE)

码头／堆场值班员签署
(TERMINAL／DEPOT CLERK'S SIGNATURE)

图 8-10　出场（港）设备交接单

3. 集装箱装箱单

集装箱装箱单（container load Plan）是详细记载每一个集装箱内所装货物名称、数量、尺码、重量、标志和箱内货物积载情况的单证，对于特殊货物还应加注特定要求，如对冷藏货物要注明对箱内温度的要求等。它是集装箱运输的辅助货物舱单，其用途很广，主要用途有以下几方面。

1）是发货人向承运人提供集装箱内所装货物的明细清单。

2）是在装箱地向海关申报货物出口的单据，也是集装箱船舶进出口报关时向海关提交的载货清单的补充资料。

3）对于发货人，是集装箱货运站与集装箱码头之间的货物交接单。

4）是集装箱装、卸两港编制装、卸船计划的依据。

5）是集装箱船舶计算船舶吃水和稳性的基本数据来源。

6）在卸箱地作为办理集装箱保税运输手续和拆箱作业的重要单证。

7）当发生货损时，是处理索赔事故的原始依据之一。

总之，集装箱装箱单的内容记载得准确与否，与集装箱货物运输的安全有着非常密切的关系，如图 8-11 所示。

EXPORTER				PACKING LIST				
IMPORTER								
				P/L DATE :				
				INVOICE NO :				
				INVOICE DATE :				
				CONTRACT NO. :				
Letter of Credit No. :			Date of Shipment. :					
FROM :			TO :					
Marks	Description of goods; Commodity No.		Quantity	Package	G.W.	N.W.	Meas.	
	Total amount :							
			Exporter stamp and signature					

图 8-11　集装箱装箱单

191

国际货运代理基础

4. 场站收据

场站收据（dock receipt，D/R）是由发货人或其代理人编制，由承运人签发的，证明船公司已从发货人处接收了货物，并证明当时货物状态，船公司对货物开始负有责任的凭证，托运人据此向承运人或其代理人换取待装提单或装船提单。它相当于传统的托运单、装货单、收货单等一整套单据，共有 10 联（有的口岸有 7 联），其中，集装箱货物托运单两联：第 1 联，货主留底，第 2 联，船代留底；运费通知两联：第 3 联，运费通知（1），第 4 联，运费通知（2）；第 5 联，装货单，即场站收据副本（1），包括缴纳出口港务费申请书附页；第 6 联，大副联，即场站收据副本（2）；第 7 联，场站收据正本；第 8 联，货运代理留底；第 9 联，配舱回单（1）；第 10 联，配舱回单（2）。

5. 特殊货物清单

在集装箱内装运危险货物、动物货、植物货和冷冻货物等特殊货物时，托运人在托运这些货物时，必须根据有关规章，事先向船公司或其代理人提交相应的危险货物清单、动物货清单、植物货清单和冷冻（藏）货集装箱清单。

6. 提货通知书

提货通知书（delivery notice）是船公司在卸货港的代理人向收货人或通知人（往往是收货人的货运代理人）发出的船舶预计到港时间的通知。它是船公司在卸货港的代理人根据掌握的船舶动态和装箱港的代理人寄来的提单副本或其他货运单证、资料编制的。

7. 交货记录

交货记录（delivery record）共 5 联：到货通知书一联，提货单一联，费用账单两联，交货记录一联。交货记录的流转程序如下。

1）在船舶抵港前，由船舶代理根据装货港航寄或传真得到的舱单或提单副本，制作交货记录一式五联。

2）在集装箱卸船并做好交货准备后，由船舶代理向收货人或其代理人发出到货通知书。

3）收货人凭正本提单和到货通知书向船舶代理换取提货单、费用账单、交货记录共 4 联，对运费到付的进口货物结清费用，船舶代理核对正本提单后，在提货单上盖专用章。

4）收货人持提货单、费用账单、交货记录共 4 联随同进口货物报关单一起送海关报关，海关核准后，在提货单上盖放行章，收货人持上述 4 联送场站业务员。

5）场站核单后，留下提货单联作为放货依据，费用账单由场站凭此结算费用，交货记录由场站盖章后退收货人。

6）收货人凭交货记录提货，提货完毕时，交货记录由收货人签收后交场站留存。

192

交货记录在船舶抵港前由船舶代理依据舱单、提单副本等卸船资料预先制作。到货通知书除进库日期外，所有栏目由船舶代理填制，其余 4 联相对应的栏目同时填制完成。提货单盖章位置由责任单位负责盖章，费用账单剩余项目由场站、港区填制，交货记录出库情况由场站、港区的发货员填制，并由发货人、提货人签名。

8．其他单证

（1）卸货报告

卸货报告是集装箱堆场或货运站在交付货物后，将交货记录中记载的批注，按不同装载的船名，而分船编制的交货状态的批注汇总清单。

（2）待提集装箱（货物）报告

待提集装箱（货物）报告是集装箱堆场或货运站编制并送交船公司的，表明经过一段时间尚未能疏运的，仍滞留在堆场或货运站的重箱或货物的书面报告。据此，船公司或其代理人可向收货人及其代理人发出催提货物的通知，以利于疏港和加速集装箱的周转。

第三节　集装箱运输运费计算

一、集装箱运输运费概述

集装箱运输运费的单位价格称为集装箱运价。由于海上集装箱运输大都是采用班轮营运组织方式经营的，因此集装箱海运运价实质上也属班轮运价的范畴。集装箱海运运费的计算方法与普通的班轮运输的运费计算方法是一样的，也是根据费率本规定的费率和计费办法计算运费的，并有基本运费和附加运费之分。

1．基本运费

基本运费是指班轮公司为一般货物在航线上各基本港口间进行运输所规定的运价。基本运费是全程运费的主要部分，由基本运价和计费吨的计算而得出。计算方法有重量法、体积法、从价法、综合法、按件法和议定法 6 种。

1）重量法：基本运费等于计重货物的运费吨乘以运费率。所谓计重货物是指按货物的毛重计算运费的货物。在运价表中用 W 标记，它的计算单位为重量吨，如公吨（metric ton，M/T）长吨（long ton，L/T）和短吨（short ton，S/T）等。按照国际惯例，计重货物是指每公吨的体积小于 1.1328 立方米的货物，而我国远洋运输运价表中则将每公吨的体积小于 1 立方米的货物定为计重货物。

2）体积法：基本运费等于容积货物的运费吨乘以运费率。所谓容积货物是指按货物的体积计算运费的货物，在运价表中以 M 表示，它的计量单位为容积或称尺码吨。按照国际惯例，容积货物是指每公吨的体积大于 1.1328 立方米的货物；而我国的远洋运输运价表中则将每公吨的体积大于 1 立方米的货物定为容积货物。

3）从价法：基本运费等于货物的离岸价格乘以从价费率。所谓货物的离岸价格是指装运港船上交货（free on board，FOB）价格。若贸易双方按此价格条件成交之后，卖方应承担货物装上船之前的一切费用，买方则承担运费及保险费等在内的货物装上船以后的一切费用。而从价费率常以百分比表示，一般为 1%～5%。按从价法计算的基本运费的货物，在运价表中用 Ad. Val.表示。

在运价表中，对按选择法计算的货物常以 W/M or Ad. Val.表示。

【例 8-1】某货物按运价表规定，以 W/M 或 Ad.Val.选择法计费，以 1 立方米体积或 1公吨重量为 1 运费吨，由甲地至乙地的基本运费费率为每运费吨 25 美元，从价费率为 1.5%。现装运一批该种货物，体积为 4 立方米，毛重为 3.6 公吨，其 FOB 价格为 8000 美元，则运费是多少？

解：按 3 种标准计算如下：

$$W：25×3.6＝90（美元）$$
$$M：25×4＝100（美元）$$
$$Ad.Val.：8000×1.5\%＝120（美元）$$

三者比较，以 Ad. Val.的运费较高。所以，该批货物的运费为 120 美元。计算时，也可以先作 W/M 比较：4 米和 3.6 公吨比较，先淘汰 W，而后进行 M 和 Ad.Val.计算比较，这样可省略一次计算过程。（注：W、M 和 Ad.Val.分别代表重量法、体积法和从价法。）

2. 附加运费

班轮运费除了基本运费以外还包括附加运费。附加运费是指班轮公司承运一些需要特殊处理的货物，或者由于燃油、货物及港口等原因收取的运费。基本费率一般不常变动，但构成运费的各种因素经常发生变化。因此，船公司采取征收各种附加运费的办法以维护其营运成本，附加运费率视客观情况随时浮动。附加运费主要由以下 6 种组成。

1）燃油附加费（bunker /fuel adjustment factor，BAF/FAF），是因油价上涨，船公司营运成本增加，为转嫁额外负担而加收的费用。燃油附加费有的航线按基本费率的百分比加收，有的航线按运费吨加收一定金额。

2）货币附加费（currency adjustment factor，CAF），是由于船方用以收取运费的货币贬值，所收到的运费低于货币贬值前所收相同金额的值，使纯收入降低，船方为弥补这部分损失而加收的费用。

3）港口拥挤费（port congestion surcharge），是由于装卸港港口拥挤堵塞，抵港船舶不能很快进行装卸作业，造成船舶延长停泊，增加了船期成本，船公司视港口情况的好坏，在不同时期按基本费率加收不同百分比的费用。

4）转船附加费（transhipment surcharge），凡运往非基本港的货物，需转船运往目的港，船方收取的附加费,其中包括转船费和二程运费。

5)直航附加费(directed additional),运往非基本港的货物达到一定数量时,船公司安排直航而收取的费用。直航附加费一般比转船附加费低。

6)港口附加费(port surcharge),是由于卸货港港口费用太高或港口卸货效率低、速度慢,影响船期所造成的损失而向货主加收的费用。

另外,还有超重附加费(heavy-lift additional,每件货物毛重超过5吨时为超重货);超长附加费(long length additional,每件货物长度超过9米时为超长货);洗舱费(cleaning charge,主要适用于散装油舱);熏蒸费(fumigation charge);选择港附加费(optional charge);更改卸港附加费(alteration charge)等。

【例 8-2】某票货从张家港出口到欧洲费利克斯托(Felixstowe),经上海转船。2×20英尺 FCL,上海到费利克斯托的费率是 USD1850.00/20 英尺,张家港经上海转船,其费率在上海直达费利克斯托的费率基础上加 USD100.00/20 英尺,另有货币贬值附加费 10%,燃油附加费 5%。问:托运人应支付多少运费?

解: 海运运费=基本运费+货币贬值附加费+燃油附加费

基本运费=(1850+100)×2=3900 USD

货币贬值附加费=3900×10%=390USD

燃油附加费=3900×5%=195USD

总额=3900+390+195=4485USD

二、集装箱基本海运运费的计算

1. 拼箱货海运运费计算

计费重量确定方法如下。

1)按货物重量(重量吨 W)。

2)按货物体积(尺码吨 M)。

3)按货物重量或尺码(选高)。

4)按货物特殊计算单位(如起码运费按每提单计收;不足 1 吨或 1 立方米按 1W/M 计收)。

知识链接:拼箱货海运运费计收应注意事项

2. 整箱货海运运费计算

(1)按 FAK 包箱费率计收

在采用包箱费率的航线上通常对一般普通货物不分等级,但对特殊货物通常再分为以下 4 种。

1)一般化工品(chemical non-hazardous):即无害化工品,指《国际海运危险货物规则》(以下简称《国际危规》)中未列名的化工品,易燃、易爆危险品除外,这类化工品通常在运价本中有附录列明。

2）半危险品（semi-hazardous cargo）：列于《国际危规》的商品，《国际危规》等级为 3.2、3.3、4.1、4.2、4.3、5.1、6.1、6.2、8、9。

3）全危险品（hazardous cargo）：列于《国际危规》的商品，《国际危规》中的等级为 1 类爆炸品和 7 类放射物品，其运价通常采用议定。

4）冷藏货物（reefer or refrigerated cargo）：需用温度控制、使用专用冷藏箱运输的货物。

（2）按 FCS 包箱费率计收

FCS 包箱费率（freight for class）是分箱型，对货物按不同货物种类和等级制定的包箱费率，即为货物（或商品）包箱费率（CBR）。在这种费率中，对普通货物进行分级，通常在件杂货 1～20 级中分 4 档，对传统件杂货等级进行简化。

（3）按最低计费吨运费计收或最高计费吨运费计收

整箱托运集装箱货物、发货人自行装箱且所使用的集装箱为船公司所提供的情况下，托运人则有按最低计费吨或最高计费吨支付海运运费的规定。规定的目的是，如果货主所自装货物的重量或体积吨数没有达到规定的要求，船公司则仍按该规定的最低计费吨计算运费，确保承运人的运费收入和经济利益。最低计费吨可以是重量吨或尺码吨，也可以是占集装箱容积装载能力的一个百分比，一般为集装箱箱内容积的 60%，如 20 英尺箱为 21.5 立方米尺码吨；40 英尺箱为 43 立方米尺码吨。

当货主托运的货物高出箱子的规定计费吨时，船东仍按规定的计费吨收费。其含义是即使货主自装的实际装箱货物的重量或体积吨数超过规定计费吨，承运人仍按该箱子规定的最高计费吨收取运费，超出部分免收运费。规定的目的主要是鼓励货主使用集装箱装运货物，并能最大限度地利用集装箱的内容积。

（4）特殊货物海运运费的计算

特种箱：一般在普通箱 CY/CY 条款的基础上加收一定百分比的运费。例如 40 英尺高箱费率通常为 40 英尺普通箱 CY/CY 运价的 110%；开顶箱、平板箱、框架箱为普通箱运价的 130%。成组货物：LCL 给予一定的优惠（10%）。家具和行李：按箱内容积 100% 计收。服装：按箱内容积 85% 计收。回运货物：FCL 优惠 15%，LCL 优惠 10%。

拓展训练

为什么会有整箱货物按最低计费吨运费计收和最高计费吨运费计收两种方法？

本章小结

本章重点介绍了国际集装箱运输概念、业务流程、运费计算和涉及单据，同时介绍了国际多式联运及大陆桥运输，旨在使同学们了解以集装箱运输为主的国际物流运输的基本业务情况。

职业技能强化训练

在线同步测试及参考答案

一、单项选择题

1. 国际海运集装箱按用途不同可以分成不同类型的集装箱，其中"RF"代表（　　）。

    A．干货箱　　　　B．冷藏集装箱　　C．框架集装箱　　D．开顶集装箱

2. 国际海运集装箱按用途不同可以分成不同类型的集装箱，其中"FR"代表（　　）。

    A．干货箱　　　　B．超高箱　　　　C．挂衣箱　　　　D．框架箱

3. 门到门的集装箱运输最适合于（　　）交接方式。

    A．整箱交，整箱接　　　　　　　B．整箱交，拆箱接

    C．拼箱交，拆箱接　　　　　　　D．拼箱交，整箱接

4. LCL-FCL 货物交接的运输条款包括（　　）。

    A．CY-CY　　　B．CY-DOOR　　C．CFS-CY　　D．CY-CFS

5. 在国际集装箱海运实践下，国际货运代理人作为集运代理人时与收发货人所采用的集装箱货物交接方式主要是（　　）。

    A．CY/CY　　　B．CY/CFS　　　C．CFS/CFS　　D．CFS/CY

6. FAK 费率是指（　　）。

    A．不同等级费率　　　　　　　　B．均一费率

    C．重量/尺码选择费率　　　　　　D．近洋航线费率

7. 设备交接单的当事人是（　　）。

    A．发货人与承运人　　　　　　　B．收货人与承运人

    C．用箱人与箱主　　　　　　　　D．租箱人与租箱公司

8. 下列属于集装箱出口货运特有的单证是（　　）。

    A．交货记录　　B．场站收据　　C．设备交接单　　D．装箱单

9. 海运集装箱运输中的场站收据是（　　）。

    A．交货凭证　　B．海关放行单　　C．大副收据　　D．换提单凭证

10. 塔科马港是（　　）集装箱货物运输航线上的港口。

    A．泛太平洋　　　　　　　　　　B．澳大利亚、新西兰

    C．跨大西洋　　　　　　　　　　D．欧洲地中海

二、多项选择题

1. 集装箱货物的交接地点主要有（　　　）。

    A. 门　　　　　　　　B. 集装箱堆场　　C. 船边或吊钩　　　　D. 集装箱货运站

2. 集装箱货运交接方式大致有（　　　）。

    A. 整箱交，整箱接　　　　　　　　　B. 拼箱交，拆箱接

    C. 整箱交，拆箱接　　　　　　　　　D. 拼箱交，整箱接

3. 下列属于集装箱整箱接受、拆箱交付方式的术语有（　　　）。

    A. DOOR/CY　　　B. DOOR/CFS　　C. CY/CFS　　　　D. CY/TACKLE

4. 拼箱货 LCL 的计费重量包括（　　　）。

    A. 按货物重量（重量吨 W）　　　　B. 按货物体积（尺码吨 M）

    C. 按货物重量或尺码（选高）　　　　D. 按货物特殊计算单位

5. 在国际海上货物运输中，场站收据的作用包括（　　　）。

    A. 是出口货物报关的凭证之一

    B. 是承运人已收到托运货物并开始对其负责的证明

    C. 是换取海运提单或联运提单的凭证

    D. 是船公司、港口组织装卸、理货和配载的凭证

三、判断题

1. 在国际海上运输中，托运人托运一件货物，货物的重量为 0.6 吨，体积为 0.7 立方米，通常其运费吨就是 0.7。（　　　）

2. 集装箱船载箱量、港口集装箱吞吐量、集装箱保有量等的计算单位通常是以 20 英尺的集装箱作为换算标箱。（　　　）

3. 在计算港口集装箱吞吐量时，一个 40 英尺长的集装箱计为 2TEU。因此，托运人使用一个 40 英尺长的集装箱可以装载的货物重量相当于两个 20 英尺长集装箱能够装载的货物重量。（　　　）

4. 在集装箱运输中，"TEU" 和 "FEU" 二者在集装箱船的载箱量、港口集装箱吞吐量、允许装载的货物重量和体积等方面都按照两倍关系来进行计算。（　　　）

5. 在国际海上集装箱货物运输中，冷藏货物装箱期间，承运人应保持冷藏装置的正常运转，以达到装载冷藏货所要求的温度。（　　　）

四、计算题

某货物按运价表规定，以 W/M 或 Ad.Val.选择法计费，以 1 立方米体积或 1 公吨重量为 1 运费吨，由甲地至乙地的基本运费费率为每运费吨 30 美元，从价费率为 1.5%。现装运一批该种货物，体积为 4 立方米，毛重为 4 公吨，其 FOB 价值为 9000 美元，则运费为多少？

第九章

国际多式联运代理

知识目标

1. 掌握国际多式联运的定义和基本形式。
2. 了解国际多式联运的业务流程。
3. 掌握多式联运经营人的定义和责任。
4. 掌握国际多式联运合同中承运人的责任规定。
5. 掌握国际多式联运单证和单一运输方式提单的区别。
6. 掌握几条国际上主要大陆桥。

能力目标

1. 能说出国际多式联运的定义和基本特征。
2. 能说出国际多式联运合同中承运人的责任规定。
3. 能说出国际多式联运经营人的定义和责任。
4. 能说出国际多式联运单证和单一运输方式提单的区别。
5. 能说出当前主要的大陆桥名称。

职业资格考核要点

1. 国际多式联运定义和分类。
2. 国际多式联运经营人和单证。

引导案例

实习了一段时间后，小易也总是会看到叔叔不忙碌的时候，见缝插针地跟叔叔去探讨和聊天，他觉得每次跟叔叔聊天都会收获满满的。这一天，他们又拉开了话匣子，叔叔说，现在国际多式联运已经在国际货运中变得越来越重要。

思考：请用自己的语言向小易同学介绍国际多式联运的相关基础知识。

第一节　国际多式联运概述

一、国际多式联运的定义和特征

（一）国际多式联运的定义

根据 1980 年《联合国国际货物多式联运公约》及 1997 年我国交通部和铁道部共同颁布的《国际集装箱多式联运管理规则》的定义，国际多式联运是指按照多式联运合同，以至少两种不同的运输方式，由多式联运经营人将货物从一国境内接管货物的地点运至另一国境内指定地点交付的货物运输。

（二）国际多式联运的基本特征

1）必须具有一份多式联运合同。

2）必须使用一份全程多式联运单证。

3）必须是至少两种不同运输方式的连续运输：多式联运不仅需要通过两种运输方式而且是两种不同运输方式的组合，例如海—海、铁—铁或空—空等。

4）必须是国际货物运输：这是区别于国内运输和是否适合国际法规的限制条件。也就是说，在国际多式联运方式下，货物运输必须是跨越国境的一种国际运输。

5）必须由一个多式联运经营人对货物运输的全程负责：这是多式联运的一个重要特征。多式联运经营人也就是与托运人签订多式联运合同的当事人，也是签发联运单据的人，他在联运业务中作为总承运人对货主负有履行合同的责任，并承担自接管货物起至交付货物时止的全程运输责任，以及对货物在运输途中因灭失损坏或延迟交付所造成的损失负赔偿责任。

6）必须是全程单一运费费率。多式联运经营人在对货主负全程运输责任的基础上，制定一个货物发运地至目的地全程单一费率并以包干形式一次向货主收取。

二、国际多式联运的优越性

（一）统一化、简单化

所谓统一化、简单化，主要表现为在国际多式联运方式下，货物运程不管有多远，不论由几种运输方式共同完成对货物的运输，且不论运输途中对货物经过多少转换，所有一切运输事项均由多式联运经营人负责办理。而货主只需要办理一次托运，订立一份运输合同，一次支付费用，一次保险。

（二）减少中间环节，缩短货物运输时间，降低货损货差事故，提高货运质量

多式联运系通过集装箱为运输单元进行直达运输。货物在发货人工厂或仓库装箱后，可直接运送至收货人的工厂或仓库。运输途中换装时无须换箱、装箱，从而减少了中间环节。尽管货物经多次换装，但由于使用专业机构装卸，且又不涉及箱内的货物，因而，货损货差事故、货物被窃大为减少，从而在一定程度上提高了货运质量。

（三）降低运输成本，节省运杂费用

由于多式联运可实行门到门运输，因此，对货主来说，在将货交由第一承运人后即可取得货运单证，并据以结汇。结汇时间提前，不仅有利于加速货物资金的周转，而且减少了利息的支出。又由于货物装载集装箱运输，从某种意义上说可节省货物的包装费用和保险费用。此外，多式联运可采用一张货运单证，统一费率，因而就简化了制单和结算手续，节省了人力、物力。

（四）提高运输组织水平，实现合理化运输

由不同的运输业者共同参与多式联运，经营的业务范围可大大扩展，并且可以最大限度地发挥其现有设备的作用，选择最佳运输路线，组织合理运输。

三、国际多式联运的种类及基本形式

目前，具有代表性的国际多式联运主要有远东/欧洲、远东/北美等海陆空联运，其基本形式主要有如下类型。

（一）海陆联运

海陆联运是国际多式联运的主要组织形式，也是远东/欧洲方向国际多式联运采用的主要组织形式之一。丹麦的马士基航运公司、瑞士的地中海航运公司、中国远洋运输公司、中国台湾的长荣航运公司等均经营远东/欧洲海陆联运业务。这种经营形式以航运公司为主体，签发联运提单，与航线两端的内陆运输部门开展联运业务。开展联运业务，其竞争对手是大陆桥运输。

（二）陆桥运输

在国际多式联运中，陆桥运输（land-bridge service）起着非常重要的作用。它是远东/欧洲或美洲国际多式联运的主要形式。所谓陆桥运输是指采用集装箱专用列车或卡车，把横贯大陆的铁路或公路作为中间"桥梁"，使大陆两端的集装箱海运航线与专用列车或卡车连接起来的一种连贯运输方式。严格地讲，陆桥运输也是一种海陆联运形式，只是因为其在国际多式联运中的独特地位，故将其单独作为一种运输组织形式。

（三）海空联运

海空联运又称空桥运输（air-bridge service），与陆桥运输有所不同，陆桥运输在整个货运过程中使用的是同一个集装箱，不用换装，而海空联运的货物通常要在航空港换入航空集装箱。

目前，国际海空联运线主要有以下几条。

1）远东—欧洲：远东与欧洲间的航线有以温哥华、西雅图、洛杉矶为中转地，也有以中国香港、曼谷、符拉迪沃斯托克（海参崴）为中转地。还有以旧金山、新加坡为中转地。

2）远东—中南美：近年来，远东至中南美的海空联运发展较快，因为此处港口和内陆运输不稳定，所以对海空运输的需求很大。该联运线以迈阿密、洛杉矶、温哥华为中转地。

3）远东—中近东、非洲、大洋洲：以中国香港、曼谷为中转地至中近东、非洲的运输服务。在特殊情况下，还有经马赛至非洲、经曼谷至印度、经中国香港至大洋洲等联运线，但这些线路货运量较小。

总的来讲，运输距离越远，采用海空联运的优越性就越大，因为同完全采用海运相比，其运输时间更短。同直接采用空运相比，其费率更低。因此，从远东到欧洲、中南美以及非洲的货物运输成为国际海空联运的主要市场。

（四）公铁联运

公铁联运不仅可以极大地满足现代物流发展的需要，同时可以有效地结合公路、铁路各自的优势，发挥铁路运输的准时、安全、费用低以及公路快速、灵活、服务到门的优势。同时避免了铁路运输速度慢、网点少、服务差；公路运输安全系数低、费用高和交通拥堵等缺陷。驮背运输（piggyback transport）是一种公铁联运方式，是指将载运货物的公路拖车或集装箱直接开上火车，置于铁路平车上输送，到达目的地再从车板上开下，所以又称平板车载运拖车（trailer on flatcar，TOFC），是各种拖车或集装箱相结合的产物。该运输方式运用于铁路货物运输领域，在北美洲和欧洲十分普遍。

（五）陆空联运

陆空联运更普遍地被各国所采用，尤其是工业发达的国家、高速公路较多的国家。陆空联运具有到货迅速、运费适中、安全保质、手续简便，并可以提前结汇。

第二节　国际多式联运的业务流程

多式联运的业务程序主要有以下几个环节。

一、接受托运申请，订立多式联运合同

多式联运经营人根据货主提出的托运申请和自己的运输路线等情况，判断是否接受该托运申请。如果能够接受，则双方议定有关事项后，在交给发货人或其代理人的场站收据副本上签章，证明接受托运申请，多式联运合同已经订立并开始执行。

发货人或其代理人根据双方就货物交接方式、时间、地点、付费方式等达成协议，填写场站收据，并把其送至多式联运经营人处编号，多式联运经营人编号后留下货物托运联，将其他联交还给发货人或其代理人。

二、集装箱的发放、提取及运送

多式联运中使用的集装箱一般应由多式联运经营人提供。

如果双方协议由发货人自行装箱，则多式联运经营人应签发提箱单或者租箱公司或区段承运人签发的提箱单交给发货人或其代理人，由他们在规定日期到指定的堆场提箱并自行将空箱托运到货物装箱地点准备装货。如发货人委托亦可由经营人办理从堆场装箱地点的空箱托运。如是拼箱货或整箱货但发货人无装箱条件不能自装时，则由多式联运经营人将所用空箱调运至接受货物集装箱货运站，做好装箱准备。

三、出口报关

若联运从港口开始，则在港口报关；若从内陆地区开始，应在附近的海关办理报关。出口报关事宜一般由发货人或其代理人办理，也可委托多式联运经营人代为办理。报关时应提供场站收据、装箱单、出口许可证等有关单据和文件。

四、货物装箱及接收货物

若是发货人自行装箱，发货人或其代理人提取空箱后在自己的工厂和仓库组织装箱，装箱工作一般要在报关后进行，并请海关派员到装箱地点监装和办理加封事宜。如需理货，还应请理货人员现场理货并与之共同制作装箱单。若发货人不具备装箱条件，可委托多式联运经营或货运站装箱，发货人应将货物以原来形态运至指定的货运站由其代为装箱。若是拼箱货物，发货人应负责将货物运至指定的集装箱货运站，由货运站按多式联运经营人的指示装箱。无论装箱工作由谁负责，装箱人均需制作装箱单，并办理海关监装与加封事宜。

五、订舱及安排货物运送

经营人在合同订立之后，即应制订货物的运输计划，该计划包括货物的运输路线和区段的划分，各区段实际承运人的选择确定，以及各区段衔接地点的到达、起运时间等内容。这里所说的订舱泛指多式联运经营人要按照运输计划安排洽定各区段的运输工具，与选定的各实际承运人订立各区段的分运合同。这些合同的订立由经营人本人或委托的代理人办理，也可请前一区段的实际承运人作为代表向后一区段的实际承运人订舱。

六、办理保险

在发货人方面，应投保货物运输险。该保险由发货人自行办理，或由发货人承担费用由多式联运经营人代为办理。货物运输保险可以是全程，也可分段投保。在多式联运经营人方面，应投保货物责任险和集装箱保险，由经营人或其代理人向保险公司或以其他形式办理。

七、签发多式联运提单，组织完成货物的全程运输

多式联运经营人的代表收取货物后，经营人应向发货人签发多式联运提单。在把提单交给发货人前，应注意按双方议定的付费方式及内容、数量向发货人收取全部应付费用。

多式联运经营人有完成或组织完成全程运输的责任和义务。

八、运输过程中的海关业务

按惯例国际多式联运的全程运输均应视为国际货物运输。因此该环节工作主要包括货物及集装箱进口国的通关手续，进口国内陆段保税运输手续及结关等内容。如果陆上运输要通过其他国家海关和内陆运输线路时，还应包括这些海关的通关及保税运输手续。

九、货物交付

当货物运至目的地后，由目的地代理通知收货人提货。收货人需凭多式联运提单提货，经营人或其代理人需按合同规定，收取收货人应付的全部费用。收回提单后签发提货单，提货人凭提货单到指定堆场和集装箱货运站提取货物。如果整箱提货，则收货人要负责至提箱地点的运输，并在货物提出后将集装箱运回指定的堆场，运输合同终止。

十、货运事故处理

如果全程运输中发生了货物灭失、损害和运输延误，无论是否能确定发生的区段，发（收）货人均可向多式联运经营人提出索赔。多式联运经营人根据提单条款及双方协议确定责任并做出赔偿。如果已对货物及责任投保，则存在要求保险公司赔偿和向保险公司进一步追索问题。如果受损人和责任人之间不能取得一致，则需在诉讼时效内通过提起诉讼和

仲裁来解决。

第三节 国际多式联运合同和多式联运经营人

一、国际多式联运合同

（一）国际多式联运合同的定义和特点

1. 定义

国际多式联运合同，是指国际多式联运经营人以两种以上的不同运输方式，负责将货物从接收地运至目的地交付收货人，并收取全程运费的合同。

2. 特点

国际多式联运合同具有如下特点。

1）国际多式联运合同是双方合同，合同双方均负有义务和享有权利。

2）国际多式联运合同是有偿合同。

3）国际多式联运合同是不要式的合同。尽管可用国际多式联运提单证明，但提单不是运输合同，没有具体体现形式。

4）国际多式联运合同有约束第三者的性质，收货人不参加合同订立，但可直接获得合同规定的利益并自动受合同约束。

5）国际多式联运合同有时包括接受委托、提供服务等内容，这些内容由双方议定。

（二）国际多式联运合同的订立

国际多式联运合同是处于平等法律地位的国际多式联运经营人与发货人双方的民事法律行为，只有在双方表示一致时才能成立。与其他合同一样，国际多式联运合同是双方的协议，其订立过程是双方协商的过程。

国际多式联运经营人为了揽取货物运输，要对自己的企业（包括办理机构地点等）、经营范围（包括联运线路、交接货物地域范围、运价、双方责任、权利、义务）等做广告宣传，并用运价本、提单条款等形式公开说明。发货人或其代理人向经营多式联运的公司或其营业所或代理机构申请货物运输时，通常要提出货物（一般是集装箱货物）运输申请（或填写订舱单），说明货物的品种、数量、起运地、目的地、运输期限要求等内容，国际多式联运经营人根据发货人申请的内容，结合自己的营运路线、所能使用的运输工具及其班期等情况，决定是否接受托运。如果认为可以接受，则在双方商定运费支付形式、货物交接方式、形态、时间、集装箱提取地点、时间等情况后，由国际多式联运经营人在交给发货人（或代理人）的场站收据的副本联上签章，以证明接受委托。这时国际多式联运合同即告成立，发货人与经营人的合同关系已确定并开始执行。

二、国际多式联运经营人

根据 1980 年《联合国国际货物多式联运公约》，多式联运经营人是指其本人或通过其代其行事的他人订立多式联运合同的任何人，承担履行合同的责任。

（一）国际多式联运经营人的基本特征

1）国际多式联运经营人是多式联运合同的主体。
2）国际多式联运经营人的职能在于负责完成多式运输合同或组织完成多式运输合同。
3）国际多式联运经营人是"中间人"。

（二）国际多式联运经营人的性质

1）国际多式联运经营人不是发货人的代理人，也不是参加联运的承运人的代理人，而是国际多式联运的当事人，是一个独立的法律实体。
2）对于货主来说，是货物的承运人，对于分承运人来说，是货物的托运人。他一方面同货主签订国际多式联运合同，另一方面又与分承运人以托运人身份签订各段运输合同，具有双重身份。
3）在国际多式联运方式下，根据合同规定国际多式联运经营人始终是货物运输的总承运人，对货物负有全程运输责任。

拓展训练

国际多式联运经营人与分承运人、托运人三者的关系如何？

（三）国际多式联运经营人的条件

1）具有强大的实力基础：能够有效组织各式运输方式，为货主信任，具有良好的沟通能力，与货运相关的各个机构都建立良好的合作关系。
2）在国内外建立了完善的多式联运经营网络：不仅在国内外的港口拥有自己的分支机构，而且在内陆城市也具备开展业务的条件，实现港口、场站、机场等节点的货物交接。
3）在国内外建立开展多式联运的集装箱货运站：由于存在货物的周转，经营人有自己的中转机构和中转站，包括货场、堆场、仓库、大型装卸搬运机械设备。
4）拥有一支专业的人才队伍：要求工作人员不仅具备娴熟的专业技术，知识面广，经验丰富，而且要具有良好的沟通能力、敬业精神，为用户提供优质服务。
5）具有完善的信息管理系统：保证运输链的畅通，前提是信息畅通，处理问题及时，因此需要完善的信息管理和信息交换系统。

（四）国际多式联运经营人的责任制

国际多式联运经营人从接受货物起到交付货物之时止，在此期间，对货主负全程运输责任。国际多式联运经营人的责任范围分为统一责任制（uniform liability system）、网状责任制或分段责任制（net work liability system）、修正统一责任制（modified uniform liability system）。

1. 统一责任制

国际多式联运经营人对货主负不分区段的统一原则责任，即货物若发生灭失、损坏，无论其发生在哪个区段，联运经营人都要按一个统一原则负责，并一律按一个约定的限额进行赔偿。

统一责任制的特点是在履行合同时一般不涉及其他运输公约或有关国家法律的赔偿规定，运输合同一经签订，托运人就清楚联运人对货损、货差或延期交付承担多大的责任，一旦发生损失，其所获赔不会因地而异。

2. 网状责任制

网状责任制是国际多式联运经营人的责任范围以各区段运输的原有责任为限，赔偿限额也分别按各区段的国际公约或国内法规进行赔偿，对不明区段的货物隐蔽损失，或海上区段，按《海牙规则》办理，或按双方约定原则办理。

网状责任制的特点是涉及的赔偿规则较多，差别也很大，事先不能知道依据哪个规则，托运人很难在合同中写明一个赔偿责任；但国际多式联运经营人对全程负责，发生损失时，托运人只找一个事主，得到单一运输方式的相同赔偿，托运人乐意接受这种方式。

3. 修正统一责任制

修正统一责任制介于统一责任制和网状责任制之间的责任制，即在责任范围方面与统一责任制相同，在赔偿限额方面与分段责任制相同。

修正统一责任制的特点如下。

1）知道货损发生区段时，若该区段运输公约的赔偿限额高于多式联运公约限额（如空运段），则经营人按单一运输公约的限额赔偿。

2）知道货损发生区段时，若该区段运输公约的赔偿限额低于多式联运公约限额（如海运段），则经营人按多式联运公约的限额赔偿。

3）这种规定对货主有利。

第四节　国际多式联运相关单证

国际多式联运单据（multimodal transport document，MTD 或 combined transport document，CTD），是指证明国际多式联运合同以及证明多式联运经营人接管货物，并负责按照合同条款交付货物的单据。它是适应国际集装箱运输业务的发展需要而产生的，在办理国际多式联运业务时使用。国际多式联运单据又称国际多式联运提单（multimodal transport B/L or combined transport B/L）。

多式联运单据由承运人或其代理人签发，其作用与海运提单相似，既是货物收据也是运输契约的证明，在单据做成指示抬头或不记名抬头时，可作为物权凭证，经背书可以转让。

多式联运单据表面上和联运提单相仿，但联运提单承运人只对自己执行的一段负责，而多式联运承运人对全程负责；联运提单由船公司签发，包括海洋运输在内的全程运输，多式联运单据由多式联运承运人签发，也包括全程运输，但多种运输方式中，可以不包含海洋运输。

国际集装箱多式联运经营人在接收集装箱货物时，应由本人或其授权的人签发国际集装箱多式联运单据。多式联运单据并不是多式联运合同，而只是多式联运合同的证明，同时是多式联运经营人收到货物的收据和凭其交货的凭证。根据我国于 1997 年 10 月 1 日施行的《国际集装箱多式联运管理规则》，国际集装箱多式联运单据（简称多式联运单据）是指证明多式联运合同以及多式联运经营人接管集装箱货物并负责按合同条款交付货物的单据，该单据包括双方确认的取代纸张单据的电子数据交换信息。

一、国际多式联运单证分类

1. 可转让的多式联运单据

1）多式联运单据以可转让的方式签发时：

① 应列明按指示或向持票人交付。

② 如列明按指示交付，须经背书后转让。

③ 如列明向持票人交付，无须背书即可转让。

④ 如签发一套一份以上的正本，应注明正本份数。

⑤ 如签发任何副本，每份副本均应注明"不可转让副本"字样。

2）只有交出可转让多式联运单据，并在必要时经正式背书，才能向多式联运经营人或其代表提取货物。

3）如签发一套一份以上的可转让多式联运单据正本，而多式联运经营人或其代表已正当地按照其中一份正本交货，该多式联运经营人便已履行其交货责任。

2. 不可转让的多式联运单据

1）多式联运单据以不可转让的方式签发时，应指明记名的收货人。

2）多式联运经营人将货物交给此种不可转让的多式联运单据所指明的记名收货人或经收货人通常以书面正式指定的其他人后，该多式联运经营人即已履行其交货责任。

二、国际多式联运单证内容

1）货物品类、识别货物所必需的主要标志，如属危险货物，其危险特性的明确声明、包数或件数、货物的毛重或其他方式表示的数量等，所有这些事项均由发货人提供。

2）货物外表状况。

3）多式联运经营人的名称和主要营业所。

4）发货人名称。

5）如经发货人指定收货人，收货人的名称。

6）多式联运经营人接管货物的地点和日期。

7）交货地点。

8）如经双方明确协议，在交付地点交货的日期或期间。

9）表示该多式联运单据为可转让或不可转让的声明。

10）多式联运单据的签发地点和日期。

11）多式联运经营人或经其授权的人的签字。

12）如经双方明确协议，每种运输方式的运费；或者应由收货人支付的运费，包括用以支付的货币；或者关于运费由收货人支付的其他说明。

13）如在签发多式联运单据时已经确知，预期经过的路线、运输方式和转运地点。

14）如不违背签发多式联运单据所在国的法律，双方同意列入多式联运单据的任何其他事项。

三、国际多式联运单证的签发和保留

（一）多式联运单据的签发

多式联运经营人凭收到货物的收据在签发多式联运提单时，可根据发货人的要求签发可转让与不可转让多式联运提单中的任何一种。

如签发可转让的多式联运提单，则：

1）应列明按指示交付或向持票人交付。

2）如列明向持票人交付，须经背书后才能转让。

3）如列明向持票人交付，无须背书即可转让。

4）如签发一套一份以上的正本，应注明正本份数。

如签发任何副本，每份副本应注明"不可转让副本"字样。

（二）多式联运提单的制作

多式联运提单的制作，习惯上由多式联运经营人或其代理人签发多式联运提单交发货人，由发货人通过银行转让给收货人。因此，多式联运提单上的收货人或发货人，确系实际的收、发货人。而多式联运提单上的通知方，则是目的港的或最终交货地点收货人指定的代理人。在国际多式联运下，对货主来说，关键是能找一个可靠的多式联运经营人，由其对全程运输负责。该多式联运经营人与各承运人（实际承运人）之间均订有协议（分包合同），并就有关提单的制作、货物交接、双方责任的划分、费用的支付、赔偿等均在协议中做明确规定。目前，我国习惯做法如下。

1）签发海运联运提单，将货物从中国港口起运至目的港以外的某一交货地点，这种做法是在货物运至目的港后由船公司代理人（或货主指定的二程代理人）安排内陆运输，将货运抵目的地交货。

2）签发货运代理人提单（forward B/I）以及一程海运提单，由货运代理人安排把货物运至目的地交货。

3）签发货运代理人提单，以及一程海运提单（从起运港至目的港），由货运代理人安排接运货物至收货人指定地点交货。

4）经过我国运往其他国家的过境货，我方只负责中国境内的运输。

（三）多式联运单据中的保留

1）如果多式联运经营人或其代表知道或有合理的根据怀疑多式联运单据所列货物的品类、主要标志、包数或件数、重量或数量等事项没有准确地表明实际接管货物的状况，或无适当方法进行核对，则该多式联运经营人或其代表应在多式联运单据上做出保留，注明不符之处、怀疑的根据或无适当核对方法。

2）如果多式联运经营人或其代表未在多式联运单据上对货物的外表状况加以批注，则应视为他已在多式联运单据上注明货物的外表状况良好。

（四）多式联运单据的转让

多式联运单据分为可转让的和不可转让的。根据《联合国国际货物多式联运公约》的要求，多式联运单据的转让性在其记载事项中应有规定。

作为可转让的多式联运单据，具有流通性，可以像提单那样在国际货物买卖中扮演重要角色。《联合国国际货物多式联运公约》规定，多式联运单据以可转让方式签发时，应列明按指示或向持票人交付：如列明按指示交付，须经背书后转让；如列明向持票人交付，无须背书即可转让。

作为不可转让的多式联运单据，则没有流通性。多式联运经营人凭单据上记载的收货人而向其交货。

对于多式联运单据的可转让性，我国的《国际集装箱多式联运管理规则》也有规定。根据该规则，多式联运单据的转让依照下列规定执行。

1）记名单据：不得转让。

2）指示单据：经过记名背书或者空白背书转让。

3）不记名单据：无须背书，即可转让。

第五节　大陆桥运输

一、大陆桥运输的概念

大陆桥运输（continental bridge transport 或 land bridge transport）是指利用横贯大陆的铁路（公路）运输系统，作为中间桥梁，把大陆两端的海洋连接起来的集装箱连贯运输方式。简单来说，就是两边是海运，中间是陆运，大陆把海洋连接起来，形成海陆联运，而大陆起到了"桥"的作用，所以称为陆桥。而海陆联运中的陆运输部分就称为大陆桥运输。

大陆桥运输的实质是媒介，海运及多种运输方式相结合，横跨洲际大陆，实行海陆衔接、"一票到底"的国际联运。

二、大陆桥运输的特点

1）缩短运输里程，节省运输时间。

2）加快运输速度，降低运输成本。

3）充分体现集装箱运输的优势。

4）简化货运手续，利于资金周转。

大陆桥运输比采用海运缩短路程，但增加了装卸次数。所以在某地域大陆桥运输能否发展，主要取决于它与全程海运比较在运输费用、运输时间等方面的综合竞争度。

知识链接：大陆桥运输的历史背景

三、国际上主要大陆桥简介

1. 北美大陆桥

北美大陆桥运输指从日本东向，利用海路运输到北美西海岸，再经由横贯北美大陆的铁路线，陆运到北美东海岸，再经海路运输到欧洲的海—陆—海运输结构。

北美大陆桥包括美国大陆桥运输与加拿大大陆桥运输。美国大陆桥有两条运输路线：

一条是从西部太平洋沿岸至东部大西洋沿岸的铁路和公路运输线；另一条是从西部太平洋沿岸至东南部墨西哥湾沿岸的铁路和公路运输线。加拿大大陆桥的运输路线：从日本海运至温哥华或西雅图港口后，换装并利用加拿大铁路横跨北美大陆至蒙特利尔，再换装海运至欧洲各港口。

北美大陆桥是世界上历史最悠久、影响最大、服务范围最广的陆桥运输线。

2. 西伯利亚大陆桥

西伯利亚大陆桥（或称亚欧第一大陆桥）全长 1.3 万千米，东起俄罗斯东方港，西至俄芬（芬兰）、俄白（白俄罗斯）、俄乌（乌克兰）和俄哈（哈萨克斯坦）边界，过境欧洲和中亚等国家。

从远东地区至欧洲，通过西伯利亚大陆桥有海—铁—海、海—铁—公路和海—铁—铁3 种运送方式。此条大陆桥运输线东自符拉迪沃斯托克的纳霍德卡港口起，横贯亚欧大陆，至莫斯科，然后分三路，一路自莫斯科至波罗的海沿岸的圣彼得堡港，转船往西欧、北欧港口；一路从莫斯科至俄罗斯西部国境站，转欧洲其他国家铁路（公路）直运欧洲各国；另一路从莫斯科至黑海沿岸，转船往中东、地中海沿岸。

3. 新亚欧大陆桥

新亚欧大陆桥，又名"第二亚欧大陆桥"，是从中国的江苏连云港市和山东日照市等港群，到荷兰鹿特丹港口、比利时的安特卫普等港口的铁路联运线。大陆桥途经山东省、江苏省、河南省、安徽省、陕西省、甘肃省、山西省、四川省、宁夏回族自治区、青海省、新疆维吾尔自治区 11 个省、区，89 个地、市、州的 570 多个县、市，到中哈边界的阿拉山口出国境。出国境后可经 3 条线路抵达荷兰的鹿特丹港。中线与俄罗斯铁路友谊站接轨，进入俄罗斯铁路网，途经阿克斗亚、切利诺格勒、古比雪夫、斯摩棱斯克、布列斯特、华沙、柏林达荷兰的鹿特丹港，全长 10 900 千米，辐射世界 30 多个国家和地区。

经过与首个亚欧大陆桥的比较，新亚欧大陆桥在交通运输、运输速度、清关能力、信息服务能力方面均具有较大优势：新亚欧大陆桥缩短了运输路程，减少了运输时间，整个大陆桥在高寒地区处于优越的地理位置并拥有良好的气候条件。因为东部处在良好的地理位置，拥有温和的气候，所以港口无封冻期，可以不间断地全年运行并保持一定的吞吐量，而便捷的操作模式也使得海铁联运无须再通过他国进行。

拓展训练

通过上网查找，了解最早的大陆桥是哪条大陆桥。

四、大陆桥运输的运送业务

大陆桥运输通常以集装箱作为媒介，采用铁路系统将海运和陆运结合起来联合运送货物。它具有传统单一运输方式不可比拟的优越性。目前国际上有 4 条大陆运输线：①美国大陆桥，是世界上最早出现的大陆桥，美国的大陆桥运输基本上陷于停顿状态，派生了小陆桥和微型陆桥运输方式；②加拿大大陆桥，起自加拿大太平洋沿岸的温哥华，终结于接近大西洋沿岸的蒙特利尔；③西伯利亚大陆桥，利用俄罗斯西伯利亚铁路作为陆地桥梁，把太平洋远东地区与波罗的海的黑海沿岸以及西欧大西洋口岸连接起来，成为远东地区往返西欧之间的一条重要运输线路，日本是此条大陆桥的最大顾主；④新亚欧大陆桥，东起中国连云港和日照，西至荷兰鹿特丹，是连接亚欧两洲的第二条大陆桥。

1. 大陆桥进出口运输业务

1）大陆桥进口运输业务。大陆桥运输业务按交货点不同，外运公司的地位及承担的责任和义务也不同。如 FOB 欧洲某铁路车站交货或工厂交货的货运，外运公司接到中国买方的委托后，即以收货人全权代理人身份负责组织安排全程运输。分公司作为总公司的分承运人接到总公司发来的发箱电传后，即与当地收货人联系安排到箱报关、完税及核放等工作。如 CIF 或 CFR 中国过境或内陆城市交货的运输，外运公司接收国外货运代理的委托，以分承运人的身份办理中国境内的运输工作，直至将货物送至货主手中或通知货主到外运箱站提货。

2）大陆桥出口运输业务分整箱和拼箱两种。整箱货物运输：接受发货人委托；进行配箱、配载；装箱制单，同时通知发货人将货物运至外运公司集装箱堆场，并签发收据；然后将全套单据送海关办理随车发运的海关关封；最后请车发运。拼箱货物运输是指不同货类，不同收货人，不同到站的货物合装于一个集装箱内的运输。

2. 亚欧大陆桥货物的托运

1）过境集装箱箱型应符合 ISO 的规定。目前只办理普通型 20 英尺、40 英尺箱。其他如冷藏、板架、敞顶等专用集装箱的运输需临时商定。

2）各种武器、弹药及军需品（通过军事途径运输的除外）、鸦片、吗啡、海洛因、可卡因、烈性毒品及动植物不准过境运输。

3）办理过境集装箱的中国口岸目前有连云港、天津、大连、上海、广州港和阿拉山口、二连浩特、满洲里、深圳北铁路车站。

4）过境集装箱在港口的装卸船费、堆存费及装卸车费等实行包干，按现行规定支付。各港应对过境箱的提取、装卸、转运提供方便。过境集装箱经铁路运输按《国际货协》及铁道部有关规定办理。铁路部门应及时与过境国铁路部门联系，在计划、装车、挂运等方面提供方便。

5）我国办理过境集装箱运输的全程经营人为中国铁路对外服务总公司、中国对外贸易运输（集团）总公司、中国远洋运输（集团）总公司、中国外轮代理公司及其在口岸所在地的分支机构和口岸所在地政府指定的少数有国际船、货运代理权的企业。

办理过境集装箱铁路运输的中国段经营人为中国铁路对外服务总公司。过境集装箱经铁路运输的费用采取全程包干，实行浮动，以美元一次支付，由中国铁路对外服务总公司统一收取、清算。过境集装箱入境时经营人应按规定填写《过境货物申请单》一式两份，向入境地海关申报。申报单位应注明起运国和到达国。

对于来自疫区的过境集装箱，经营人需向卫检、动植物检疫机关申报。对于装有动植物产品的过境集装箱，经营人需向检疫机关申报。卫检、动植物检疫机关对申报的过境集装箱应简化手续，为过境集装箱及时转运提供方便，申报时一律不收取费用。

在口岸联检及报关中如发现国际集装箱以藏匿或伪报品名等手法逃避海关监管、装运禁止过境的货物时，由海关按我国有关规定处理；对箱体外形完整、封志无损，未发现违法或可疑时，可只做外形查验，为过境集装箱提供方便。过境集装箱原则上由经营人办理运输保险或保价运输。

本章小结

本章重点介绍了国际多式联运的定义、特点、分类，多式联运合同，多式联运经营人等的基础知识，同时介绍了大陆桥运输，旨在使同学们了解国际多式联运的基本业务情况。

职业技能强化训练

在线同步测试及参考答案

一、单项选择题

1. （   ）是指利用横贯大陆的铁路（公路）运输系统，作为中间桥梁，把大陆两端的海洋连接起来的集装箱连贯运输方式。
   A. 国际多式联运　　　　　　　　B. 大陆桥运输
   C. 公铁联运　　　　　　　　　　D. 海陆联运

2. 世界上最早出现的大陆桥是（   ）。
   A. 美国大陆桥　　　　　　　　　B. 加拿大大陆桥
   C. 西伯利亚大陆桥　　　　　　　D. 新亚欧大陆桥

3. 国际多式联运所应具有的特点不包括（   ）。
   A. 签订一个运输合同　　　　　　B. 采用一种运输方式
   C. 采用一次托运　　　　　　　　D. 一次付费

4. 多式联运经营人只要在交给发货人或其代理人的（   ）上签章（必须是海关能接受的），证明接受委托申请，多式联运合同就已经订立并开始执行。
   A. 场站收据（空白）副本　　　　B. 场站收据（空白）正本
   C. 多式联运提单　　　　　　　　D. 运输委托书

5. 在国际多式联运中，如果货物在全程运输中发生了灭失、损害和运输延误，如不能确定事故发生的区段，一般按在（　　）发生处理。

    A．公路段   B．海运段   C．铁路段   D．空运段

6. 国际多式联运经营人将集装箱交付船公司或其代理，船公司应向其签发（　　）。

    A．公路运单   B．联运提单   C．海运提单   D．运输委托书

7. 由多式联运经营人完成全程运输组织业务的联运组织方法称为（　　）。

    A．衔接式多式联运   B．法定联运

    C．协作式多式联运   D．协作联运

8. 在多式联运中处理货损事故时多采用（　　）。

    A．统一责任制   B．网状责任制   C．责任限额制   D．单一责任制

二、多项选择题

1. 国际多式联运的优势包括（　　）。

    A．责任统一，手续简便   B．缩短运输时间，减少货损货差

    C．降低运输成本，节省运杂费用   D．协调力度低，缺乏统一规划

    E．实现"门到门"运输的有效途径

2. 国际多式联运的基本特征包括（　　）。

    A．必须具有一份多式联运合同

    B．必须使用一份全程多式联运单证

    C．必须是至少两种不同运输方式的连续运输

    D．必须是国际货物运输

    E．必须是全程单一运费费率

3. 目前世界主要的大陆桥运输线有（　　）。

    A．OCP 运输线   B．美国大陆桥运输线和加拿大大陆桥运输线

    C．西伯利亚大陆桥运输线   D．新亚欧大陆桥运输线

4. 多式联运单一运费率由（　　）共同组成。

    A．货物成本   B．运输成本   C．经营管理费用   D．利润

三、判断题

1. 国际多式联运就是指海、陆、空 3 种形式的联合运输。   （　　）

2. 在多式联运中，分段承运人各自对自己的运输区域负责。   （　　）

3. 多式联运经营人既是发货人的代理人，也是参加联运的承运人的代理人，还是多式联运的当事人，是一个独立的法律实体。   （　　）

4. 统一责任制指多式联运经营人对货主不分区段运输按统一原则负责。   （　　）

5. 多式联运使用一份单证，实行全程单一运费率。   （　　）

6．国际多式联运经营人具有承运人和托运人的双重身份。　　　（　　）

7．多式联运中分承运人出具的各种承运单据是承运人与货主之间的运输合同的证明，它具有有价证券的性质。　　　（　　）

8．大陆桥运输的实质是媒介，海运及多种运输方式相结合，横跨洲际大陆，实行海陆衔接，"一票到底"的国际联运。　　　（　　）

9．大路桥运输的主要运输方式是陆—海—陆。　　　（　　）

10．OCP 是指美国享有优惠运费率通过陆运可抵达的内陆地区。　　　（　　）

四、案例分析题

香港某出口商通过作为多式联运经营人的货运代理经孟买转运至新德里发运一批半成品服装。货物由多式联运经营人在其货运站装入两个集装箱，且签发清洁提单表明已于良好状态下接收货物。

集装箱经海路从香港运至孟买，再由铁路运至新德里。在孟买卸船时发现其中一箱外表损坏，多式联运经营人在该地的代理在将货通过铁路运输前已将此损害通知实际承运人。

当集装箱在新德里开启之后，发现：

1）外表损坏的集装箱内装货物严重受损。

2）另一集装箱虽然外表完好铅封也无损，内装货物也受损。

① 多式联运经营人对两箱货损是否负责？如果负责，负责到什么程度？

② 对于两个集装箱，多式联运经营人是否有权向两个承运人索赔？对于每个集装箱其责任如何？

第十章

国际货物仓储、包装

知识目标

1. 掌握国际货运仓储的概念、作用和特点。
2. 掌握保税仓库的概念。
3. 掌握国际货物仓储业务流程的基础知识。
4. 掌握国际货物包装的作用和种类。

能力目标

1. 能熟练说出国际货物仓储的概念、作用和特点。
2. 能说出保税仓库的含义。
3. 能说出国际货物仓库保管的原则。
4. 能说出国际货物包装的种类。

职业资格考核要点

1. 国际货物仓储的作用。
2. 国际货物仓储的业务基本流程。
3. 国际货物包装的分类。

引导案例

小易在叔叔的公司打工实践这段时间里，学习到很多实操的技能，真正把书上学到的知识点跟具体业务联系起来了。小易听公司里的 Jade 说，有一批货物要先存放海外仓，第一次听说这个新鲜词，小易特别想再多学一些，便去问叔叔。得知这是跟国际货物仓储有关的知识，小易决定回到学校一定要好好学习。

思考：小易在国际货物仓储和包装方面，又能学到哪些他原来不知道的知识呢？一起开始知识的探险之旅吧！

第一节　国际货物仓储概述

国际货物仓储是国际货运中的重要环节，不仅承担着进出口货物保管储存的任务，在货物的加工、挑选、整理、包装、备货、组装和发运等一系列环节中也起着重要作用。

一、国际货物仓储的定义

一般来说，储存是指物品在仓库中储存，以改变物的时间状态为目的，克服产需之间的时间差异而获得更好的效用的活动。

仓储商品的保管则是要研究商品性质以及商品在储存期间的质量变化规律，积极采取各种有效措施和科学的保管办法，创造一个适宜商品储存的条件，维护商品在储存期间的安全，保护商品的质量和使用价值，并最大限度地降低商品的耗损。

二、国际货物仓储的特点与原则

国际货物仓储的特点：第一，主要以集装箱货物的存储为主；第二，理论仓储量决定于进出口贸易量，实际仓储量则取决于出口贸易量，出口量决定着国际货物的仓储量；第三，出入库次数频繁而储存期短暂。

国际货物仓储管理的基本原则：坚持效率原则，坚持经济效益原则，坚持服务原则。为此，国际物流企业在国际货物仓储管理中要做好这些工作：合理规划仓储设施网络，合理选择仓储设施设备，严格控制商品进出质量，认真保管在库商品，保证仓库高效运作，降低仓储运营成本，确保仓库运行安全等。

三、国际货物仓储的作用

1）调整商品在生产和消费之间的时间错位。
2）保证进入国际市场的商品质量。

3）可进行延伸生产特性的加工业务。

4）调节国际市场上商品的价格。

5）调节内外运输工具载运能力的不平衡。

6）减少国际物流中的货损货差。

四、国际物流仓库的分类

（一）按仓库在国际物流中的用途分类

1）口岸仓库：又称周转仓库，其特点是商品储存期短、周转快，大都设在沿海港口城市，主要储存口岸和内地对外贸等业务部门收购的出口待运商品和进口待分拨的商品，规模一般较大。

2）中转仓库：又称转运仓库，其特点是大都设在商品生产集中的地区和出运港口之间。例如，铁路、公路、车站、江河水运港口、码头附近，商品生产集中的大中城市和交通枢纽地带。其主要职能按照进出口商品的合理流向，储存、转运本地和外地经过口岸出口的商品。

3）加工仓库：其特点是将出口商品的储存和加工结合在一起；主要职能是对某些出口商品，按成交合同规定的质量、规格、数量和包装等要求进行加工、挑选、整理、分级、包装和改装。

4）储存仓库：其特点是商品储存期较长，来源较广；主要职能是用于储存待销的出口商品、援外的储备物资、进口待分拨商品、出口业务需要的储备商品等。

（二）按储存商品的性能及设备分类

1）通用仓库：用来储存一般无特殊要求的工业品或农副产品的仓库，又称普通仓库。它属于一般的保管场所，对储存、装搬、堆码和养护设备的要求较低，在各类外贸仓库中所占比例最大。

2）专用仓库：专用于储存某一类商品的仓库，如较易受外界环境影响发生变质和失量的商品，或由于本身的特殊性质不适宜与其他商品混合存放的商品。在保养技术设备方面，

知识链接：什么是"海外仓"？

这类仓库相应增加了密封、防霉、防火口及监测等设施以确保特殊商品的质量安全。

3）特种仓库：用于存储具有特殊性质，要求使用特别保管设备维护的商品，一般指化学危险品、易腐蚀品、石油及部分医药商品等。

国际货运代理基础

第二节　保税仓库和保税物流中心

一、保税仓库

（一）保税仓库的概念

保税仓库是经海关批准，受海关监管，专门储存保税商品的仓库。它具备专门储存、堆放商品的安全设施，健全的仓库管理制度和详细的仓库账册，并配备经海关培训认可的专职管理人员。

在保税仓库中，外国货物的保税期一般最长为两年，在此期间，经营者可以找到最适当的销售时机，在实现销售后，再办理关税等通关手续。

保税仓库除了具有传统的保税仓储功能外，还具有转口贸易、简单加工和增值服务、物流配送、商品展示功能。

（二）保税仓库允许存放的货物范围

我国海关监管制度规定，保税仓库允许存放的货物范围如下。
1）缓办纳税手续的进口货物。
2）需要做进口技术处置的货物。
3）来料加工后再出口的货物。
4）过境转口的外销货物。
5）经海关批准的其他未办结海关手续的货物。
6）供应国际航行船舶和航空器的油料、物料和维修用零部件。
7）外商暂存货物。

（三）保税仓库的类型

按照经营方的不同，保税仓库可分为以下 3 种。
1）专业性保税仓库：经海关批准，由有外贸经营权的企业自己经营、管理和使用，一般只储存企业本身经营的保税货物。
2）公共保税仓库：经海关批准而建立的综合性保税仓库。
3）海关监管仓库。

另外，保税仓库中专门用来存储具有特定用途或特殊种类商品的称为专用型保税仓库。专用型保税仓库包括液体危险品保税仓库、备料保税仓库、寄售维修保税仓库和其他专用型保税仓库。液体危险品保税仓库，是指符合国家关于危险化学品仓储规定的，专门提供

220

石油、成品油或者其他散装液体危险化学品保税仓储服务的保税仓库。备料保税仓库，是指加工贸易企业存储为加工复出口产品所进口的原材料、设备及其零部件的保税仓库，所存保税货物仅限于供应本企业。寄售维修保税仓库，是指专门存储为维修外国产品所进口寄售零配件的保税仓库。

拓展训练

你能用自己的语言描述什么是"保税仓库"吗？

二、保税物流中心（A型）

（一）保税物流中心（A型）的定义及分类

保税物流中心（A型），是指经海关批准，由中国境内企业法人经营、专门从事保税仓储物流业务的海关监管场所。

保税物流中心（A型）按照服务范围分为公用型物流中心和自用型物流中心。

公用型物流中心是指由专门从事仓储物流业务的中国境内企业法人经营，向社会提供保税仓储物流综合服务的海关监管场所。

自用型物流中心是指中国境内企业法人经营，仅向本企业或者本企业集团内部成员提供保税仓储物流服务的海关监管场所。

（二）可以存入保税物流中心（A型）的货物

1）国内出口货物。
2）转口货物和国际中转货物。
3）外商暂存货物。
4）加工贸易进出口货物。
5）供应国际航行船舶和航空器的物料、维修用零部件。
6）供维修外国产品所进口寄售的零配件。
7）未办结海关手续的一般贸易进口货物。
8）经海关批准的其他未办结海关手续的货物。

（三）申请保税物流中心（A型）的经营企业应具备的条件

1）经工商行政管理部门注册登记，具有独立的企业法人资格。
2）注册资本不低于3000万元人民币。
3）具备向海关缴纳税款和履行其他法律义务的能力。
4）具有专门存储货物的营业场所，拥有营业场所的土地使用权。租赁他人土地、场所经营的，租期不得少于3年。

5）经营特殊许可商品存储的，应当持有规定的特殊经营许可批件。

6）经营自用型物流中心的企业，年进出口金额（含深加工结转）东部地区不低于 2 亿美元，中西部地区不低于 5000 万美元。

7）具有符合海关监管要求的管理制度和符合会计法规定的会计制度。

三、保税物流中心（B 型）

（一）保税物流中心（B 型）的定义

保税物流中心（B 型）是指经海关批准，由中国境内一家企业法人经营，多家企业进入并从事保税仓储物流业务的海关集中监管场所。

（二）可以存入保税物流中心（B 型）的货物

1）国内出口货物。

2）转口货物和国际中转货物。

3）外商暂存货物。

4）加工贸易进出口货物。

5）供应国际航行船舶和航空器的物料、维修用零部件。

6）供维修外国产品所进口寄售的零配件。

7）未办结海关手续的一般贸易进口货物。

8）经海关批准的其他未办结海关手续的货物。

（三）保税物流中心（B 型）经营企业应当具备的条件

1）经工商行政管理部门注册登记，具有独立企业法人资格。

2）注册资本不低于 5000 万元人民币。

3）具备对中心内企业进行日常管理的能力。

4）具备协助海关对进出物流中心的货物和中心内企业的经营行为实施监管的能力。

第三节　国际货物仓储业务管理

国际货物仓储业务管理基本流程包括 3 个环节：入库、储存保管和出库。

一、国际货物仓储的入库业务

国际货物仓储的入库业务流程如图 10-1 所示。

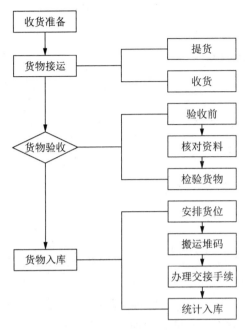

图 10-1　国际货物仓储的入库业务流程

（一）收货准备

国际物流仓库根据入库货物情况提前安排货位，组织人力、物力，做好文件单证准备。

（二）货物接运

货物接运包括以下 4 种方式。

1）专用线接运：铁路部门将转运的货物直接转送到仓库内部专用线的接运方式。

2）车站、码头提货：在车站提货，提货人要向车站出示领货凭证；在码头提货，提货人在提货单上签名并加盖公章或附单位提货证明，到港口货运处取回货物运单即可到指定库房提取货物。

3）自提入库：到货主单位提取货物。

4）库内提货：直接送达仓库的一种供货方式。

（三）货物验收

1）在货物验收前：一要确定存放地点和保管方法；二要准备堆码所需材料和装卸搬运机械、设备及人力；三要准备相应的检验工具并收集和熟悉验收凭证及有关资料。

2）在对货物验收时：一要核对相关证件，包括存货单提供的入库通知单、订货合同；二要核对供货方提供的质量证明书及货物托运人填写的运单。

3）货物的验收过程，具体包括数量检验、品种验收和实物核对。

（四）货物入库

1）填制入库单证，安排货位。

2）分类搬运、堆码。

3）办理交接手续。

4）签发凭证、统计入库记录。

二、国际货物仓储的储存保管业务

（一）存放

在储存区内，全托盘装载的物品被分配到预定的托盘位置上。常用的有两种货位分配方式。

1）可变的货位安排系统：又称运态定位，即在每次有新货物到达时，允许仓库内原有货物改变位置，从而更有效地利用仓库空间。

2）固定的货位安排系统：在选择区内为每种产品分配一个永久性的位置，只要产品的移动流量保持相同水平，储存物品就始终保持这种位置。

3）对于不同性能的商品，其所要求的条件也不相同。

（二）保管

1）仓库一般首先考虑货物出入库的时间和效率，因而较多地着眼于拣选和搬运的方便，但保管方式必须与之协调。

2）仓库中货物保管的方式主要有以下几种。

① 地面平放式：将保管物品直接堆放在地面上。

② 托盘平放式：将保管物品先放在托盘上，再将托盘平放于地面上。

③ 直接堆放式：将货物在地面上直接码放堆积。

④ 托盘堆码式：将货物直接堆码在托盘上，再将托盘放在地面上。

⑤ 货架存放式：将货物直接码放在货架上。

3）仓库保管的基本要求如下。

① 面向通道保管。

② 根据出库频率和物品重量安排保管的位置。

③ 尽可能向高处码放。

④ 同一品种放在同一地方和保证商品的存放安全。

4）仓库还应有温度和湿度调节管理，注意防尘、防臭、防虫、防鼠、防盗等问题。

5）仓库保管原则。

① 先进先出原则。在仓库保管中，先进先出是一项非常重要的原则，尤其是有时间性的产品，如果不以先进先出的原则进行处理，可能会造成储存货物的过期或者变质，以至于影响整个仓库的保管效益。

② 零数先出原则。在仓库中，时常会有拆箱零星出货的情形发展。因此，在出货时，必须考虑以零数或者已经拆箱的产品优先考虑出货。

③ 重下轻上原则。在储存规划，如果是多层楼房，应该考虑较重的产品存放在楼下，而较轻的产品存放在楼上。如果使用料架堆叠或者直接平放地面，则应该考虑较重的产品存放在下层容易进出的地方，而较轻的产品则应该存放在上层的位置。如此规划布置，才能避免较轻的产品被较重的产品压坏，同时也可以提高仓库作业的效率。

④ ABC 分类布置原则。以商品出入库作业的频率，在产品规划布置上，首先应该以产品畅销排行将商品分为 A、B、C3 类。在平面布置时，把出入库频繁的 A 类商品安排在靠近门口或过道旁，把出入库作业最少的 C 类商品安排在角落或是靠门口较远的地方，而 B 类商品则堆放在 A 类与 C 类商品之间。如果使用托盘式料架，则必须考虑 A 类产品存放于料架第一层容易存取的地方，而 B 类产品存放在第二层，C 类产品则存放于最上层比较不容易存取的地方。如果使用箱式料架，则必须考虑人体学，即 A 类产品存放于人站立时两手很容易存取的中层位置，而 B 类产品则存放于需要蹲下时才能存取的位置，C 类产品则存放于需要使用梯子或者椅子才能存取得到的上层存储位置。如果能够考虑以上原则，不需要提供硬件设备，就能够提高仓储作业效率。

三、国际货物仓储的出库业务

1. 审核仓单

仓库接到存货人或仓单持有人出库通知后，必须对仓单进行核对。发放商品必须有正式的出库凭证，保管员接到出库凭证后，应仔细核对。

2. 核对登账

在审核仓单的合法性和真实性后，仓库货物会计要核对货物储存情况。

3. 配货备货

对财务人员转来的货物出库凭证复核无误后，仓库保管员应按出库凭证上所列项目内容和上面的批注，到编号的货位对货，核实后进行配货。配货中要执行"先进先出""易坏先出""不利保管先出"的发货原则。备货工作主要有以下几项：①整理包装和标志；②零星货物组合；③根据要求装托盘或成组；④特别备货区备运。

备货时如发现有下列情况的商品，须立即与存货人或仓单持有人联系。存货人或仓单持有人认为可以出库，并在正式出库凭证上签注意见后方可备货出库，否则不予备货出库。

1）没有全部到齐的一票入库商品。

2）入库验收时发现的问题尚未处理或未完全处理。

3）商品质量有异状，如包装有破损、断绳、脱钉等情况，仓库要负责加固修理。严禁破损包装货物出库。

此外，出库货物应附有质量证明书抄件、磅码单、装箱单等。机电设备等配件产品的说明书及合格证应随货同行。

4. 复查核对

备货后仓管人员应立即进行复核以确保出库货物不出差错。复核可采取自行复核、保管员互核、专职人员复核、负责人复查等形式。复核的内容主要包括以下几个方面。

1）认真审查正式出库凭证填写的项目是否齐全。

2）根据正式出库凭证所列项目与备好的货物相对照，逐项复核，检查其是否完全相符。

3）检查包装是否有被损、污染标志，箱（包）号是否清楚，标签是否完好，技术证件是否齐备。

4）需要计重、计尺的货物需同提货人一起过磅，一起计尺，计重、计尺后要填写磅单或尺码单。

5）复核节余商品数量或重量是否与保管账目，货物保管长、片、节、拿数相符，如有不符要立即查明原因。

5. 包装

如果出库的商品包装不能满足运输部门或用户的要求，应进行包装。

6. 出库交接，点交

备齐货物经复核无误后，仓库保管员必须当面与提货人或承运人一起按单点清楚，分清责任，办好交接手续。

7. 填单登账销账

货物交接以后，仓库保管员应在出库单上填写"实发数""发货日期"等项内容，并签名。然后将出库单及相关证件资料及时交货主，以使货主办理货款结算。保管员根据尚存联出库凭证清点货垛余数，并与账卡核对、登记，核销实物保管明细账。

8. 现场和档案的清理

现场清理包括清理库存商品、库房、场地、设备等。档案清理是指对收发、保养、盈亏数量等情况进行整理。

综上所述，整个出库业务流程归纳下来，如图 10-2 所示。

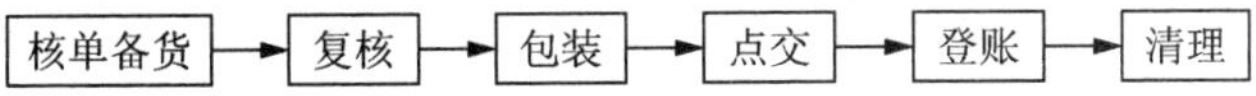

核单备货 → 复核 → 包装 → 点交 → 登账 → 清理

图 10-2 国际货物仓储的出库业务流程

第四节 国际货物物流包装

在社会再生产过程中，包装处于生产过程的末尾和物流过程的开头，既是生产的终点，又是物流的始点。在现代物流观念形成以前，包装一直是生产领域的活动，其设计往往主要从生产终结的要求出发，因而常常不能满足流通的要求。因此包装作为物流始点的意义比之作为生产终点的意义要大得多。

在考虑进出口商品的包装设计和具体作业过程时，应统筹考虑，全面规划，实现现代国际物流所要求的"仓、储、运一体化"，即从一开始包装就考虑储存的方便性、运输的快捷性，以降低物流费用，符合现代物流的系统化要求。

一、包装的定义

商品包装是在流通过程中保护产品，方便储运，促进销售，按一定技术方法而采用的容器、材料及辅助物等的总称，包装物及包装操作的总称。

二、国际物流货物包装的作用

1）商品包装是商品生产的延续，能保护商品，也是实现商品价值和使用价值的必要手段。

2）商品包装有便利的功能，方便商品的储存、运输、销售和使用。

3）商品包装具有美化、宣传商品的作用。通过包装装潢设计，厂商可以利用结构造型、色彩、图案和文字来美化商品，宣传商品，使消费者通过包装达到了解商品、喜爱商品并最终购买商品的效果，起到了促销的功效。

三、国际物流货物包装的种类

在国际物流过程中，货物根据是否需要包装可分为散装货、裸装货和包装货 3 类。散装货是指无须包装，可散装于承载的运输工具上的货物，如煤炭、矿砂、粮食等。裸装货是指没有包装

知识链接：可口可乐的包装

或稍加捆扎即可自然成件的商品，如铁管、钢板、铝锭和木材等。包装货是指需要加以包装的货物，按商品包装在流通过程中作用的不同可分为运输包装和销售包装，还有中性包装和定牌。

（一）运输包装

运输包装又称大包装或外包装，指在商品运输时，将一件或数件商品装入容器或以特定方式加以包扎的二次包装。运输包装必须牢固，其作用主要是保护商品的品质完好和数量完整，便于运输、储存、检验、计数和分类。

运输包装的方式主要有以下两种。

1. 单件运输包装

单件运输包装是根据商品的形态或特性将一件或数件商品装入一个较小容器内的包装方式。其包装材料有纸、塑料、木材、金属及陶瓷等。

常见的单件运输包装有以下几种。

1）箱：如木箱、纸箱、塑料箱等，如图 10-3～图 10-5 所示。有些贵重物品还可使用金属箱。

图 10-3　木箱

图 10-4　纸箱

图 10-5　塑料箱（钙塑箱）

2）包：有棉布包和麻布包，一些可以经压紧而品质不变的产品，可用机压加包。

3）桶：有木桶、铁桶、塑料桶等，如图10-6和图10-7所示。桶装商品主要有流质、半流质和粉状商品。

图10-6　木桶

图10-7　金属桶

4）袋：有棉布袋、麻袋、纸袋、塑料编织袋等，如图10-8和图10-9所示。

图10-8　麻袋

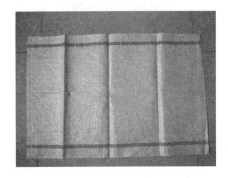

图10-9　编织袋

2. 集装运输包装

集装运输包装是指将若干单件运输包装商品组合成一件大的包装或装入一个大的包装容器内，主要有以下几类。

1）集装箱：一般由钢板、铝板等金属制成长方体，可装5～40吨多种类别的商品，可反复周转使用，如图10-10所示。它既是货物的运输包装，又是运输工具的组成部分。

2）集装袋：又称吨袋、太空袋，可定做0.5～3吨装，是一种柔性包装容器，如图10-11所示，具有防尘、防潮、安全牢固等特点；在结构上有足够强度，装填、卸出操作方便，适应机械化装卸；分为方形集装袋和圆形集装袋两种；起吊方式有两吊和四吊；材料可内涂膜、外涂膜或配套 PE 内袋以达防潮效果。集装袋是海运、铁路及公路运输中常见的运输包装，集装袋产品应用面很广，特别是包装散装的水泥、粮食、化工原料、饲料、淀粉、矿物等粉、粒状物体，甚至电石之类的危险品。

图 10-10　集装箱

图 10-11　集装袋

3）托盘：按一定规格制成的单层或双层平板装载工具，有可供铲车插入的插口，便于装卸和搬运，如图 10-12～图 10-15 所示。每个托盘的装载量一般为 1～1.5 吨。

图 10-12　箱式托盘 1

图 10-13　箱式托盘 2

图 10-14　平板托盘

图 10-15　立式托盘

（二）销售包装

销售包装又称小包装或内包装，实际是一种零售包装。在销售包装上，除附有装潢画面和文字说明外，有的还印有条形码标志。

为了适应国际市场的需要和扩大出口，1991年4月我国正式加入了国际物品编码协会，该协会分配给我国的国别号为"690""691""692"。

知识链接：什么是"条形码"？

（三）中性包装

中性包装是指在商品和商品的内外包装上不注明生产国别、地名和生产厂名，也不注明原有商标的牌号，甚至没有任何文字的包装形式，包括无牌中性包装和定牌中性包装。使用此包装的目的是打破某些进口国家和地区实行的关税壁垒、配额限制和其他一些限制进口歧视性措施。

（四）定牌

定牌是指卖方在商品及其包装上采用买方指定的商标或牌号，但均注明生产国别。一般对于国外大量的、长期的稳定的订货，可以接受买方指定的商标。有时为了利用买方的销售渠道和名牌的声誉，也可以采用这种做法。

五、国际物流货物包装的标志

1. 运输标志

运输标志习惯上称为"唛头"，它通常由一个简单的几何图形和一些字母、数字即简单的文字组成。其作用主要是便于识别货物，便于收货人收货，也有利于运输、仓储、检验和海关等有关部门顺利地进行工作。运输标志的主要内容有收发货人的代号；目的地名称或代号和件号、批号，如图10-16所示。

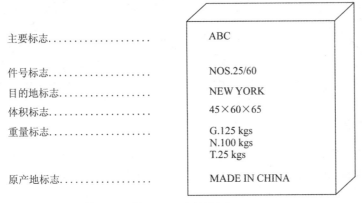

图 10-16　运输标志

2. 指示性标志

指示性标志是为了商品安全，根据商品的性能和特点，用简单醒目的图形文字对一些容易破碎、残损、变质的商品，提出某些在装卸、搬运和存放货物中的要求和注意事项的标志，如图 10-17～图 10-19 所示。

THIS WAY UP

图 10-17　此面向上标志

KEEP DRY

图 10-18　保持干燥标志

FRAGILE

图 10-19　易碎标志

3. 警告性标志

警告性标志又称危险品标志，是对一些易燃品、爆炸品、有毒品、腐蚀性物品、放射性物品等危险品的运输包装上刷制的文字说明和图形，如图 10-20～图 10-22 所示。它是由文字和特定图案组成的表明危险性的标志，以使有关人员加强防护措施，保护货物和人身安全。

EXPLOSIVE

图 10-20　爆炸品标志

INFLAMMABLE GAS

图 10-21　易燃气体标志

POISON GAS

图 20-22　有毒气体标志

六、商品包装合理化

商品包装的合理化是商品包装追求的最终目标。商品包装合理化所涉及的问题，既包括商品生产、流通范围内的有关问题，还包括更大范围内的诸如社会法规、废弃物治理、资源利用等有关方面的问题。

合理包装是指能适应和克服流通过程中的各种障碍，是在极限范围内的最好的包装。从多个角度来考察，合理包装应满足以下 8 个方面的要求。

1）包装应妥善保护内装的商品，使其质量不受损伤。这就要制定相应的适宜的标准，使包装物的强度恰到好处地保护商品质量免受损伤。除了要在运输装卸时经受住冲击、振动外，还要具有防潮、防水、防霉、防锈等功能。

2）包装材料和包装容器应当安全无害。包装材料要避免有聚氯联苯之类的有害物质。包装容器的造型要避免对人产生伤害。

3）包装的容量要适当，要便于装卸和搬运。

4）包装的标志要清楚、明了。

5）包装内商品外围空闲容积不应过大。

6）包装费用要与内装商品相适应。

7）提倡节省资源的包装。

8）包装要便于废弃物的治理。

本章小结

本章介绍了国际货运代理业务中的国际货物仓储的内容，主要涉及国际货物仓储的含义、分类、国际货物仓储业务管理基本流程，以及国际货物包装的基础知识。

职业技能强化训练

一、单项选择题

1. 按仓库在国际物流中的用途分类中，（　　）不是分类结果。

　　A．口岸仓库　　　　　　　　B．加工仓库

　　C．储存仓库　　　　　　　　D．专用仓库

在线同步测试及参考答案

2. 仓储作业过程主要有入库、储存保管和出库 3 个环节，其中入库包含（　　）个步骤。

　　A．3　　　　　　B．4　　　　　　C．5　　　　　　D．6

3.（　　）不是货物仓库保管的原则。

　　A．先进先出　　　　　　　　B．ABC 分类布置

　　C．零数后出　　　　　　　　D．重下轻上

4.（　　）分类结果不是保税仓库按照经营方的分类。

　　A．储存保税仓库仓库　　　　B．专业性保税仓库

　　C．公共保税仓库　　　　　　D．海关监管仓库

5. 卖方按买方要求在其出售的商品或标上标明买方指定的商标或牌号，这种做法叫作（　　）。

    A．包装　　　　　　B．唛头　　　　　　C．包装标志　　　　　D．定牌或定牌生产

6. 包装上仅有买方指定的商标或牌名，但无生产国别的包装方式是（　　）。

    A．无牌中性包装　　　　　　　　B．定牌中性包装

    C．卖方习惯包装　　　　　　　　D．惯常方式包装

二、多项选择题

1. 国际标准化组织推荐的标准唛头应包括的内容有（　　）。

    A．目的港　　　　　　　　　　　B．参考号

    C．箱号或件号　　　　　　　　　D．收货人名称的缩写或代号

2. 定牌中性包装包括（　　）。

    A．商品和包装上无商标、牌号

    B．商品和包装上无生产国别

    C．商品和包装上有买方指定的商标、牌号

    D．商标和包装上注明生产国别

3. 下列包装标志中，无须在货运单据上表示的是（　　）。

    A．运输标志　　　B．指示性标志　　　C．警告性标志　　　D．条形码标志

三、判断题

1. 国际货物仓储能够调节国际上商品的价格。　　　　　　　　　　　　（　　）

2. 专用仓是用于存储具有特殊性质，要求使用特别保管设备维护的商品。一般指化学危险品、易腐蚀品、石油及部分医药商品等。　　　　　　　　　　　　（　　）

3. ABC 分类布置原则是仓库货物检查时用到的一个非常重要的原则。　（　　）

4. 中性包装是指在商品和商品的内外包装上不注明生产国别、地名和生产厂名，也不注明原有商标的牌号。　　　　　　　　　　　　　　　　　　　　　　　（　　）

5. 定牌包装是指卖方在商品及其包装上采用买方指定的商标或牌号，不注明生产国别。　　　　　　　　　　　　　　　　　　　　　　　　　　　　　　（　　）

6. 指示性标志用图形或文字表示。　　　　　　　　　　　　　　　　（　　）

四、简答题

1. 请简述国际货物仓储的作用。

2. 保税仓库允许存放的货物有哪些？

3. 仓库中货物保管的主要方式有哪些？

4．国际物流货物包装的种类有哪些？

5．集装运输包装主要有哪些？

6．包装合理化的要求有哪些？

第十一章

国际货运事故处理及防范

知识目标

1. 掌握国际海上货运事故当事人职责因素和索赔流程。
2. 掌握国际海上货运中的索赔单证基础知识。
3. 掌握国际航空货运中各个当事人的责任。
4. 掌握国际航空货运中承运人的赔偿限额规定。
5. 了解国际铁路和公路货运代理的事故和责任。
6. 掌握国际货物运输中的风险类型。
7. 了解国际货运代理的风险防御措施。

能力目标

1. 能熟练说出国际海上货运事故的发生原因和索赔流程。
2. 能熟练说出国际海上货运索赔中涉及的单证。
3. 能说出国际航空货运中承运人的责任和赔偿限额规定。
4. 能说出国际货物运输中的风险类型。
5. 能说出不同的国际货运类型适用的国际法和国内法。

职业资格考核要点

1. 国际货运事故中各方当事人应该承担的责任。
2. 国际货运事故索赔。
3. 国际货运风险和防范。

引导案例

一个学期下来，通过学校的学习和在叔叔公司里的实习，小易同学觉得从未有过的收获满满感。在理论学习和实操经验的双重打磨下，小易觉得自己已经爱上国际货运代理了！这不，他已经暗暗下决心，一定要通过努力学习，通过全国国际货运代理从业人员岗位专业证书考试。

思考： 请帮助小易同学一起梳理一下本章的知识脉络。

第一节　国际海上货运事故的发生与责任划分

货运事故是指在各种不同运输方式下，承运人在交付货物时发生的货物质量变差、数量减少的事件。在国际货物运输中，主要指运输中造成的货物灭失或损坏。因此，狭义上的货运事故是指运输中发生的货损货差事故，广义的货运事故还可以包括运输单证差错、迟延支付货物、海运中的"无单放货"情况。

一、海上货运事故发生的原因

国际货物代理行业人员应该了解造成货运事故的主要原因，并根据这些原因采取相应的措施，以达到防止或减少货运事故发生的目的。

（一）海上货运事故发生的主要原因

由于从事国际海上货物运输的船舶经常远离在海洋上航行，同时海洋环境多变，船舶随时可能遭遇狂风巨浪等袭击，因此船舶在海上运输中的环境相对比较恶劣，另外，工作上的差错也会造成货运事故。这里要注意的是，造成货差事故的原因主要是货物标识不清、误装、误卸、理货差错、中转处理错误。

（二）非货物事故

在国际货物运输中，除由于承运人的原因会造成货运事故外，还有一些情况也会使货物发生数量、质量变化，这些情况的发生不属于运输合同下承运人所应承担的责任，并且要根据买卖合同等其他合同条款的规定才能确定由哪一方来承担责任。

二、货运事故的责任划分

运输中发生货运事故的原因有很多，其中大部分是由于承运人的原因所致。但是，实践中还有一些货运事故是由货方（托运人、收货人）、第三方（港口、机场、集装箱货运站），甚至由于不可抗力所致。不同原因所导致运输中的货物数量减少、质量变差的损失将由不同当事人所承担，这里的当事人可能是运输合同、买卖合同、保险合同等不同合同中的当事人。运输合同中的当事人是承运人和托运人。货运事故发生后，第一发现人具有报告的责任。如在船舶运输途中发生，船长有责任发表海事声明。

（一）承运人的责任

1. 承运人的责任期间

货物在承运人监管过程中所发生的货损事故，除由于上述托运人的原因和不可抗力的原因外，原则上都由承运人承担责任。承运人的责任期间是指承运人对货物应负责任的期间，承运人在这一期间内，由于他不能免责的原因使货物受到灭失或者损坏，应当负赔偿责任。

《海商法》第四十六条规定，承运人对集装箱装运的货物的责任期间，是指从装货港接收货物时起至卸货港交付货物时止，货物处于承运人掌管之下的全部期间。承运人对非集装箱装运的货物的责任期间，是指从货物装上船时起至卸下船时止，货物处于承运人掌管之下的全部期间。

对延迟交付负责，除为了海上施救等合理绕航外，应按约定或习惯航线航行；还规定承运人应对因延迟交付引起的货损或经济损失负责。若承运人签发的提单或运单上没有不良批注，则需在包装件外表状态良好的情况下交付货物，集装箱货物交付时应保证封识完好，但不承担包装内部货损货差的责任。

另外，作为无船承运人（海运）、集中托运人（空运）或多式联运经营人时，签订协议或签发货运代理提单、航空分运单或多式联运提单，即应承担如同承运人的责任。

海运承运人的赔偿限额：每件 666.67SDR，或者按毛重每千克 2SDR，以二者中赔偿限额较高的为准。除非货物的灭失、损坏或者迟延交付是由承运人或其受雇人、代理人的故意或者明知可能造成损失而轻率地作为或者不作为造成的。

2. 承运人运输货物的责任

在适用于不同运输方式下的国际货物运输公约或者有关货物运输的国际公约中，都有对承运人运输货物责任的规定，这些规定主要有运输工具、保管货物、合理速遣、延迟交付等几个方面。货物在承运人监管过程中所发生的货损货差事故，除由于托运人的原因和不可抗力的原因外，原则上都由承运人承担责任。根据有关的公约、法律和提单上通常记载的免责条款，承运人对以下原因造成的货损事故承担赔偿责任。

1）船舶不适航造成的损害。

2）对货物的故意或过失所造成的损害。

3. 承运人的免责与责任限制

承运人对于货物在其责任期间发生的灭失或者损坏应当承担责任，但是，在国际公约和各国法律又规定了一系列承运人对于货物在其责任期间发生的灭失或者损坏可以免于承担责任的事项，这些事项是法定的，承运人可以通过合同减少或者放弃，但不得增加。在各种运输方式和多式联运下，都规定有承运人的法定免责事项。

承运人的免责条款根据《海商法》的规定有下列几条。

1）船长、船员、引航员或者承运人的其他受雇人在驾驶船舶或者管理船舶中的过失。

2）火灾，但是由于承运人本人的过失所造成的除外。

3）天灾，海上或者其他可航水域的危险或者意外事故。

4）战争或者武装冲突。

5）政府或者主管部门的行为、检疫限制或者司法扣押。

6）罢工、停工或者劳动受到限制。

7）在海上救助或者企图救助人命或者财产。

8）托运人、货物所有人或者他们的代理人的行为。

9）货物的自然特性或者固有缺陷。

10）货物包装不良或者标志欠缺、不清。

11）经谨慎处理仍未发现的船舶潜在缺陷。

12）非由于承运人或者承运人的受雇人、代理人的过失造成的其他原因。

（二）托运人的责任

1. 正确提供货运材料

托运人托运货物，应当将货物的品名、标志、件数、重量、体积等相关资料向承运人申报，托运人必须保证其申报的资料正确无误。托运人对申报不实所造成的承运人的损失承担赔偿责任。如托运人为了少交运费，谎报货物重量，造成承运人起重设备的损害，则托运人应对此承担赔偿责任。

2. 妥善包装货物

包装货物是托运人的基本义务。良好的包装应该是正常的或者习惯的包装，在通常的照管和运输条件下，能够保护货物避免几乎大多数轻微的损害。托运人没有义务使用可能最安全的包装而导致额外的费用。

总之，不论是海上货物运输、航空货物运输，还是公路或者铁路货物运输，也不论是单一运输方式的货物运输，还是货物多式联运的组织方式，托运人根据运输合同将货物交付承运人或者多式联运经营人之前所发生的一切货损货差均由托运人自己负责。

《海商法》第六十六条规定：由于包装不良或者关于货物的资料不正确，对承运人造成损失的，托运人应当负赔偿责任。

（三）第三方的责任

第三方责任人一般是指港口装卸企业、陆路及水路运输企业、第三方船舶、车辆及仓储企业等。其责任的确定主要是看货损货差发生的时间和地点。

总之，事故责任的划分，应以货物在谁的有效控制下为基准。并且对于任何货损货差事故，首先是托运人与承运人之间的赔偿问题解决，然后才是承运人或托运人与第三方之间的追偿问题。

三、国际海上货运事故索赔的原则和条件

（一）提出索赔的原则

1）实事求是的原则，根据所发生的实际情况，分析其原因，确定责任人及其责任范围。

2）有根有据的原则。

3）合情合理的原则。

4）注重实效的原则。

（二）索赔情况的确定

买方通常应该根据货物买卖合同的规定，向卖方提出索赔的情况主要有以下几种。

1）原装货物数量不足。

2）货物的品质与合同规定不符。

3）包装不牢致使货物受损。

4）未在合同规定的装运期内交货等原因。

以上情况下，收货人凭有关机构出具的鉴定证书，并根据买卖合同有关条款的规定，向托运人提出索赔。

收货人通常应该根据货物运输合同的规定，向承运人提出索赔的主要情况：其一是承运人在目的地交付的货物数量少于提单、运单等运输单证中所记载的货物数量；其二是承运人在运输单证上未对所运输的货物做出保留批注时，收货人提货时发现货物发生残损、缺少，且系承运人的过失；其三是货物的灭失或损害是由于承运人免责范围以外的责任所致等原因。

（三）索赔必须具备的条件

索赔必须具备以下 4 个基本条件。

1）索赔人具有索赔权。

2）责任方必须负有实际赔偿责任。

3）赔偿的金额必须是合理的。

4）在规定的期限内提出索赔。

四、国际海上货运事故索赔的一般程序

（一）发出索赔通知

《海商法》第八十一条规定：承运人向收货人交付货物时，收货人未将货物灭失或者损坏的情况书面通知承运人的，此项交付视为承运人已经按照运输单证的记载交付以及货物状况良好的初步证据。

货物灭失或者损坏的情况非显而易见的，在货物交付的次日起连续 7 日内，集装箱货物交付的次日起连续 15 日内，收货人未提交书面通知的，适用前款规定。

《海商法》第八十二条规定：承运人自向收货人交付货物的次日起连续 60 日内，未收到收货人就货物因迟延交付造成经济损失而提交的书面通知的，不负赔偿责任。

《海牙规则》第三条规定：在货物移交他人掌管之前或者当时（如果灭失或损坏不明显，则在 3 日之内），书面通知承运人或其代理人，否则这种移交应作为承运人按照提单规定交付货物的初步依据。

（二）提交索赔申请书或索赔清单

提交的索赔申请书或索赔清单应包含以下内容。

1）文件名称及日期。

2）承运人名称和地址。

3）运输工具名称、装卸货地点、抵达日期、接货地点名称。

4）货物名称、提单、运单号等有关情况。

5）短卸或残损情况、数量。

6）索赔日期、索赔金额、索赔理由。

7）索赔人的名称和地址。

对于正式索赔，有一个时效问题，如果提出索赔超过了法律或合同规定的时效，则会丧失索赔的权利，确定时效时，应当考虑：①检查提单、运单背面的条款，确定适用的法律或公约；②根据适用的法律，确定时效的区间；③索赔接近时效时，是否要求事故责任人以书面形式延长时效；④注意协商延长的时效，是否为适用法律所承认。

（三）提起诉讼或仲裁

《海商法》第二百五十七条规定：就海上货物运输向承运人要求赔偿的请求权，时效期间为一年，自承运人交付或者应当交付货物之日起计算。

五、索赔权利的保全措施和索赔单证

（一）索赔权利的保全措施

货方作为索赔人，可采取留置承运人的运输工具，如扣船，以及要求承运人提供担保等两种保全措施。

提供担保是指货损事故责任人对执行仲裁机构的裁决或法院的判决提供的担保，主要有现金担保和保函担保两种形式。

1）现金担保：由货损事故责任人提供一定数额的现金，并以这笔现金作为保证支付赔偿金的担保。现金担保在一定期间内影响责任人的资金使用，因此较少采用。

2）保函担保：使用书面文件的担保形式，保函可由银行出具，也可由事故责任人的保赔协会等出具。银行担保的保函比较安全可靠，保函中一般应包括受益人、担保金额、造成损失事故的运输工具（如船名及国籍）、有效期、付款条件、付款时间和地点。

（二）索赔单证

海运中主要的索赔单证有以下几种。

1）提单正本。提单既是承运人接收货物的收据，也是交付货物于收货人时的交货凭证，还是确定承运人与收货人之间责任的证明，是收货人提出索赔依据的主要单证。提单的货物收据作用，表明了承运人所收货物的外表状况和数量，交付货物时不能按其提交这一事实本身就说明了货损或货差的存在。提单作为运输合同，规定了承运人的权利、义务、赔偿责任和免责项目，是处理承运人和货主之间争议的主要依据。

2）卸货港理货单或货物溢短单、残损单等卸货单证。这些单证是证明货损或货差发生在船舶运输过程中的重要单证，如果这些卸货单证上批注了货损或货差情况，并经船舶大副签认，而在收货单上又未做出同样的批注，就证明了这些货损或货差是发生在运输途中的。

3）重理单。船方对所卸货物件或数量有疑问时，一般要求复查或重新理货，并在证明货物溢短的单证上做出"复查"或"重理"的批注。这种情况下，索赔时，必须同时提供复查结果的证明文件或理货人签发的重理单。并以此为依据证明货物有否短缺。

4）货物残损检验报告。在货物受损的原因不明显或不易区别，或无法判定货物的受损程度时，可以申请具有公正资格的检验人对货物进行检验，在这种情况下，索赔时必须提供检验人检验后出具的货物残损检验证书。

5）商业发票。商业发票是贸易中由卖方开出的一般商业票据，是计算索赔金额的主要依据。

6）装箱单。装箱单也是一种商业票据，列明了每一箱内所装货物的名称、件数、规格等。

7）修理单。修理单用来表明被损坏的仪器设备、机械等成套货物的修理所花费的费用。

8）证明索赔的起因和索赔数目计算依据有关的文件。

9）权益转让证书。所谓权益转让，就是收货人根据货物保险合同从保险公司得到赔偿后，将自己的索赔权利转让给保险公司，由保险公司出面向事故责任人或其代理人提出索赔的行为。

第二节　国际航空货运事故的原因和索赔

一、国际航空货运事故的发生与处理

国际航空货运事故是指针对货方（托运人、收货人）而言，在其货物国际运输、仓储、交接或中转等各环节发生的、影响其正常履行国际贸易合同或违反其与承运人之间国际运输契约的事故，比较常见的有货物灭失或损坏（即货损货差），以及延迟或错误交付、运输单据错误、额外费用支出等。

（一）国际航空货运事故的发生原因

通常货到目的地后由收货人发现，收到的货物情况与航空运输单据记载不符，如航空货运单上有 10 件货物但实际收到 9 件；货物残损；集装箱封识完好，但箱内货物短少或残损等。此时，收货人一般向检验机构申请定损。

国际航空货运事故发生的原因比较多，可能发生在国际物流的各环节。非人为的原因有自然灾害、意外事故、政治风险等，又称不可抗力；人为原因有人员操作不当或工作差错等，如积载不当、包装不充分、标志不清导致错误装卸操作、保管不当等。

（二）国际航空货运事故的责任划分

国际航空货运事故责任主要涉及的当事人有托运人、承运人、承托之外的第三方、国际货运代理人、机场、装卸公司或理货公司、集装箱卡车公司、集装箱场站和各类仓库经营人、国内运输段承运人等。

二、航空货运事故索赔

货运索赔是托运人、收货人或其代理人就承运人在货物运输组织的全过程所造成的货物毁灭、破损、遗失、变质、污染、延误、内容短缺等，向承运人提出赔偿。

（一）航空货运索赔的依据

航空货运索赔在航空货物运输过程中，主要是两种运输范围的问题：国际运输和国内运输。在国际航空货运中，索赔的主要法律依据是华沙体制中的《华沙公约》和《海牙议定书》；在国内货物运输中，主要是《中华人民共和国民用航空法》和《中国民用航空货物国内运输规则》。

（二）航空货运索赔的索赔人

有权提出索赔的人主要有以下几种。

1）货运单上列明的托运人或收货人。托运人、收货人是指主运单上填写的托运人或收货人。向航空公司提出索赔的应是主运单上填写的托运人或收货人。客户或分运单上的托运人、收货人或其他代理应向主运单上填写的托运人或收货人提出索赔。

2）持有货运单上托运人或收货人签署的权益转让书的人员如下：①承保货物的保险公司；②索赔人委托的律师；③有关的其他单位；④集运货物的主托运人和主收货人。

如果收货人在到达站已将货物提取，则托运人将无权索赔。假如托运人要求索赔，应该有收货人出具的权益转让书。

（三）航空货运索赔的地点和时限

1. 索赔的地点

托运人、收货人或其代理在货物的始发站、目的站或损失事故发生的中间站，可以以书面的形式向承运人（第一承运人或最后承运人或当事承运人）或其代理提出索赔要求。

2. 索赔的时限

1）货物损坏（包括短缺）属于明显可见的赔偿要求，应从发现时起立即提出并最迟延至收到货物之日起 14 日内提出。

2）货物运输延误的赔偿要求，在货物由收货人支配之日起 21 日内提出。

3）货物毁灭或遗失要求，应自填并货运单之日起 120 日内提出。

任何异议均按上述规定期限向承运人以书面形式提出。除承运人有欺诈行为外，有权提取货物的人如果在规定时限内没有提出异议，将丧失对承运人诉讼的权利。

4）对于提出索赔的货物，货运单的法律有效期为两年。

（四）航空货运索赔所需的文件

1）正式索赔函两份（收货人/发货人向代理公司、代理公司向航空公司）。

2）货运单正本或副本。

3）货物商业发票、装箱清单和其他必要资料。

4）货物舱单（航空公司复印）。

5）货物运输事故记录（货物损失的详细情况和索赔金额）。

6）商检证明（货物损害后由商检等中介机构所做的鉴定报告）。

7）运输事故记录。

8）来往电传。

（五）航空货运索赔的赔偿规定

1）由于承运人的原因造成货物丢失、短缺、变质、污染、损坏，应按照下列规定赔偿：①货物没有办理声明价值的，承运人按照实际损失的价值进行赔偿，但赔偿最高限额为毛重每千克20美元；②已向承运人办理货物声明价值的货物，按声明的价值赔偿。

2）超过货物运输合同约定期限运达的货物，承运人应当按照运输合同的约定进行赔偿。

3）托运人或收货人发现货物有丢失、短缺、变质、污染、损坏或延误到达情况，收货人应当场向承运人提出，承运人应当按规定填写运输事故记录并由双方签字或盖章。如有索赔要求，收货人或托运人应当于签发事故记录的次日起，按法定时限向承运人或其代理人提出索赔要求。向承运人提出赔偿要求时应当填写货物索赔单，并随附货运单、运输事故记录和能证明货物内容、价格的凭证或其他有效证明。

4）超过法定索赔期限收货人或托运人未提出赔偿要求，则视为自动放弃索赔权利。

5）索赔要求一般在到达站处理。承运人对托运人或收货人提出的赔偿要求，应当在两个月内处理答复。

6）不属于受理索赔的承运人接到索赔要求时，应当及时将索赔要求转交有关的承运人，并通知索赔人。

（六）承运人的赔偿限额

空运承运人的赔偿限额：按毛重每千克17SDR（实践中大约相当于20美元），除非托运人声明价值并支付了附加运费。

关于空运行李的特殊规定：对托运行李，只要损失事件在航空器上或处于承运人掌管之下，承运人就应当承担责任，除非损失是由于行李的固有缺陷、质量或者瑕疵造成的。对非托运行李，承运人对由其本身、受雇人或者代理人的过错造成的损失承担责任。

行李损失的赔偿以每名旅客1000SDR为限，除非旅客在交运托运行李时特别声明其交付利益，并支付附加运费。

总之，航空货运事故索赔流程主要包含谁有权索赔、索赔对象、索赔通知、索赔出具文件等环节，这里要注意的是，提出正式索赔时，收货人提出书面索赔通知后还要向承运人提交索赔申请书或索赔清单，涉及道德文件名称、承运人名称地址、运输工具名称和航次、装卸地点、交付货物地点、货物名称、运输单证号码及有关情况、货损货差清单和索赔理由、索赔人名称和地址等都要记载清楚。

第三节　国际铁路货运事故的发生与责任划分

一、铁路货运事故范围界定

货物在铁路运输过程中发生火灾、被盗、丢失、损坏、变质、污染等情况，给货物造成损失及误运送、误交付等严重办理差错，均属铁路货运事故。

二、铁路货运事故责任划分

承运人自承运货物时起至将货物交付时止，对货物发生的灭失、短少、变质、污染、损坏承担赔偿责任，但下列原因造成的损失，承运人不承担赔偿责任。

1）不可抗力。

2）货物本身自然属性、合理损耗。

3）托运人、收货人、押运人的过错。

由于托运人、收货人的责任或押运人的过错，使铁路运输工具、设备或第三者的货物造成损失时，托运人、收货人应负赔偿责任。

三、铁路货运事故的处理

发生或发现货运事故时，车站应在当日按批编制货运记录，记录有关情况。托运人组织装车，收货人组织卸车的货物，交接无异状，收货人提出货物有损失或依据有关规定，需做证明时，应编制普通记录。货物发生损坏或部分丢失，不能判明事故发生原因或损坏程度时，承运人与收货人或托运人协商，也可邀请鉴定人进行鉴定，根据鉴定结果编制货运事故鉴定书。

在货物运输过程中，如发现违反政府法令，危及运输安全等情况，承运人依据有关规定进行处理，将处理结果编制记录，随运输票据递交到站处理。承运人无法处理的意外情况，立即通知车站转告托运人或收货人处理。

货运事故发生后，处理单位通知有关各方组织调查分析，确定货物损失事故原因和事故责任单位，并根据有关规定做出赔偿处理。

收货人或托运人在接到承运人交给的货运记录后，认为是属于承运人的责任，可向承运人提出赔偿要求。提出赔偿要求时，须填制赔偿要求书并附货物运单（货物全部丢失时或票据丢失时为领货凭证和货票丙联）、货运记录、货物损失清单和其他证明材料。承运人向托运人、收货人提出赔偿要求时，须提出货运记录、损失清单和其他必要的证明文件。

托运人、收货人与承运人相互间要求赔偿的有效期间为 180 日。有效期间的起算时间：货物丢失、损坏或铁路设备损坏为承运人交给货运记录的当日，货物全部损失未编有货运记录时为运到期限满期的第 31 日，其他赔偿为发生事故的次日。

承运人对托运人或收货人提出的赔偿要求，自受理之日起 30 日内（跨及两个铁路局以上的赔偿要求为 60 日）进行处理，并答复要求人。要求人收到答复的次日起 60 日内未提出异议，即为结案。对于承运人的审理结果有不同意见时，应自收到承运人答复的次日起 60 日内提出异议，逾期则视为默认。

对于托运人或收货人退还运输费用要求的处理也适用上述原则。

四、赔偿款额

保价货物：按货物实际损失赔偿，最多不超过该批货物的保价金额。货物损失一部分时，按损失部分占全批货物的比例乘以保价金额进行赔偿。

非保价货物：不按件数只按重量承运的货物，每吨最多赔偿 100 元；按件数和重量承运的货物，每吨最多赔偿 2000 元；个人托运的行李、搬家货物每 10 千克最多赔偿 30 元；实际损失低于上述赔偿限额的，按照实际损失赔偿。

投保运输险的货物发生损失，由承运人与保险公司按规定赔偿。货物的损失，由承运人的故意行为或重大过失造成的，不适用上述赔偿限额的规定，按照实际损失赔偿。

五、事故责任分歧处理

托运人、收货人与承运人双方对事故责任有分歧，应依照下列程序解决。

1）双方协商解决。

2）协商解决尚不能达成一致意见，一方可申请合同管理机关进行调解、仲裁。

3）向人民法院起诉，由法院审理判决。

提赔人不论采取哪种方式，均必须在收到对方答复的 60 日内提出，超过这个期限各方均不予受理。经人民法院判决的案件，当事人一方对判决不服的，必须在判决书指定的日期内上诉，期满不上诉的，判决即付诸实施。

第四节　国际公路货运事故的原因与处理

一、公路货运事故发生的原因

公路货运事故是指货物汽车运输过程中发生货物毁损或灭失。其产生原因可分为人员因素、车辆因素、道路因素和自然因素。

1）人员因素。指因货车驾驶员或货物装卸人员等一线生产员工，缺乏安全生产意识或故意违规操作，以及知识技能欠缺而最终导致货车发生交通事故，包括违法牵引、疲劳驾驶货、违法超载、装载物遗洒与掉落等。

2）车辆因素。指因货车在行驶过程中突然发生机械故障，或缺少使用必要元件或处于不稳定状态下的货车运载货物时造成交通事故。

3）道路因素。指因路面质量、道路线形不利于货车的安全行驶而导致货车发生交通事故，主要包括路面不平、连续下坡、急弯、陡坡等。

4）其他客观自然因素。指货车在行驶过程中遭遇雨、雾、地震等不可抗力的作用而最终导致交通事故。

二、公路货运事故责任划分

1. 托运人责任

1）未按合同规定的时间和要求提供托运的货物，应向承运人支付违约金。

2）托运人申报不实或者遗漏了重要情况造成承运人损失，托运人应承担损害赔偿责任。

3）由托运人按合同约定对货物进行包装的，由于货物包装缺陷产生破损，致使其他货物或运输工具、机械设备被污染腐蚀、损坏或造成人身伤亡的，托运人应承担赔偿责任。由承运人按合同约定对货物再加外包装的，发生上述问题，由承运人承担赔偿责任。

4）货物有包装的，到达运输地点后，外包装完好，而内部货物有货损、货差的，由托运人负责。

5）托运人未按合同规定的时间和要求，备好货物和提供装卸条件，以及货物运达后无人收货或拒绝收货，而造成承运人车辆放空、延滞及其他损失，托运人应负赔偿责任。

6）托运人不如实填写运单，错报、误填货物名称或装卸地点，造成承运人错送、装货落空以及由此引起的其他损失，托运人应负赔偿责任。

7）收货人未按合同规定的期限领取货物，收货人（或托运人）应向承运人支付保管费。

2. 承运人责任

1）不按合同规定的时间和要求配车、发运的，应向托运人支付违约金。

2）承运人如将货物错运到货地点或收货人，应无偿运至合同规定的到货地点或收货人。

3）承运人对运输过程中货物的毁损、灭失按合同约定承担损害赔偿责任，但承运人证明由于《合同法》第三百一十一条规定的原因造成货物毁损、灭失的，承运人不承担损害赔偿责任。

4）承运人未遵守承托双方商定的运输条件或特约事项，由此造成托运人的损失，应负赔偿责任。

5）货物发生毁损、灭失等保险理赔事由时，承运人应不迟延地通知托运人，并采取一切方便协助托运人获得赔付。若承运人怠于履行通知义务和协助义务，应赔偿托运人因此受到的损失。

6）承运人未经托运人同意，擅自将货物委托其他公司运输的，应赔偿因此造成的损失。

3. 承运人责任的免除

承运人对运输过程中货物的毁损、灭失承担损害赔偿责任，但承运人证明货物的毁损、灭失是因不可抗力、货物本身的自然性质或者合理损耗，以及托运人、收货人的过错造成的，不承担损害赔偿责任。

1）不可抗力。

2）货物本身的自然性质变化或者合理损耗。

3）包装内在缺陷，造成货物受损。

4）包装体外表面完好而内装货物毁损或灭失。

5）托运人违反国家有关法令，致使货物被有关部门查扣、弃置或做其他处理。

6）押运人员责任造成的货物毁损或灭失。

7）托运人或收货人过错造成的货物毁损或灭失。

在集装箱运输中，拼箱货物在承运责任期内，发生灭失、短少、变质、污染、损坏，承运人应负赔偿责任，但属于前述以上情况之一的除外。整箱货物在承运责任期内，保持箱体完好，封志完整，箱内货物发生灭失、短少、变质、污染、损坏，承运人不负赔偿责任。但承运人负责装、拆箱的除外。

三、赔偿要求

进行国际公路货物运输事故处理，会涉及相关的赔偿要求和规定。

1. 赔偿要求书的提交

1）托运人、收货人向承运人、场站作业人要求集装箱货运事故赔偿时，应在收到集装箱货运事故记录的次日起的180日内提出赔偿要求书，逾期不予受理。

2）承运人、场站作业人应在收到赔偿要求书的次日起，60日内将处理意见通知托运人、收货人。托运人、收货人收到处理意见的次日起10日内没有提出异议的，承运人、场站作业人员即付结案。

2. 货运事故赔偿数额的计算

1）货运事故赔偿分限额赔偿和实际损失赔偿两种。法律、行政法规对赔偿责任限额有规定的，依照其规定；尚未规定赔偿责任限额的，按货物的实际损失赔偿。

2）在保价运输中，货物全部灭失，按货物保价声明价格赔偿；货物部分毁损或灭失，按实际损失赔偿；货物实际损失高于声明价格的，按声明价格赔偿；货物能修复的，按修理费加维修取送费赔偿。保险运输按投保人与保险公司商定的协议办理。

3）未办理保价或保险运输的，且在货物运输合同中未约定赔偿责任的，按货物的实际损失赔偿。

4）货物损失赔偿费包括货物价格、运费和其他杂费。货物价格中未包括运杂费、包装费以及已付的税费时，应按承运货物的全部或短少部分的比例加算各项费用。

5）货物毁损或灭失的赔偿额，当事人有约定的，按照其约定，没有约定或约定不明确的，可以补充协议，不能达成补充协议的，按照交付或应当交付时货物到达地的市场价格计算。

知识链接：各种运输方式适用的国际公约和我国相关法律法规

由于《民法通则》及《合同法》的相关规定过于原则，当事人往往会对双方的约定是否合法产生争议，而《汽车货物运输规则》仅是部门规章，其效力又不及法律法规，故在司法实践中法院对于上述条款的适用仍存在争议。

第五节 国际货运代理业务中的风险及防御措施

随着中国经济大国地位的不断提升以及世界经济一体化进程的加快，越来越多的国内货运企业参与到国际市场中来。国际货运代理业务的蓬勃发展，一方面促进了我国与其他国家之间贸易的迅速发展，为我国经济的发展做出了重大的贡献；另一方面也使得国际货运代理业务行业的竞争进一步加剧，其所面临的风险越来越大。与国内的货物运输相比，国际货运路途遥远，运输时间长，并且涉及不同的国家和地区，使得国际货运业务面临巨大的风险。

一、国际货运代理中常见的风险

（一）系统风险

1. 政策风险

政策风险是指政府有关国际货运代理的政策发生重大变化或是有重要的举措、法规出台，引起市场的波动，给国际货运代理带来的风险。政府对某行业的发展通常有一定的规划和政策，用以指导市场的发展和加强对市场的管理，是在尊重国际货运发展规律的基础上，充分考虑本行业在本国经济中的地位、与社会经济其他部门的联系、整体经济发展水平及政治形势等多方面因素后制定的，因此规划和政策应该是长期稳定的。在某些特殊的情况下，政府也可能会改变发展本行业的战略部署，出台一些扶持或抑制市场发展的政策，制定出新的法规或交易规则，从而改变市场原先的运行轨迹，这些都对国际货运业务产生重大的影响。

2. 战争风险

当今世界战争风险的定义已经由传统的狭义战争风险逐渐向恐怖主义和海盗风险转变，最终形成新的广义的战争风险定义。在国际货运代理行业中，航运企业和船舶所有人所面临的战争风险比其他企业的所面临的战争风险程度要高。如伊拉克战争、阿富汗战争，以及船舶所需要穿越的关键性区域如索马里、马六甲海峡等一系列海盗横行，这些局部战争或者小规模的动乱，都会给国际货运代理业务带来非常大的风险。

3. 汇率风险

在国际货运业务中，从签订合同到最终收付货款，要隔一段时间。在这段时间里，各种计价货币价值的波动，使交易中所用的计价结算货币用本币或用其他外币来衡量，期初与到期时的价值不一致。对国际货运业务中交易的任何一方来说，在结算时可能发生不利于自己一方的变动。有时交易双方需使用第三国货币进行计价结算，汇率的变动会使双方都承担汇率风险。

（二）非系统风险

1. 运费回收风险

由于国际货运行业竞争激烈，货运公司迫于保住客户的压力，一般不再要求货主付款赎单，而是采用风险较大的月度结算或者季度结算方式。在这种操作模式下，货物装船出运后货运公司须先向船运公司或者订舱的其他公司付款赎取正本提单后直接交付给货主。在货主取得正本提单的情况下，货运公司就失去了追索运费的控制权和主动权。如果货主拒绝支付运费，货运公司通常只能选择通过法律途径解决。客观地说，在货主为买方市场的情况下，货运公司的这种运费结算方式所带来的风险无法控制。货运公司只能从与货主委托合同的签署、及时进行运费确认等业务环节加大控制力度，避免发生因缺乏相关合同等证据而输了官司的情况。

2. 连带责任风险

有一些国外的货运公司在国内没有办事机构，它们通常在支付一定代理费的情况下，委托国内货运代理公司代他们操作指定货，并代为签发国外货运代理提单，这些在国内没有办事机构的国外货运公司的提单，在中国交通运输部没有缴纳相应保证金和备案的情况，都称为非法提单。在货运代理公司签发国外非法提单的情况下，一旦发生目的港无单放货或者其他涉及提单的海运欺诈事件，货运代理公司就要根据相关规定承担连带赔偿责任。

3. 提单风险

提单是指用以证明海上货物运输合同和货物已经由承运人接受或装船以及承运人保证据以交付货物的单证。由于提单对货物所有权的转移起到了决定性的作用，由提单引起的风险值得国际货运业务公司予以关注。首先从提单本身内容、条款所引起的风险看，这些风险形式主要包括提单日期签署不当引起的风险、提单填写不当引起的风险、提单转让和提单费用引起的风险、伪造提单引起的风险等。其次从实际业务操作中海运提单的风险看，风险主要表现在以下 3 个方面：海运提单在签发时，有倒签和预借提单的风险；海运提单在流转时，银行存在着难以收款的风险；海运提单在提货时，有提货落空和无单放货的风险。同时一些主观因素也引起了一定的风险，如承运人给出口商签发保函，采用以保函换取清洁提单，进口商套用无单放货进行欺诈，造成不必要的损失。

4. 结算风险

国际货运结算在国际贸易中具有很高的地位和重要的作用。双方当事人的权利和义务最终都需要通过款项的支付来解决清偿，而国际货运结算具有的国际性使得国际贸易结算问题更为复杂，涉及的实务问题和法律问题远远多于国内货运结算。一笔款项的支付至少涉及两个国家，涉及两种不同的法律制度。随着我国外贸事业的发展，当前在对外贸易中国外不法商人对我国货运企业的欺诈行为已经成为货运企业最头痛、最棘手的问题，巨额资金被欺诈，不仅使企业、国家蒙受巨大的经济损失，而且扰乱了国际贸易秩序。

5. 买方自谋与卖方自谋的欺诈风险

（1）买方自谋

买方自谋国际欺诈是指买方利用无提单提货进行欺诈根据国际航运惯例，承运人必须在目的港凭正本提单交付货物。在实践中，主要是提单尚未到收货人之手的情况，致使收货人无法在货物到港后凭正本提单将货物及时提走。买方自谋欺诈有两种情况：一是提货人不是收货人而冒充收货人骗取货物；二是提货人本是该批货物的买主，但由于提货人提取货物之后没有到银行付款赎单，造成卖方或银行收不到货款却持有提单。

（2）卖方自谋

卖方自谋对国际货运业务公司造成在经济上和信誉上的严重损害，国际货运企业必须重视这一类欺诈风险。所谓卖方自谋是指受益人或他人以受益人的名义，用伪造或具有欺诈性陈述的单据或假货，对开证行及开证申请人等当事人进行诈骗，以骗取信用证项下的银行款项。由于在国际货运过程中，人们越来越依赖银行信用，使用跟单信用证形式支付货款非常普遍，而信用证制度存在着让欺诈者钻空子的漏洞。信用证是纯粹的单据业务，有关各方所处理的是单据而不是货物。只要受益人提交了表面上完全符合信用证的单据，开证行就有义务付款，而不管单据的真伪。

二、主要的风险防范措施

1. 风险转移

在实践中，投保货运代理责任险是转移经营风险较为行之有效的方法。通过这种方法可以转化一些无法预料和无法规避的经营风险，减少重大或突发事件给国际货运业务企业带来的冲击和影响。不能将防范风险的全部希望都寄托在保险公司身上，其风险防范措施要以加强自身风险防范能力为主，投保货运代理责任险为辅，多管齐下，才能安全地生存和发展。

2. 风险预防与挽救

（1）风险预防

采取一些预防性措施，可以有效降低风险。例加，加强对人员的培训，使他们熟悉有关国际货运代理业务的标准交易条件、接单条款及相关行业术语等，并能处理索赔和进行迅速有效的追偿；在使用单证时，确保使用正确、规范、字迹清楚的单证；保证在国际货运代理协会标准交易条件下，其经营能够被客户及其分包人所理解和接受；雇佣的分包人、船舶所有人、仓库保管人、公路运输经营人等应为胜任职务和可靠的，国际货运代理公司应通知他们投保足够的和全部的责任保险；如果经营仓储业、汽车运输业，还应做好防止偷窃、失火等安全工作。

（2）风险挽救

挽救性措施分为以下几种：拒绝索赔并通知客户向货物保险人索赔；在协定期限内通知分包人或对他们采取行动；在征得保险人同意后，只要有可能的情况下，与货主谈判，友好地进行和解。如果有可能造成经济损失，应及时将每一事故、事件以书面形式通知保险公司，即使当时尚未发生索赔。在挽救过程中，注意保存下列资料：事故、事件发生的时间与地点；有关被保险人的姓名；发生或未发生的事情，今后可能提出何种索赔；有关交易的文件副本，包括事故、事件发生前所收到的指示内容、服务条款与条件，以及此笔交易中所使用的提单。及时、适当地通知有关空运、海运、驳运、陆运承运人，包括其他的货运业务公司、货物拼装人、报关人及与事故/事件有关的保险公司，并及时提供法律上所要求的事故通知书。

3. 做好交易伙伴的资信调查，防止欺诈

掌握和了解客户的资信情况是防止上当受骗的最根本措施。资信调查应包括以下主要内容。

1）公司资本状况：公司资本多少是决定其信誉高低的要素，特别要警惕皮包公司。

2）公司组成人员情况：主要是公司董事长及业务主管的资历、地位与资产等。

3）公司盈利亏损情况：包括资产负债表以及付款、财务和企业变更情况等。

4）公司业务内容：包括营业范围、公司性质及来往厂商等。

5）公司设备设施或船只情况：包括设备、船只数量、新旧程度等。

6）公司创业资历及开户银行的地址、电话、账号。

本章小结

本章重点介绍了不同运输方式下的国际货运中收发货人、承运人和货代等各方当事人的权利和义务，重点学习了不同运输方式下的国际货运事故处理和索赔的基础知识。

职业技能强化训练

一、单项选择题

1．根据《海商法》规定，货物灭失或者损坏的情况非显而易见的，在货物交付的次日起连续（　　）日内，集装箱货物交付的次日起（　　）日内，收货人未提交书面通知的，适用前款规定。

在线同步测试及参考答案

  A．7、15 B．8、16 C．9、18 D．10、20

2．下列国际公约中（　　）不是国际海上货物运输适用的法律。

  A．《华沙公约》   B．《维斯比议定书》

  C．《汉堡规则》   D．《海牙规则》

3．国际航空货运的索赔规定是，当货物没有办理声明价值时，承运人按照实际损失的价值进行赔偿，但赔偿最高限额为毛重每千克（　　）美元。

  A．10 B．20 C．30 D．60

4．国际道路货运事故处理程序中，关于货运事故记录单一般出示（　　）份。

  A．1 B．2 C．3 D．4

5．国际货运中面临的风险中，（　　）不属于非系统风险。

  A．运费回收风险   B．连带责任风险

  C．提单风险   D．战争风险

二、多项选择题

1．国际海上货物运输中发生货运事故的原因有很多，其中下列（　　）可能引起事故。

  A．承运人   B．托运人

国际货运代理基础

C．收货人　　　　　　　　　　D．港口

　　E．集装箱货运站

2．根据《海商法》的规定，承运人的免责条款包括下列情况（　　　）。

　　A．船长、船员、引航员或者承运人的其他受雇人在驾驶船舶或者管理船舶中的过失

　　B．罢工、停工或者劳动受到限制

　　C．托运人、货物所有人或者他们的代理人的行为

　　D．货物的自然特性或者固有缺陷

　　E．货物包装不良或者标志欠缺、不清

3．国际海洋货运事故索赔时涉及的主要的索赔单证有（　　　）。

　　A．提单正本　　　　　　　　　B．报关单

　　C．装箱单　　　　　　　　　　D．货物残损检验报告

　　E．商业发票

4．国际航空货物运输中索赔所需的文件包含下列（　　　）。

　　A．正式索赔函

　　B．货运单正本或副本

　　C．货物商业发票、装箱清单和其他必要资料

　　D．报检单、报关单

　　E．货物运输事故记录单

5．国际货运中常见的风险类型包含下列（　　　）。

　　A．政策风险　　　　　　　　　B．战争风险

　　C．汇率风险　　　　　　　　　D．结算风险

　　E．提单风险

三、判断题

　　1．在海上危险货物运输中，货主和货运代理公司以及承运人均无过失，但由于该批货物的特性而造成船舶损失时，货主和货运代理公司要承担赔偿责任。　　　（　　　）

　　2．无论索理赔工作日后如何进行，记录和保留有关事故的原始记录均十分重要。

　　　　　　　　　　　　　　　　　　　　　　　　　　　　　　　　（　　　）

　　3．我国《海商法》规定，就海上货物运输向承运人要求赔偿的请求权，时效为一年，自承运人交付或者应当交付货物之日起计算。　　　　　　　　　　　（　　　）

　　4．当发生货损后国际货运代理人可以在任何情况下作为货主的代理人，以索赔人的身份向有关方提出索赔。　　　　　　　　　　　　　　　　　　　　　（　　　）

　　5．法律对涉及索赔的诉讼案件规定了诉讼时效，索赔人应在规定的诉讼时效届满之前

提起诉讼，否则就失去了起诉的权利，往往也失去了索赔的权利和诉讼利益。　（　　）

6．在国际航空货物运输中，如承运人承认货物遗失或在应该到达的日期7天内仍没到达，收货人有权向承运人行使运输合同所赋予的权利。　（　　）

四、简答题

1．简要回答一项合理的索赔必须具备哪些条件。
2．简述海上货运事故的责任划分分别是什么。
3．国际货运代理人所承担的责任风险主要产生于何种情况？
4．国际航空货运中，承运人的赔偿限额是怎么规定的？
5．简述面对各种国际货运中的风险应该如何进行防御。

五、案例分析

1．某国际货运代理企业经营国际集装箱拼装业务，此时他是集运商（CONSOLIDATOR），由于他签发自己的提单，所以他是无船承运人。2015年9月15日，该无船承运人在KOBE港自己的CFS将分别属于6个不同发货人的货拼装入一个20英尺的集装箱，然后向某班轮公司托运。该集装箱于2015年9月18日装船，班轮公司签发给无船承运人CY/CY交接的FCL条款下的M-B/L一套，无船承运人然后向不同的发货人分别签发了CFS/CFS交接的LCL条款下的HOUSEB/L共6套，所有的提单都是清洁提单，2015年9月23日载货船舶抵达提单上记载的卸货港。第二天，无船承运人从班轮公司的CY提取了外表状态良好和铅封完整的集装箱，并在卸货港自己的CFS拆箱，拆箱时发现两件货物损坏，2015年9月25日收货人凭无船承运人签发的提单前来提货，发现货物损坏。请问：

1）收货人向无船承运人提出货物损坏赔偿的请求时，无船承运人是否要承担责任？为什么？

2）如果无船承运人向班轮公司提出集装箱货物损坏的赔偿请求时，班轮公司是否要承担责任？为什么？

3）无船承运人如何防范这种风险？

2．中国A贸易出口公司与外国B公司以CFR洛杉矶，信用证付款条件达成出口贸易合同。合同和信用证均规定不准转运。A贸易公司在信用证有效期内委托C公司将货物装上D班轮公司直驶目的港的班轮，并以直达提单办理了议付，国外开证行也凭议付行的直达提单予以付款，在运输途中，船公司为接载其他货物，擅自将A公司托运的货物卸下，换装其他船舶运往目的港。由于中途延误，货物抵达目的港的时间比正常直达船的抵达时间晚了20天，造成货物变质损坏。为此，B公司向A公司提出索赔。A公司为此咨询C公司，假如你是C公司，请回答：

1）A公司是否应承担赔偿责任？理由何在？

2）B公司可否向船公司索赔？

参 考 文 献

杜清萍．2014．国际货运代理[M]．北京：科学出版社．

人力资源和社会保障部人事考试中心．2015．（2015）运输经济（公路）专业知识与实务（中级）[M]．北京：中国人事出版社．

肖旭．2014．国际货运代理[M]．2版．北京：高等教育出版社．

赵加平，张颖．2011．国际货运及代理操作实务[M]．北京：中国海关出版社．

中国国际货运代理协会．2010．国际海上货运代理理论与实务（2010年版）[M]．北京：中国商务出版社．

中国国际货运代理协会．2010．国际航空货运代理理论与实务（2010年版）[M]．北京：中国商务出版社．

中国国际货运代理协会．2010．国际货物运输代理概论（2010年版）[M]．北京：中国商务出版社．

中国国际货运代理协会．2010．国际陆路货运代理与多式联运理论与实务（2010年版）[M]．北京：中国商务出版社．